20.8.98

Diogenes Taschenbuch 22707

Margery Allingham

Der vollkommene Butler

Geschichten
Aus dem Englischen von
Otto Bayer

Diogenes

Titel der 1973 bei
William Morrow & Company, Inc., New York,
erschienenen Originalausgabe:
›The Allingham Minibus‹
Copyright © 1973 by P & M Youngman Carter Ltd.
Umschlagzeichnung von Tomi Ungerer

Deutsche Erstausgabe

Alle deutschen Rechte vorbehalten
Copyright © 1994
Diogenes Verlag AG Zürich
120/94/43/1
ISBN 3 257 22707 8

Inhalt

Er hat sich nach Dir erkundigt

Dornford hatte Fellowes irgendwo in Australien umgebracht. Abgesehen davon, daß sich so etwas von vornherein nicht gehört, war es in diesem Fall besonders häßlich, weil sie doch Freunde waren und es aus Gewinnsucht geschah.

Ich kannte beide. Sie waren mit meinem Bruder George auf dieselbe Vorbereitungsschule und von dort im selben Jahr nach Layer gegangen.

Dornford war ein kleiner Wicht mit vorstehenden, blaßblauen Augen und so schreckhaft, wie ich noch nie einen Menschen gekannt hatte. Er studierte zu guter Letzt Medizin, doch obwohl er seine Prüfungen bestand, übte er diesen Beruf nie aus, weil er dazu nicht fähig war.

Seine kurzen Arztvertretungen waren eine einzige Folge von Katastrophen. Angst war seine zweite Natur, vor allem eine Heidenangst vor Verarmung, und das war verhängnisvoll, denn seine Vermögenseinkünfte lagen unter dreihundert Pfund im Jahr.

Fellowes war sein genaues Gegenteil: von kräftigem Wuchs, dunklem Teint und starker Persönlichkeit, und er hatte eine Art, seinen Willen durchzusetzen, die in ihrem Ungestüm regelrecht angst machte.

Er konnte über fünfzehnhundert Pfund im Jahr verfügen und neigte einer abenteuerlichen Karriere zu.

Warum er sich mit Dornford abgab, konnte niemand so recht sagen. Ich persönlich glaube, daß Dornford ihm in der Schule in Obhut gegeben wurde und er sich die Fürsorge für den kleinen Angsthasen danach zur Gewohnheit machte.

Jedenfalls sah man Dornford, nachdem sie beide die Schule hinter sich hatten, immer in Fellowes' Schlepptau, ein kleiner

Schmarotzer, aber als Persönlichkeit viel zu schwach, um zu einer wirklichen Last zu werden.

Fellowes faßte am Ende gar eine gewisse Zuneigung zu ihm oder suchte zumindest seine Gesellschaft. Wie es allerdings dazu kam, daß sie zusammen in den australischen Busch gingen, ist trotzdem nicht ganz klar.

Fellowes begann sich plötzlich für primitive Stammesbräuche zu interessieren. Er wollte sie selbst erforschen und nahm Dornford mit, vielleicht weil er gerade bei ihm war, als er die Expedition plante, oder weil er vielleicht dachte, daß Dornford sich als Hüter der Reiseapotheke nützlich machen könnte.

So brachen sie eines schönen Tages in Adelaide auf, und Fellowes kehrte nie zurück.

Er starb an einem Schlangenbiß.

Dornford erklärte, als er allein zurückkam, er habe das nötige Serum nicht bei sich gehabt und trotz heldischer Bemühungen sei sein »armer Freund« verschieden.

Es gab seinerzeit einen gewaltigen Skandal, zumal die Träger eine wahrhaft grausige Geschichte mit zurückbrachten. Derzufolge sollte Fellowes in Todesnot nach seinem Freund geschrien haben, aber Dornford habe sich nur Ohren und Augen zugehalten, während ihm die Schweißperlen übers Gesicht strömten.

Danach glaubte jemand, der es wissen mußte, sich zu erinnern, daß Dornford sehr wohl das Serum bei sich gehabt habe, und es wurde alles in allem so viel geredet, daß Dornford sich glücklich schätzen konnte, ohne Ermittlungsverfahren die eilige Heimreise nach England antreten zu dürfen.

Auch hier gab es Unannehmlichkeiten, als herauskam, daß Fellowes und Dornford vor Antritt der Expedition feierlich ihr Testament gemacht und einander zu Erben eingesetzt hatten.

Nach Dornfords Version sollte Fellowes gewußt haben, daß es gefährlich werden könne, und so habe er »für alle

Fälle« auf dieser Vorsorge bestanden. Niemand glaubte ihm, aber niemand suchte auch den offenen Skandal, und Fellowes' Angehörige waren wohlhabend.

Dornford wurde jedoch von fast allen geschnitten. Das war ihm offenbar egal. Er strich sein Erbe ein und zog in unser Nachbardorf, was er nun wirklich nicht nötig gehabt hätte, denn es gibt doch so viele andere Dörfer.

Wir sahen ihn des öfteren in unserem Marktflecken, und da es nun einmal lächerlich ist, mit seinen Nachbarn im Streit zu leben, pflegten wir losen Umgang mit ihm.

Der erste Brief erreichte ihn aus Melbourne. Jenkinsone, der mit beiden auf die Universität gegangen war und seit einigen Jahren unregelmäßig mit ihm korrespondierte, schickte einen seiner seltenen Briefe. Es war so eine weitschweifige Weißt-du-noch-Epistel, zu der vor allem der einsame Engländer im Ausland neigt.

Aber ein Absatz erschütterte Dornford derart, daß er meinen Bruder aufsuchte und ihm den Brief zu lesen gab.

Ich bin übrigens heute dem guten Bucky Fellowes hier auf der Straße begegnet. Wie er sagt, betätigt er sich zur Zeit als Prospektor, was das auch immer heißt. Er hat sich nach Dir erkundigt.

Dornford war ein bißchen grün im Gesicht, als er auf diesen letzten Satz hinwies, und die blassen Augen quollen ihm fast aus den Höhlen.

»Das muß doch irgendwer anders gewesen sein, oder?« meinte er. »Jenkinsone hat schon immer alles verwechselt, dieser Esel.«

»Hm«, antworteten wir skeptisch, denn wir kannten ihn ja. »Möglich wäre es.«

Dornford kehrte beruhigt zurück in sein altenglisches Cottage.

Der zweite Brief kam aus Colombo. Dornford zeigte ihn

uns zuerst nicht, und als er es nach ein paar Tagen doch tat, war er derart mit den Nerven herunter, daß er beim Reden die ganze Zeit hysterisch kicherte.

»Er ist von Mrs. Wentworth«, sagte er. »Das ist die Frau eines Colonels, den mein Vater gekannt hat.«

Wir lasen schweigend den Brief. Interessant war das Postskriptum.

PS. Wir haben auf dem Schiff einen hochinteressanten Mann kennengelernt. Scheint ein alter Bekannter von Ihnen zu sein – ein Mr. Buchanan Fellowes. Er hat sich nach Ihnen erkundigt.

»K-k-komischer Zufall, w-w-wie?« kicherte Dornford. »Daß jetzt schon zw-w-ei Leuten so ein dummer Irrtum p-p-passiert. Wir haben Bucky begraben; tief begraben. Unter einem großen, breiten Knollenstrauch. Mit Ästen wie Schlangen. Ich sehe ihn j-j-jetzt noch vor mir.«

Er war schlimm dran, und George nahm ihn beiseite und gab ihm etwas zu trinken.

Danach blieb es fast zwei Monate friedlich. Dornford besaß ein kleines rotes Auto, und wir sahen ihn hin und wieder darin herumfahren. Er wirkte noch immer ein bißchen blaß, aber er war ja nie direkt ein kerniger Typ gewesen.

Der dritte Brief kam an einem sehr heißen Juninachmittag. Wir hatten gerade Gäste, als Dornford anrief und meinen Bruder bat, sofort zu ihm zu kommen. George lehnte das ab, versprach ihm aber, im Lauf des Abends kurz bei ihm reinzuschauen. Lange vor der vereinbarten Stunde kreuzte Dornford jedoch bei uns auf. Er verkroch sich in die Bibliothek, und George mußte die Gäste verlassen und zu ihm gehen.

Da ich neugierig war, ging ich ein paar Minuten später selbst hin und fand die beiden über ein Blatt Luftpostpapier gebeugt. Dornford sah aus, als wäre er sehr krank gewesen, und sogar George wirkte verstört.

Der Brief war von Dornfords Onkel. Dieser befand sich gerade auf einer Mittelmeerkreuzfahrt und hatte aus Port Said geschrieben.

Wie klein die Welt ist!

Da spaziere ich hier über fremdländische Straßen, mitten zwischen Menschen aller Nationalitäten, Kasten und Religionen, und wem laufe ich direkt in die Arme? Einem Freund von Dir! Er hat mich erkannt, nur weil er mich einmal bei der Schlußfeier in Layer gesehen hat, was schon so lange her ist, daß ich mich lieber nicht mehr erinnere.

Wir tauschten unsere Visitenkarten aus – das heißt, ich gab ihm meine. Er hatte im Moment keine, weil er schon so lange von zu Hause weg ist. Sein Name ist Buchanan Fellowes. War dieser Freund von Dir, der in Australien gestorben ist, nicht auch ein Fellowes? Ich mochte ihn nicht fragen, ob das ein Verwandter von ihm war. Aber er hat sich nach Dir erkundigt.

Wir beruhigten Dornford, so gut wir konnten, aber leicht war das nicht.

»Bucky muß einen Bruder gehabt haben«, sagte George ohne rechte Überzeugung.

Dornford sah ihn mit einem schiefen Lächeln und angstleeren Augen an.

»Er w-w-war der einzige Sohn seiner M-m-mutter, und sein Vater war schon t-t-tot«, stotterte er.

Wir ließen ihn nach Hause fahren.

Natürlich vergaßen wir ihn nicht. Die Briefe hatten alle so einen drängenden Unterton, der auch uns nicht mehr aus dem Sinn wollte.

George und ich fuhren am nächsten Morgen zu ihm in sein Cottage und gaben uns eine Stunde lang alle Mühe, ihn aufzurichten.

»Das ist ein Schabernack«, sagte ich so überzeugend, wie

ich nur konnte. »Irgend jemand will dich ins Bockshorn jagen... jemand, den du in Australien kanntest.«

Meine Stimme verebbte, als der elende kleine Wicht die Hände vors Gesicht schlug. George schnitt mir eine wütende Grimasse, und wir standen ratlos beieinander und blickten uns in dem spießigen kleinen Zimmer voll imitierter Antiquitäten und Nippes um. Das Cottage war so angelegt, daß man durch die Haustür gleich ins Wohnzimmer trat, so daß uns, als der Postbote kam, der Brief direkt vor die Füße fiel.

Dornford, der die Hände vom Gesicht genommen hatte, als es klopfte, saß nur da und starrte den grauen Umschlag auf dem Boden an, machte aber keine Anstalten, ihn aufzuheben. Er zitterte am ganzen Leib, und sein unscheinbares kleines Gesicht war so ausdruckslos, wie es nur möglich ist.

Ich mußte verwundert erkennen, daß mir selbst vor diesem Brief ein wenig graute. George war es dann, der ihn endlich aufhob.

»Ich würde ihn lesen«, sagte er, indem er ihn Dornford zuwarf. »Du siehst ja allmählich schon Gespenster. Dieser Brief hat vielleicht gar nichts mit der Sache zu tun.«

Dornford nahm den Brief mit spitzen Fingern.

»Er ist von meiner... alten Kinderfrau«, sagte er. »Sie ist eine g-g-gute Seele. Ich glaube, sie hat mich w-w-wirklich gern.«

Er riß den Umschlag beim Öffnen in Fetzen, aber der Anblick der altmodischen, krakeligen Handschrift schien ihn sehr zu freuen.

»Sie w-w-wohnt in Southampton«, bemerkte er abwesend.

»Southampton?« entfuhr es mir laut, und ich hätte mir am liebsten die Zunge abgebissen.

Dornford stierte mich an. »Southampton«, flüsterte er. »Southampton. O Gott, da würde ja sein Schiff einlaufen. Lies du ihn, George. Lies ihn mir vor.«

Es war ein recht ungemütlicher Moment, und George

nahm die Blätter und räusperte sich laut, bevor er anfing. Noch nie habe ich ihn so schlecht vorlesen hören.

Es war ein ganz alltäglich netter Brief, bis etwa zur Mitte der zweiten Seite, wo dann die Stelle kam, die wir alle halb erwartet hatten.

Das muß ich Ihnen noch erzählen, Mr. Johnny; was glauben Sie, wem ich heute früh auf der Straße begegnet bin? Niemand anderem als dem jungen Mr. Bucky Fellowes! Er hat sich sehr gefreut, mich zu sehen, aber mit ins Haus kommen wollte er nicht, obwohl ich ihn natürlich dazu eingeladen habe. Ich muß allerdings sagen, daß er gar nicht gut aussah, ich habe mich sogar noch gewundert, daß er überhaupt draußen herumlief, denn er sah wirklich komisch aus. Aber er sagt, er kommt gerade irgendwoher, wo das Klima nicht sehr gesund ist, und daran wird es wohl gelegen haben. Er hat sich nach Ihnen erkundigt.

Dornford wankte zu George und sah ihm über die Schulter. »Datum von gestern«, sagte er heiser. »Gestern in Southampton. Und heute... w-w-wo?«

Wir hatten große Angst, er würde nun völlig überschnappen. Er verbarrikadierte das Cottage und zündete, obwohl wir dagegen protestierten, ein Feuer an, um sich davorzukauern, und dabei war es doch Juli. Ihm sei so furchtbar kalt, sagte er.

George bemühte sich nach Kräften um ihn.

»Sieh mal, Dornford«, sagte er endlich, um der Vernunft um jeden Preis noch eine Chance zu geben, »es muß sich eine absolut logische Erklärung für das alles finden. Ich fahre heute abend nach Southampton und besuche diese alte Dame. Entweder hat sie sich geirrt, oder jemand hat ihr die Geschichte eingeredet. Weißt du was, komm doch einfach mit.«

Aber Dornford lebte in viel zu großen Ängsten, um auch nur einen Fuß vor die Tür zu setzen, und zuletzt fuhr dann auch George nicht, denn mit der Spätpost kam der fünfte Brief. Er war von einer jungen Frau, die wir alle kannten, und es bedarf der Nennung ihres Namens nicht. Bedeutsam war auch nur der eine Absatz.

Ich habe heute morgen in der Bond Street Bucky Fellowes getroffen. Es war wunderschön, nach all den Jahren den alten Knaben mal wiederzusehen. Natürlich hat er sich schrecklich verändert, aber ein bißchen Heimatluft wird das schon wieder in Ordnung bringen.

Ich war so überrascht, ihm zu begegnen (irgendein Trottel hat mir doch erzählt, er wäre tot), daß ich womöglich ein bißchen kurz angebunden mit ihm war. Sie wissen ja, wie man sich in der Aufregung manchmal benimmt. Falls Sie ihn sehen, grüßen Sie ihn recht lieb von mir, und er soll mich doch mal besuchen. Ich habe ihn nie vergessen. Er hat sich nach Ihnen erkundigt.

Dornford erhielt noch einen Brief, und zwar am nächsten Tag, als George gerade bei ihm war. Es war eine Nachricht von Andrews, dem Wirt der ›Feathers‹, und wurde von einem Boten überbracht. Sie lautete ohne Umschweife:

Werter Sir, ein Herr fragt hier nach Ihrer Adresse. Es ist ein Mr. B. Fellowes. Wünschen Sie, daß ich ihn zu Ihnen schicke? Ihr ergebener B. Andrews, Gastwirt.

Dornford begann unverständliches Zeug zu brabbeln, und um ihn zu beruhigen, begleitete George den Boten ins Wirtshaus, um sich den Scherzbold vorzuknöpfen. Aber er traf ihn nicht an. Andrews hatte ihn zuletzt im Salon sitzen sehen und konnte nur vermuten, daß er ausgegangen war. Der Herr habe auf ihn ein bißchen grau gewirkt, meinte der Wirt.

Wir sahen Dornford nie wieder, jedenfalls nicht lebend. Als George zurückkam, lag er mit dem Gesicht zum Boden vor dem Kamin. Unser alter Dorfarzt Meadows sagte, nachdem er ihn untersucht hatte, sein Herz sei einfach stehengeblieben.

Wir waren natürlich alle sehr bestürzt, aber es hat uns nun auch nicht das Herz gebrochen. Dornford war im Leben kein liebenswerter Mensch gewesen, und der Tod machte ihn kein bißchen sympathischer. Er wurde auf dem Dorffriedhof begraben. Ein stilleres, unaufdringlicheres Begräbnis hat es nie gegeben. Es erschien nicht einmal eine Todesanzeige in der Lokalzeitung, geschweige denn in der Londoner Presse.

Hier könnte Dornfords Geschichte eigentlich enden, wäre da nicht eine merkwürdige Kleinigkeit nachzutragen. Zwei Tage nach dem Begräbnis bekam ich einen Brief von meiner Freundin Maisie Fielding, dieser verrückten Modeschöpferin. Sie wohnte in Paris, war aber zur Zeit einmal wieder auf Kurzbesuch in London. Nach einem kaum leserlichen Gekrakel über eigentlich gar nichts folgte ein Postskriptum:

Wie ich den Haymarket herunterkomme, du liebe Güte, was glaubst Du, wen ich da sehe? – Unzertrennlich wie immer. Bucky mit großen Schritten voraus, seinen Freund an den Rockschößen! Sie anzuhalten hätte gar keinen Sinn gehabt. Sie schienen furchtbar in Eile. Weiß der Himmel, was sie wieder vorhatten.

Renommee

»Benedick«, flüsterte Tadema gerade so laut, daß seine schön modulierte Stimme bis in die letzte Ecke der Garderobe drang. Die Intonation genügte seinen anspruchsvollen Ohren noch nicht ganz.

»Benedick«, wiederholte er und legte diesmal ein wenig Traurigkeit nebst einem gewissen Stolz in das Wort.

Dann nahm er mit einer Lässigkeit, die er wohl nur sich selbst vorspielen konnte, denn ein anderes Publikum war nicht vorhanden, erneut die neueste Ausgabe eines illustrierten Wochenblatts in die Hand und betrachtete zum wiederholten Mal das ganzseitige Foto, das ihn und Chloe auf der Treppe zum Haus ihrer Mutter in der Brook Street zeigte.

Er fand, das neue Make-up stand ihr gut. Sie sah jung und doch welterfahren aus, aufreizend, aber nicht direkt vulgär. Ein liebes Mädchen.

Mit sich selbst war er nicht so zufrieden. Fotos hatten etwas notorisch Liebloses. Doch es sah ihm zweifellos ähnlich, und verliebt betrachtete er diesen romantischen Ritter, den das Londoner Publikum so gut kannte. Langsam las er noch einmal den Text zu dem Bild:

Die Überraschung der Saison war die Verlobung zwischen Lady Chloe Staratt, der schönen Tochter des Earl of Scaresfield, und dem geadelten Schauspieler und Junggesellen Sir Geoffrey Tadema. Die in ihren Kreisen tonangebende Lady Chloe gilt vielen als die aparteste Frau Londons. Sir Geoffrey, auf der Bühne stets der große Liebhaber, hat sich bisher jedoch für Amors Pfeile als unverwundbar erwiesen. Ihre vielen Freunde zeigten sich überrascht und erfreut über die romantische Verbindung.

Tadema warf das Blatt wieder hin und lächelte. Eine großartige Presse. Die Tageszeitungen hatten nicht mit Platz gegeizt, und in den billigeren Sonntagsblättern waren einige ausführliche Interviews erschienen. Zu wahrer Großform aber war das alte *Telltale* aufgelaufen. Es hatte die Geschichte mit genau der richtigen Delikatesse abgehandelt. Manche von den Tageszeitungen hingegen hatten den Altersunterschied erwähnt, wie er mit Bedauern hatte feststellen müssen.

Mit einundfünfzig sah Tadema, auf der Bühne zumindest, gut und gern sechzehn Jahre jünger aus. Seine Figur war noch so gut, oder fast so gut, wie eh und je, und er hatte sich in den letzten zehn Jahren kaum verändert.

Sein erstaunlicher Erfolg war um so außergewöhnlicher in Anbetracht seiner Grenzen im schauspielerischen Sinne. Außer seinem Gesicht, das für den Ausdruck schicklich unterdrückter Leidenschaften wie geschaffen war, verfügte er über einen natürlichen Charme nebst zwei liebenswerten Manierismen.

Sein nervöses Kopfschütteln, wann immer er das Wort an die Geliebte richtete, versetzte seine Verehrerinnenschar in Ekstase, und sein unvermitteltes, in seiner Herzlichkeit so entwaffnendes Lächeln rührte ebendiesen Teil des Publikums zu hörbaren Schauern des Entzückens.

Natürlich verdankte er es nicht diesen Gaben allein, daß der Name Tadema seit nunmehr fast vierzehn Jahren in fußhohen Lettern auf der Anschlagtafel des Gresham Theatre prangte. Er besaß noch andere Vorzüge.

Zum einen war er ein hervorragender Geschäftsmann mit einer guten Nase für das richtige Stück, und dazu kam natürlich auch noch sein Instinkt.

Unter welchen Umständen Instinkt zum Genie wird und Genie sich in Kunst verwandelt, ist schwer zu sagen, aber bei

Tadema vereinigten sich alle drei in dem schönen Wort *Renommee*. Sein Publikum, das so völlig zu Recht alles glaubte, was es sich zusammenreimte, las oder mit eigenen Augen sah, wußte eben einfach, daß Sir Geoffrey Tadema die menschgewordene Romanze war.

Es wußte zudem, daß seine Eroberungen nach Myriaden zählten und sein Leben eine unablässige Suche nach der einen Frau vollkommenen Herzens war, einer nicht näher zu definierenden Dame, indes für jedes weibliche Wesen im Publikum mit Leichtigkeit zu identifizieren.

Da man Sir Geoffrey im Privatleben als ganz normalen Junggesellen von mehr oder weniger eingefahrenen Gewohnheiten bezeichnen konnte, war dieses sein öffentliches Erscheinungsbild keine gering zu achtende Leistung. An seinem Renommee zu arbeiten war sein Hobby, dem er sich mit Hingabe und Geschick widmete.

Eifersüchtige Kollegen munkelten verbittert von Unsummen an Schmiergeldern, doch damit verrieten sie nur, daß sie von dieser Kunst nichts und vom Zeitungsgewerbe noch weniger verstanden. Wishart vom *Telegram* hatte einmal vom erhabenen Turm seiner vierzig Jahre Journalismus herabgeblickt, um zu bemerken, daß dem guten Tadema das alles nur gelingen könne, weil er so unglaublich kitschig sei, aber auch er hatte nur einen Zipfel der Wahrheit erfaßt.

Sir Geoffrey selbst glaubte ehrlichen Herzens, er sei der heimliche Seelentrost aller ungeliebten Frauen Londons, aber da überschätzte er sich, wie er bald merkte, als das Fernsehen in Mode kam.

Diese Erkenntnis war auch letzten Endes schuld an Chloe. Im »Kasten« waren Tademas Jahre irritierend deutlich sichtbar, und seine berühmte Ausstrahlung wirkte sonderbar künstlich. Zwar war er auf der Bühne noch immer wer, aber sein letztes Stück war statt der gewohnten achtzehn nur noch vierzehn Monate gelaufen, und er sah sich auf dem Weg nach unten. Es war beileibe noch kein Erdrutsch, aber immerhin bewegte sich schon der Sand unter seinen Füßen.

Er spielte schon einige Zeit mit dem Gedanken an eine glückliche Liebesehe als neuem Medium seines Personenkults, als er zum erstenmal Chloe begegnete, die damals hoch oben auf ihrer ersten Woge des öffentlichen Interesses trieb. Sie war die meistfotografierte junge Dame der Saison, und er bewunderte die Art, wie sie daran arbeitete.

Die Idee, sie zu heiraten, war ihm seinerzeit noch nicht gekommen, aber als er dann begriff, daß es ihr nicht um Geld und obskure Titel ging, sondern um eine Karriere als Person des öffentlichen Lebens, hatte er diesen schönen Gedanken geboren. Die Stunde war günstig. Chloes Abenteuer mit den maskierten Banditen, die ihr ritterlich ihr Eigentum zurückerstattet hatten, nur weil sie so schön und lieblich war, hatte sich gerade herumgesprochen.

Chloe war viel zu sportlich gesinnt gewesen, um die Verbrecher anzuzeigen, und hatte die Geschichte erst unter Druck einem Journalisten gestanden. Dieses riskante Manöver hatte verhältnismäßig gut geklappt, obschon Tadema es damals für gefährlich plump gehalten hatte. Sein Instinkt sagte ihm, daß eine Verlobung der richtige Schritt für sie beide wäre.

Das erkannte Chloe natürlich auch. Tadema faßte eine echte Zuneigung zu ihr, als er den ernsten Blick sah, mit dem sie seinen Antrag entgegennahm. Er war sogar ein bißchen verliebt. Es war typisch für ihn, so gründlich an die Sache heranzugehen, nachdem er sich seine Hintergedanken erst einmal eingestanden und sie irgendwo im Oberstübchen abgelegt hatte.

Es kränkte ihn, als sie die vierundzwanzig Stunden, die sie sich als Bedenkzeit ausbedungen hatte, dazu nutzte, einen handzahmen Schreiberling das Gerücht in die Zeitung bringen zu lassen, aber dann versöhnte ihn doch gleich wieder die Reaktion der Presse.

Die Attribute waren alle sehr schmeichelhaft.

»Der alte Fuchs!« knurrte Wishart in seinen struppigen Schnauzbart, als er die augenfälligen Schlagzeilen las. »Er hat es schon wieder geschafft – auf die Sekunde. Das ist seine zweite Natur.«

Im Moment war Tadema hochzufrieden.

Er war sogar so guter Laune, daß ihm nicht einmal das Lächeln verging, als plötzlich ein Wildfremder in seine Garderobe trat – etwas Unerhörtes jederzeit, aber unmittelbar vor einer Nachmittagsvorstellung schon fast ein Sakrileg!

Der Fremde blieb in der Tür stehen und musterte ihn auf irritierende Weise. Keine Regung zeigte sich in dem jugendlichen Gesicht, das ihm irgendwie bekannt vorkam. Tadema ertrug diesen ernst forschenden Blick ein paar Sekunden lang, bevor seine gute Laune zu schwinden begann. Er stand auf und wollte gerade die naheliegende Frage stellen, als er plötzlich die groben Züge des Jungen erkannte. Einmal abgesehen von aller kleinlichen Rivalität, die einen alten Publikumsliebling anfechten mag, wenn er einen neuen vor sich sieht, faßte Tadema eine spontane Abneigung gegen Gyp Rains, den jungen Flieger mit den kalten blauen Augen, der da in der Tür zu seiner Garderobe stand und ihn so kompromißlos begutachtete.

Auch des Luftfahrers erste Worte trugen nicht dazu bei, diese Animosität zu zerstreuen.

»Ich bin hier, um mit Ihnen zu reden, Sir, weil ich das für meine Pflicht halte«, sagte er.

Die abgedroschenen, gleichwohl unerwarteten Worte gewannen nicht durch den sonderbar ausdruckslosen Ton, in dem sie vorgetragen wurden, und Tademas Irritation nahm zu. Er konnte es sowieso nicht leiden, wenn junge Männer

sich die Unverfrorenheit herausnahmen, ihn nur mit »Sir«
anzureden. Er flüchtete sich in jene spezielle Spielart von Sar-
kasmus, deren Meister er war.

»Wie ausgesprochen nett von Ihnen«, meinte er. »Vielleicht
möchten Sie nun Platz nehmen und in den wenigen Sekunden, die mir zur Verfügung stehen, sich Ihrer Pflicht mit soviel Anstand wie möglich entledigen.«

Er hätte auch gar nichts sagen können, es hätte in Mr.
Rains' stumpfem, knochigem Gesicht kaum weniger be-
wirkt. Der junge Mann trat ins Zimmer, baute sich keinen
halben Meter vor dessen Besitzer auf und leierte mit unver-
ändert monotoner Stimme: »Chloe wollte nicht, daß ich es
Ihnen sage, Sir, aber ich denke mir, daß auch ein Mann Ihres
Alters noch Gefühle hat, weshalb ich finde, daß es sich einfach gehört, und so bin ich jetzt hier, um Sie vorzuwarnen.
Ich tue immer, was ich für richtig halte«, fügte er mit unvermuteter Naivität hinzu, und Tadema, der das unangenehme
Gefühl hatte, wieder mit dem Ensemble seiner frühesten
Jugend auf der Bühne zu stehen, sah einen glasigen Schimmer
in den blauen Augen und begriff, daß er es mit einem Menschen zu tun hatte, der innerlich mit höchster Erregung
kämpfte.

Er konnte sich aber jetzt nicht daran aufhalten, ob Gyp
Rains womöglich irgendwelche Gefühle nur unvollkommen
verbarg. Er hatte den Namen »Chloe« gehört, und eine große
Furcht war über ihn gekommen. Gerade wollte er sich schwer
in seinen Sessel sinken lassen, als er dies unbewußt als die
Verhaltensweise eines alten Mannes erkannte und sich im
letzten Moment besann.

»Das sollten Sie mir vielleicht etwas ausführlicher erklären«, sagte er ruhig. »Worum geht es denn?«

»Es ist ein Geheimnis. Chloe und ich werden heiraten. Wir
haben uns ineinander verliebt und wollen fliehen. Ich gehe
morgen abend auf meinen großen Flug, und Chloe kommt
mit. Man wird sie in Athen natürlich entdecken und be-

stimmt nicht weiter mitfliegen lassen, aber wir heiraten morgen gegen Abend.«

»Sprechen Sie von Chloe Staratt?«

»Ja, natürlich.« Für Mr. Gyp Rains war dies offenbar eine überraschend unnötige Frage.

»Verstehe«, sagte Tadema entsetzlich förmlich. »Verstehe. Und was soll ich Ihrer Meinung nach dagegen tun?«

Zum erstenmal in diesem Gespräch veränderte sich Gyp Rains' Gesicht. Er zog die Augenbrauen hoch. Seine Augen wurden ganz rund und dumm. »Was *können* Sie tun?« fragte er zurück. »Ich bin nur hier, um es Ihnen zu sagen.«

Es heißt, die Zufallsantwort eines Narren könne durch ihre schiere Schlichtheit dem besten Advokaten die Sprache verschlagen, und so war es in diesem Fall. Tademas Mund ging auf, aber kein Ton kam heraus.

Mr. Rains fuhr fort: »Ich habe es Ihnen nur gesagt«, sprach er sanft, »weil ich es ungehörig gefunden hätte, es Ihnen nicht zu sagen. Tun können Sie nichts. Das sehen Sie doch ein?«

Die abschließende Frage klang richtig liebenswürdig.

»Hören Sie mal, mein Junge…« Tadema griff verzweifelt nach jedem Strohhalm. »Ich will Sie ja nicht kränken, aber könnte es nicht sein, daß Lady Chloe etwas gesagt hat, was bei Ihnen vielleicht falsch angekommen ist? Ich meine…«

»O nein.« Das glänzende Antlitz war so leer wie eh und je. »Das hier habe ich mitgebracht. Sie konnte es ja wohl nicht gut behalten, oder? Das hat sie auch sofort eingesehen, als ich es sagte.«

Mit diesen Worten ging er zum Schminktisch und legte den großen, sehr teuren Platin-Brillantring, den Sir Geoffrey erst vor wenigen Wochen ausgesucht und vor ein paar Tagen erst bezahlt hatte, zwischen die Cremetöpfe.

Es folgte eine lange Verlegenheitspause, dann nahm Gyp Rains seinen letzten Anlauf.

»Chloe und ich verlassen uns auf Ihre Anständigkeit, Sir.

Wir wissen, daß Sie uns nicht verraten. Chloe fürchtet nämlich Ärger mit ihrem Vater, und bisher sind Sie der einzige Mensch, der Bescheid weiß. Sie werden uns gewiß nicht enttäuschen, nein? Ich weiß es.«

Und nachdem er seine Bombe hatte fallen lassen, lächelte Gyp Rains, jüngster Liebling eines luftfahrtbegeisterten Britenvolkes, Sir Geoffrey Tadema freundlich an und verließ mit steifem Schritt die Garderobe, eine lächerliche, humorlose, unbesiegbare Gestalt.

Etwa zwei Minuten lang spielte Tadema stumm für sich die große Szene. Er ging in seiner Garderobe auf und ab, sah den Ring an, betrachtete sich im Spiegel, warf den Ring zu Boden, hob ihn wieder auf, steckte ihn in die Tasche, zuckte die Achseln, wischte sich über die Augen, kurz, er spulte das gesamte gestische Repertoire ab, das der anspruchsvollste Regisseur sich nur hätte wünschen können.

Und nachdem er zunächst einmal so völlig normal reagiert hatte, nahm er sich plötzlich zusammen und begann zu überlegen. Es fehlte nicht an Ausdrücken, mit denen Chloe zutreffend zu beschreiben gewesen wäre, aber er war nicht der Mann, sich in Beschimpfungen zu ergehen. Irgendwo in einem stilleren Winkel seiner Seele, unter der Wut, konnte er Chloe sogar fast bewundern. Als Werbemasche war das einfach genial – die Entdeckung in Athen, die heimliche Heirat und als Beweisstück dieser liebeskranke junge Tölpel. An so einer Geschichte konnte der blasierteste Journalist sich noch ergötzen!

Erst als er sich die Ströme von Druckerschwärze ausmalte, sah er darin plötzlich seinen eigenen Namen. Heiß wallte das Blut in seiner Kehle auf und drängte ihm so in den Kopf, daß ihm die Haare kribbelten. Er sah sich zerplatzen wie einen Luftballon, sah die Fetzen seines sorgsam aufgebauten Renommees die staubige Straße hinunterwehen. Das wäre sein Ende. Die totale Katastrophe. Die strahlende Rittergestalt ertränkt in Tränen des Mitleids, des Spottes womöglich.

Schon war er wieder auf den Beinen. Es mußte etwas geschehen. Bei Gott, ja, es mußte etwas geschehen, und wieviel Zeit blieb ihm? Was hatte dieser Irre gesagt, wann er losfliegen wollte? Wieviel Zeit war noch?

Der Bursche klopfte an seine Tür.

»Noch fünf Minuten, Sir Geoffrey. Der Vorhang ist auf.«

Es gibt Zeiten, da der Verstand einfach durchdreht, die Phantasie die Trense zwischen die Zähne nimmt und den Menschen im fliegenden Galopp durch eine breite Allee von Alpträumen trägt, die lebendiger sind, als wirkliches Erleben es jemals sein könnte.

In den Pausen zwischen den schlechtesten Auftritten seines Lebens durchlitt Tadema die ganze Stufenleiter menschlicher Demütigungen. Er sah sich bedauert und belacht, hörte sein Alter durchgehechelt und auf irrige fünfundsechzig Jahre bestimmt, sah seine ewige Jugend verdorrt und die ganze schöne Fassade niedergerissen, hinter der eine Karikatur seiner selbst zum Vorschein kam, zehnmal falscher als jede Illusion der Vergangenheit.

Sogar in seinen lichteren Momenten, wenn er die Lage kühl betrachtete, war der Gedanke, von Chloe zugunsten eines Jüngeren und Bekannteren vor aller Öffentlichkeit den Laufpaß zu bekommen, wenig verlockend, um es gelinde auszudrücken.

Der Gerechtigkeit halber soll erwähnt werden, daß Vergeltung an sich ihm kaum in den Sinn kam. Sein ganzes Denken drehte sich um den Schutz der eigenen Person.

Auch so war die Entscheidung über seinen sofortigen Schlachtplan äußerst schwierig, und hinzu kam die grundlegende Frage der Zeit. Was hatte dieser unerträgliche junge Flegel noch gesagt, wann sie zu fliehen gedachten? Morgen abend? Tadema stockte mitten in der Verstoßungsszene des dritten Akts und starrte Miss Miller, die das Mädchen spielte, glasig an. Sie gab ihm sein Stichwort und bedachte ihn mit einem besorgten Blick unter den Wimpern hervor. Der Alte pflegte beim Lunch nicht unvernünftig zu sein. Hoffentlich bahnte sich da nicht ein Schlaganfall an.

Bis zur Mitte des dritten Akts hatte Tadema alles durchgerechnet. Wenn Chloe sich anderntags davonmachte, wäre sie am Morgen darauf in Athen und käme noch am selben Tag in die Abendzeitungen. Er hatte also nur noch Zeit bis morgen, um seinen Gegenschlag einzuleiten, nur noch bis morgen, um seinerseits mit einer Sensation in die Schlagzeilen zu kommen, gegen die all ihre Machenschaften ein Nichts wären.

Sein Hirn arbeitete fieberhaft. Heute war Dienstag. Demnach war es zu machen. Er konnte es gerade noch schaffen, wenn er unverzüglich handelte.

Nur noch ein alles entscheidendes Problem galt es zu lösen: Was in aller Welt konnte er tun? Den Instinkt, wenn nicht sogar die geniale Gabe zu besitzen, sich stets im rechten Zusammenhang in die Schlagzeilen zu bringen, war eine Sache; eine ganz andere aber war, sich einen sicheren und trotzdem sensationellen Coup einfallen zu lassen und diesen in weniger als zwölf Stunden durchzuführen. Tadema war verzweifelt.

Er schickte seinen Kostümier fort und starrte aus dem winzigen Fensterchen seiner Garderobe auf die Dächer und Türme Londons im tiefblauen Abendlicht.

Nach einer Weile drehte er sich langsam wieder um und knipste das Licht an. Blendendweiße Helle umfloß seine stämmige, aber keineswegs plumpe Figur. »Entschlossen« wäre jetzt vielleicht die passendere Bezeichnung gewesen als »romantisch«, aber eine attraktive Erscheinung war er immer noch: ein nicht mehr ganz junger Ritter, der sich zu seiner Verteidigung anschickte.

Sein erster Schritt stand schon fest. Wohin er ihn führen würde, wußte er noch nicht, aber wie alle wahren Künstler vertraute er auf seinen Instinkt und machte sich zum Handeln bereit.

Die Inspiration für den zweiten Schritt würde sich zweifellos einstellen. Die Not als sprichwörtliche Mutter der Erfindung würde sie ihm liefern.

Einmal zu diesem Unternehmen entschlossen, nahm er die Vorbereitungen gekonnt und schnell in Angriff. Der unscheinbare graue Anzug von der Stange eines großen Kaufhauses, wo niemand Tadema erkannte, weil niemand ihn dort erwartete, saß einigermaßen und genügte seinen Zwecken.

Ebenso unauffällig waren das Baumwollhemd, die braunen Schuhe, die Socken, die Krawatte und Unterwäsche – Tadema war in Theaterkreisen mit Recht berühmt für seine Liebe zum Detail –, die er auf seinem Rundgang durch das Kaufhaus noch mitnahm.

Eine Minute vor Geschäftsschluß verließ er das Kaufhaus mit einem runden halben Dutzend Päckchen in einem neuen Koffer.

Eine Viertelstunde später nahm die Gepäckaufbewahrung in der U-Bahn-Station Tottenham Court Road den Koffer entgegen, und Tadema fuhr mit einem Taxi zu seiner Wohnung in Mayfair, um ein Bad zu nehmen und zu essen, bevor er für die Abendvorstellung wieder ins Theater fuhr. Er war nicht direkt glücklich, doch er verspürte jenes sonderbare Hochgefühl, das den überkommt, der kurz vor einem Verzweiflungsschritt steht.

Ein unerwarteter Rückschlag war die Entdeckung, daß Sharper, sein so zimperlicher und mit unzutreffendem Namen gesegneter Diener, es zugelassen hatte, daß Lessington in seinem Arbeitszimmer auf ihn wartete.

Bei Lessington, einem dicklichen Kahlkopf um die Vierzig, hatte die frühe Verweichlichung sich inzwischen zu völliger Erschlaffung gesteigert. Wären seine Stücke nicht so gekonnt gewesen, Tadema hätte ihn nicht ertragen. So aber verkehrte er, wenn auch zähneknirschend, freundschaftlich mit ihm.

Lessington war in Form. Er posierte mit einem Aperitif in der Hand vor dem Kaminfeuer und mußte dem guten Taddy nur einmal rasch von der absolut großartigen Idee erzählen, die er für sein neues Stück hatte. Und schon stürzte er sich in eine langatmige Schilderung der Handlung, in der ein Mann in den besten Jahren sich in eine junge Frau verliebt, die üblichen Zweifel durchleidet und zuletzt überzeugt ist, daß seine Liebe erwidert wird und er die Pflicht hat, sie zu heiraten.

»Klar bringe ich das rüber«, sagte Lessington.

Er sprach sehr zuversichtlich, und Tadema dachte bitter, daß er wohl recht hatte. Lessington besaß die Gabe, den kältesten Kaffee auf einem Tablett zu servieren, das besserer Dinge würdig gewesen wäre.

»Es ist eben nur ein ganz klein wenig kitschig«, fuhr Lessington kokett fort. »Du strömst ja nicht gerade über vor Dankbarkeit, Taddy.«

»Es ist großartig, mein Lieber, großartig!« erklärte Tadema voller Herzlichkeit, denn eine warnende Stimme im Hinterkopf mahnte ihn, sich völlig normal zu geben. Wenn irgend jemand auch nur ahnte, daß etwas Ungewöhnliches bevorstand, war sein ganzes Vorhaben nichts mehr wert.

Er wurde Lessington erst wieder los, als es Zeit war, sich ins Theater zu begeben. Es war ein überaus anstrengendes Gespräch gewesen, aber er hatte es mit Bravour gemeistert. Immerhin würde Lessington jetzt jederzeit zu beschwören bereit sein, daß der gute alte Taddy ganz er selbst gewesen war, und berichten, daß sie eine Stunde lang sehr angeregt über ein neues Stück gesprochen hatten.

Im Theater legte Tadema einen tadellosen Auftritt hin. Miss Miller erlebte den Alten zu ihrer großen Erleichterung in bester Form. Er nahm eine Einladung zu einem mitternächtlichen Essen an und versprach einem Illustrierten-reporter ein Interview nach der Vorstellung.

Er spürte, wie seine Nervosität zunahm, je später es wurde, aber sein Entschluß war gefaßt, und in der Pause vor dem dritten Akt ging er in De Laras Garderobe, um im Stehen ein Minütchen mit ihm zu plaudern.

Er sah Paul Ritchie, seine eigene zweite Besetzung, der diese Garderobe mitbenutzte, sich unglücklich in seiner Ecke lümmeln, aber hinterher würde der junge Schauspieler sagen, daß der Alte ihm beim Eintreten nur einmal leutselig zugenickt und dann kein einziges Mal mehr in seine Richtung gesehen habe.

Nach dem Besuch bei De Lara wurde Tadema in dem auffälligen Nadelstreifenanzug, den er im dritten Akt trug, von Lottie Queen auf der Treppe zum Dach gesehen. Er lächelte ihr zu, beglückwünschte sie zu ihrem Spiel und ging weiter.

Im Moment fand die genannte Dame es etwas sonderbar, den Alten im Theater herumspazieren zu sehen, so kurz bevor das Stück weiterging, aber das Ensemble begab sich bei schwülem Wetter oft auf das Flachdach hinauf, weshalb sie sich zunächst nichts weiter dabei dachte.

Ein Beleuchter sah ihn noch einmal weiter oben auf der Treppe, kurz unter dem Dach, doch der Mann sagte, sie hätten kein Wort gewechselt, und das war dann auch schon alles, was das komplette Ensemble beitragen konnte, als die Fragerei losging.

Nun aber, als Tadema auf das dunkle Dach hinaustrat, unter sich die dunstigen Lichter der Stadt, zitterte er vor Erregung, doch er sagte sich, daß er nur sehr wenig Zeit hatte, und handelte entsprechend schnell. Flink huschte er über die Dachplatten zu dem traurigen Haufen Schutt und Baumaterial, den er Anfang der Woche dort gesehen hatte und dem er seine Idee verdankte.

Das Gresham Theatre war ein altmodisches Gebäude, dessen Rokokobrüstung vom Nachbarhaus, einer Niederlassung der Ever-Safe-Versicherungsgesellschaft, nur einen guten Meter entfernt stand.

An einer bestimmten Stelle wäre ein jüngerer Mann einfach vom einen Dach auf das andere gesprungen, aber Tadema nahm lieber die Bohle. Er zog sie unter den zusammengefalteten Säcken hervor, legte sie zurecht und schickte sich an, nach drüben zu balancieren.

Es war ein riskantes Unterfangen für einen Mann von seinen Jahren und geringen sportlichen Neigungen, und hätte er die physische Seite des Abenteuers je in Betracht gezogen, vielleicht hätten seine Nerven dann nicht mitgespielt. So aber war sein Denken voll und ganz von dem anderen Aspekt des Plans in Anspruch genommen, seiner Unerhörtheit, dem Mut, der völligen Skrupellosigkeit.

Fast verschlug es ihm selbst den Atem. Mitten im Stück im vollen Kostüm aus dem Theater zu gehen! Aufs Dach zu steigen und von dort zu verschwinden!

Selbst wenn es sich nur um irgendwen gehandelt hätte, wäre das jederzeit eine pikante Geschichte gewesen, fast wie der Beginn eines Kriminalromans, aber wenn der Mann auch noch Tadema hieß – oh, wie hoch und fett würden die Schlagzeilen sein, und wie würden sie den Wind aus Chloes Segeln nehmen! Würde sie überhaupt noch abreisen? Sir Geoffrey bezweifelte es.

Er betrat die Dachplatten des Versicherungsgebäudes und stieß die Bohle mit kräftigem Schwung zurück. Sie klapperte so laut, daß er einen Moment erschrak. Zu diesem Zeitpunkt entdeckt zu werden wäre eine Katastrophe. Aber er hörte keine unerwünschten Geräusche von unten und ging weiter.

Die Feuerleiter führte auf ein Gäßchen an der Rückseite des Gebäudes hinunter. Während Tadema dieses spinnenbeinige Gebilde betrat, sah er sich mit einer neuen Sorge konfrontiert. London ist eine dichtbevölkerte Stadt, und die stets wachsame Polizei hat ein argwöhnisches Auge auf düstere Gestalten, die an den Feuerleitern dunkler Gebäude herumturnen. Eine Festnahme, eine Befragung schon, wäre zu peinlich, um sie sich auch nur auszumalen.

Bleich vor Angst erreichte Tadema das Pflaster. Doch er blieb unbehelligt und eilte durch die dunkleren Straßen zur Tottenham Court Road.

In der nächsten halben Stunde nahmen die technischen Details ihn ganz in Anspruch. Mag der Plan, in der Toilette einer großen, stark frequentierten U-Bahn-Station seine Kleider und mit ihnen gleich die ganze Persönlichkeit zu wechseln, noch leicht zu fassen sein, so überraschend kompliziert ist die Durchführung. Die hinderliche Wirkung eines schlechten Gewissens hatte Sir Geoffrey völlig übersehen.

Aber trotz dieser unerwarteten Schwierigkeiten gelang die Metamorphose erstaunlich gut. Schließlich kann man sich nicht an nahezu jedem Abend seines beruflichen Lebens verkleiden und in die Rolle irgendeines anderen schlüpfen, ohne es in dieser Kunst zur Meisterschaft zu bringen. Um zwanzig vor elf, als Paul Ritchie sich im Gresham Theatre durch den letzten Akt kämpfte, spazierte also ein freundlich blickender Herr vom Lande mit einem neu aussehenden Koffer in der Hand zum Bahnhof Liverpool Street.

Daß dieser Fremdling eine oberflächliche Ähnlichkeit mit dem weltgewandten Sir Geoffrey Tadema hatte, ist wohl wahr, doch es ist eine merkwürdige Tatsache, daß Gesicht und Figur eines normalen Menschen nur mit drei von zehn Punkten zu seiner Gesamterscheinung beitragen, während die restlichen sieben sich aus Kleidung, Umgebung und äußerem Anschein zusammensetzen, und so betrachtete keiner von den müden Fahrgästen die Gestalt im grauen Anzug mit irgendeinem Zeichen des Erkennens.

Tadema selbst wuchs immer mehr in seine Rolle hinein. Und je mehr er sich in Sicherheit wähnen durfte, desto stärker überkam ihn ein gänzlich neues Gefühl. Er war frei! Er hatte neunzig Pfund in bar bei sich, mehr hatte er nicht abzuheben gewagt, um keine Spuren seiner Flucht zu hinterlassen. Uhr, Manschettenknöpfe, Brieftasche und ein paar Briefe steckten noch in den Kleidern, die er beim Verlassen des Theaters angehabt und dann in seinem Koffer verstaut hatte. Er fühlte sich leicht und ungebunden, fast als wäre er wirklich so glatt und unerklärlich aus dem Leben gegangen, wie die Welt in Kürze glauben mußte.

Er sah auf die Bahnhofsuhr. Sein Zug, der Postzug nach Yarborough, fuhr in fünfunddreißig Minuten. Wieso seine Wahl auf Yarborough gefallen war, wußte er selbst nicht so genau, außer daß es weit genug von London entfernt war und an der Küste lag.

Er hatte noch keinen endgültigen Plan, vertraute aber darauf, daß die lange Fahrt schon Rat bringen werde. Der erste und wichtigste Schritt war getan und Chloe auf der Ziellinie abgefangen. Das war die Hauptsache, und alles übrige würde sich, wie er großspurig glaubte, schon noch finden.

Den Koffer samt Inhalt – oder wenigstens diesen – galt es, mit größtem Nutzen loszuwerden. Das sprach für die Küste. Also für Yarborough, denn Brighton wäre lächerlich gewesen. Aber das alles mußte erst noch arrangiert werden. Da würde ihm schon etwas einfallen.

Tadema lächelte, und der Mann, der auf der anderen Seite des Bahnsteigs stand und ihn seit zehn Minuten so eingehend beäugte, kam ein Stückchen näher.

Duds Wallace ging um Tadema herum und musterte ihn verstohlen. Ja, die Größe stimmte. Ebenso die Schulterbreite. Auch die Taille hatte ungefähr die gleichen Maße. Vor allem stimmte der Stil, und in Duds' Augen kam es auf Stil vor allem an.

Bei einer gewissen Dienststelle der britischen Bahnpolizei galt Duds Wallace als eine Art Maskottchen, ein Original. So etwas wie ihn gab es nur einmal. Sein langes Vorstrafenregister mit rund sechzehn Einträgen erzählte eine wunderliche Geschichte kleiner Missetaten und bewies unwiderleglich, daß bei allen Gaben, die Mr. Wallace besitzen mochte, Vielseitigkeit ihm von den Göttern nicht gegeben war. Sein Programm war stets das gleiche. Wann immer sein wählerischer Geschmack ihm befahl, sich neu einzukleiden, stahl er einen Koffer.

Das allein war schon hinreichend phantasielos, doch er trieb seine Orthodoxie noch ein Stück weiter. Unabänderlich stahl er den Koffer auf einem Bahnhof, und unabänderlich – dies war das Markenzeichen einer Wallace-Tat – war sein Opfer ein Mann, dessen Statur, Typus und ebenso unaufdringlicher wie preiswerter Geschmack dem seinen sehr ähnlich war.

Die offensichtlichen Nachteile seiner unoriginellen Methode schienen ihm nie in den Sinn zu kommen, was zur Folge hatte, daß jeder leicht untersetzte Beschwerdeführer mittlerer Größe, der den Verlust eines größeren Koffers melden kam, unverzüglich an Sergeant Buller verwiesen wurde, der den Besucher nur eines kurzen Blickes würdigte und prompt zum Telefon griff.

Zwei, drei Stunden später wurde Mr. Wallace, im Privatleben Angestellter bei einem vergleichsweise achtbaren Buchmacher, aufs Revier gebracht, wo er sich jedesmal sehr verwundert gab und seine Unschuld beteuerte, obwohl er in der Mehrzahl der Fälle sogar noch die seinem Opfer abhanden gekommenen Sachen trug.

Es war bezeichnend für Duds' Denkungsart, daß er sich vor Gericht dann bitterlich beklagte, die Polizei habe etwas gegen ihn.

Sergeant Buller, ein logisch denkender Mann, hatte Duds schon wiederholt die Sache erklärt, doch Mr. Wallace blieb bei seiner Methode und wunderte sich weiter.

Zur Zeit war Mr. Wallace, der offenbar einzig von seinen modischen Ansprüchen auf die schiefe Bahn gelockt wurde, über sein Äußeres geradezu beschämt.

Seine Ärmel waren an den Ellbogen ausgebeult, und sein Anzug hatte den fadenscheinigen Glanz des Alters. Duds sah aus, als hätte er in voller Kleidung längere Zeit im Wasser gelegen und sich auch beim Trocknen nicht von ihr getrennt.

Sein Hemd taugte ebenfalls nichts mehr. Die Manschetten waren rundherum durchgescheuert. Duds' scharfe braune

Augen begutachteten Tademas Koffer. Da war ein Anzug drin, jede Wette; ein Anzug, Hemden, ein Schlafanzug, und mit Glück auch ein Paar Schuhe.

Er warf einen Blick auf die Füße des Mimen, und die soliden braunen Schuhe mit den runden Kappen fegten seine allerletzten Zweifel hinweg.

Sowie sein Entschluß feststand, folgte Duds penibel seinem gewohnten Schema. Als der Zug am Bahnsteig hielt, suchte Tadema sich ein leeres Abteil in der zweiten Klasse, stellte seinen Koffer auf den Eckplatz, um diesen für sich zu reservieren, und stieg dann, genau wie sein Beobachter es erwartet hatte, wieder aus, um sich noch eine Zeitung zu besorgen.

Kaum war er außer Sicht, bestieg Duds ein anderes leeres Abteil etwas weiter hinten in der zweiten Klasse. Er setzte sich aber nicht, sondern ging weiter auf den Gang und suchte Tademas Abteil. Seine Lässigkeit war unnachahmlich. Er nahm den Koffer an sich, als hätte er ihm schon immer gehört, und trug ihn auf den Gang hinaus.

Dann ging er weiter durch den Zug und spähte im Vorbeigehen suchend in jedes Abteil. Tadema war nirgends zu sehen. Es ging wirklich ganz leicht.

Als Mr. Wallace das Ende des Zugs erreichte, das im Schatten der Fußgängerbrücke stand, stieg er aus, schlenderte durch die Schalterhalle, wandte sich die dunkle Straße hinauf und verschwand unauffällig in der Menge.

Tadema entdeckte den Verlust erst, als es zu spät war, um etwas zu unternehmen. Als er in sein Abteil zurückkam, stand der Zug kurz vor der Abfahrt, und als er seinen Koffer nicht mehr vorfand, nahm er an, daß er wohl in den falschen Waggon gestiegen war, und begab sich auf den Gang hinaus, um sich auf die Suche nach seinem Eigentum zu machen.

Sie waren schon durch Ilford und am Beginn einer langen Strecke ohne Zwischenhalt, ehe ihm einleuchten wollte, daß sein Koffer nicht im Zug war. Wütend und verzweifelt warf er sich auf einen Eckplatz und brütete finster vor sich hin.

Über die normale Empörung hinaus, die jeden unweigerlich befällt, wenn er entdecken muß, daß ein bei jedem anderen so natürliches Mißgeschick ihn selbst ereilt hat, fühlte Tadema sich besonders übel mitgespielt. Ohne seine Kleider ans Meer zu fahren hatte überhaupt keinen Sinn, aber nun saß er hier ausgerechnet in einem Zug nach Yarborough. Dem Plan, den er auf der Fahrt hatte ausarbeiten wollen, fehlte nun jede Grundlage. Zudem konnte er sich den Verlust seines Eigentums nicht einmal entschädigen lassen. Unter den obwaltenden Umständen konnte er ja nicht gut zur Polizei gehen. Das Ganze war schlicht empörend und bedeutete, anders konnte er es nicht sehen, für sein Abenteuer ein böses Omen.

Verdrießlich führte er sich seine Situation vor Augen. Wenn diese Sache schiefging, dann gründlich. Allerdings tröstete er sich noch mit dem Gedanken an die Sensation in den Morgenzeitungen, und nachdem er sich ein Weilchen dieser heiteren Betrachtung hingegeben hatte, gewann er ein wenig von seiner alten Zuversicht zurück und konnte sich damit begnügen, sich zurückzulehnen und auf eine Eingebung zu warten. Ihm würde schon etwas einfallen. So schlief er ein.

Eine Minute vor vier Uhr früh schreckte er aus dem Schlaf und sah sich ohne Mantel und Gepäck auf einem düsteren, feuchtkalten Bahnhof ausgesetzt. Im ersten Moment glaubte er schon, er sei infolge eines himmelschreienden Unrechts oder Irrtums in der Hölle gelandet, doch als ihm dann die kaleidoskopischen Ereignisse des vorigen Nachmittags und Abends wieder einfielen, besann er sich anders und kam zu dem Schluß, daß er verrückt geworden war.

Nach höchstens zehn Minuten aber stellte sich sein unbezwingbares Selbstvertrauen wieder ein. Er war in eine heikle Situation gedrängt worden, die ihn zu unkonventionellem Vorgehen zwang. Ein bedauerliches, aber unbedeutendes Mißgeschick hatte ihn um seinen Koffer gebracht, aber immer noch war er der Herr seiner Presse, immer noch der Hüter seines Renommees.

Er blickte sich um. Kein Provinznest zeigt sich an einem Herbstmorgen früh um vier von seiner besten Seite. Tadema kannte den Ort nicht und war auch nicht neugierig darauf. Er hielt es für das beste, Yarborough gleich wieder zu verlassen, und holte sich Auskunft bei einem müden Dienstmann.

»Der erste Zug, Sir? Wohin, Sir?«

»Egal, wohin«, erklärte Tadema verwegen. »Der erste Zug von hier weg.«

Der Mann betrachtete ihn neugierig und beschied ihn, daß in einer Stunde ein Vorortzug abgehe.

»Der fährt nach Ebury, Lessing und Saffronden«, schloß er seine Rede.

Saffronden. Der Name kam Tadema irgendwie bekannt vor. Saffronden hatte ein Theater, zumindest einmal eines gehabt. Das Theatre Royal, ein düsteres kleines Gemäuer mit einem ganz eigenen Geruch. Dieser Geruch kam jetzt durch die Jahre angekrochen und stieg Tadema wieder in die Nase, ein dumpfer Geruch, nach Kampfer und ein bißchen beißend, einzigartig und unvergeßlich.

Das Ensemble ›Hearts Afire‹ unter Benny Fancy hatte dort einmal eine Woche lang gespielt, das war neunzehnhundert-und... Tadema wußte das Jahr nicht mehr.

Noch eine Erinnerung stellte sich ein, verschwommen nur, aber sie beschwor ein Gefühl von Wärme, Beengtheit und Kurzweil herauf. Es war wohl etwas Komisches und hatte ausgerechnet mit Kakao zu tun; etwas Urkomisches. Seine Laune besserte sich.

»Ich fahre nach Saffronden«, sagte er, und als ihm der vorübergehend vergessene Dienstmann wieder einfiel, fragte er unvermittelt: »Hier gibt's doch sicher einen Kiosk? Wann kommen die Morgenzeitungen?«

Die verdatterten Antworten waren beide zufriedenstellend, und Tadema, der Flüchtling, stieg in den Zug nach Saffronden.

Er wartete am Bahnhof Saffronden, und als die Morgenzeitungen kamen, schnappte er sich einen *Trumpeter* und blätterte ihn fieberhaft durch. Zuerst glaubte er sich mit keiner Silbe erwähnt, und ein Gefühl tiefer Bestürzung bemächtigte sich seiner. Erst als er die Zeitung zum drittenmal absuchte, fand er den kleinen Absatz irgendwo unten auf einer Innenseite:

Sir Geoffrey Tadema, der bekannte Schauspieler und Theaterleiter, mußte gestern infolge einer Indisposition seinen Auftritt in Lovers' Meeting *abbrechen, das zur Zeit mit Erfolg im Gresham Theatre läuft. Sir Geoffreys Rolle wurde im dritten Akt von Paul Ritchie gespielt. Es wird jedoch fest damit gerechnet, daß Sir Geoffrey seine Rolle in der heutigen Abendvorstellung wieder selbst übernimmt.*

Tadema stieß einen unhörbaren Fluch aus. Was war doch dieser Wentworth für ein Trottel! Als Verwaltungsdirektor handelte er klug und umsichtig, aber in Krisensituationen tat er immer genau das Falsche. Wenn dieser Idiot doch nur wüßte, daß er hier kostbare Zeit vergeudete! Nun gut, dann war er jetzt auf die Abendzeitungen angewiesen. Bis dahin würde dieser Irre ja wohl etwas unternommen haben. Zweifellos machte er jetzt schon gehörig Dampf. Tadema konnte sich bei dieser Vorstellung ein leises Lachen nicht verkneifen. »Wie ein aufgescheuchtes Huhn«, dachte er bei sich, während er die kurvige Straße vom Bahnhof hinunterging und auf die Hauptstraße des Städtchens kam, das wie durch ein Wunder noch kleiner und verschlafener geworden war, als er es in Erinnerung hatte.

Als er dann im Nebenzimmer des Red Lion beim Frühstück saß, hatte sich seine Verzagtheit inzwischen wieder eingestellt. Die Zeit war so knapp. Morgen um diese Stunde wäre Chloe längst auf dem Weg nach Athen, und wenig später würden die Drähte heißlaufen.

Ungeduld und das zunehmende Gefühl seiner Ohnmacht

in der Angelegenheit machten ihn rasend. Daß er aber auch gar nichts tun konnte, um die Dinge zu beschleunigen! An Wentworth zu telegraphieren: »Ich bin verschwunden, Sie Narr!«, wäre lächerlich und würde die Katastrophe besiegeln, wenn es in die falschen Hände geriet.

Zudem lenkte ihn dieser zeitweilige Rückschlag von dem Plan ab, den er noch ersinnen mußte. Er hatte sich so darauf verlassen, daß ihm die Morgenzeitungen einen Fingerzeig geben würden. Was immer er tat, es mußte gut sein. Tadema verschloß nicht die Augen vor der Gefahr, daß die ganze Geschichte zu einer Episode zerrann, die es abzuwiegeln galt:

TEMPORÄRE AMNÄSIE

SCHAUSPIELER FÜHLTE SICH DEN STRAPAZEN
NICHT GEWACHSEN

ALTERNDER MANN ZERBRICHT AN FLUCHT DER VERLOBTEN

Dazu durfte es auf gar keinen Fall kommen.

Gegen Ende des Frühstücks beschloß er, einfach abzuwarten. Im Moment war gar nichts zu machen, soviel war ihm schmerzlich klar.

Tadema zahlte sein Zimmer im voraus und schickte nach einem Pyjama, um dem Portier des Red Lion alle eventuellen Zweifel hinsichtlich seiner Person zu nehmen, und nachdem er gebadet und sich rasiert hatte, legte er sich zu Bett, nicht ohne die Anweisung zu hinterlassen, man möge ihn mit einer Tasse Tee und einer Abendzeitung wecken, sobald dieses Blatt eintreffe.

Eine Zeitlang lag er wach und haderte mit Wentworth und seiner mißlichen Lage, doch die nächtliche Reise war lang und beschwerlich gewesen, und endlich sank er in einen unruhigen, wenig erholsamen Schlaf.

Er war jedoch schon wieder auf und ging im Schlafanzug, dazu in eine Bettdecke gehüllt, im Zimmer auf und ab, als das Zimmermädchen kam. Das Mädchen stellte den Tee ab und hätte jetzt etwas gesagt, aber Tadema hatte sich schon auf die zusammengefaltete Zeitung gestürzt, worauf sie schmollend wieder hinausging.

Zuerst wollten Tademas Pupillen nicht gehorchen, und er merkte, wie ihn ein Schauer reiner Angst durchlief, während er die Zeitung aufschüttelte. Im nächsten Moment quollen ihm fast die hellen Augen aus dem Kopf.

Quer über der ganzen Titelseite prangten über seinem Konterfei die Worte:

BERÜHMTER MIME TRAGISCH UMGEKOMMEN

Tod im Bühnenkostüm. Heute am frühen Morgen wurde in der Gray's Inn Road ein Mann tödlich überfahren. Anhand der Papiere, die der schrecklich Verstümmelte bei sich führte, konnte die Polizei ihn als den berühmten Bühnenschauspieler Sir Geoffrey Tadema identifizieren. Der Theaterleiter und Schauspieler war seit der Pause nach dem zweiten Akt des Schauspiels Lovers' Meeting, *das gestern abend im Gresham Theatre gegeben wurde, von keinem seiner Bekannten mehr gesehen worden.*

Die Leiche Sir Geoffreys trug, als man sie fand, noch den Anzug, mit dem er in dem Stück auftrat. Seine Freunde wissen für die Tragödie keine Erklärung.

Sir Geoffreys Diener, Mr. Henry Sharper, brach zusammen, als er den Toten im Leichenschauhaus identifizieren sollte, und wurde unter Schock zu Verwandten gebracht.

Tadema fiel die Zeitung aus der Hand. Seine Augen waren glasig, sein Gesichtsausdruck vor allem kläglich.

»Ich werde wahnsinnig!« sagte er laut, und während in seine blauen Augen ein Fünkchen Intelligenz zurückkehrte, fügte er hinzu: »Ich bin es schon.«

Tragisch umgekommen. Tadema setzte sich in seinem neuen Pyjama auf die Bettkante und las die Worte noch einmal, bis sie sinnlos und anschließend wieder erschreckend klar wurden. Natürlich hatte er nicht die geringste Ahnung von der Existenz, oder der gewesenen Existenz, eines Mr. Duds Wallace, dieses glücklosen Liebhabers korrekter Kleidung, der in seinem nagelneuen Staat blindlings in ein Auto gerannt war, als er der Welt sein prächtiges Gefieder präsentieren wollte.

Aber daß etwas in dieser Art passiert sein mußte, war ihm klar. Tadema las jedes Wort, das die Zeitung über ihn geschrieben hatte, und obwohl ihm das Unglück lähmend auf den Schultern lastete, kleidete er sich danach sorgfältig an und ging nach unten.

Er holte sich die anderen Zeitungen und brachte sie auf sein Zimmer. Ihre Geschichten waren natürlich die gleichen, sie lieferten nur noch ein paar zusätzliche Details.

Chloe wurde nur einmal kurz erwähnt. Der *Trumpeter* wußte zu melden, daß Lady Chloe Staratt, Sir Geoffreys Verlobte, außerhalb Londons weile.

»Wo sie jetzt hin und her überlegt, wie sie von dieser Geschichte profitieren könnte«, dachte Tadema verbittert. »Oder wahrscheinlicher noch versucht, ihren Tölpel daran zu hindern, die Sache aus seiner Sicht herauszuplärren.«

Zum erstenmal spielte jetzt ein feines Lächeln um die Lippen des Mimen. Wie frustriert Chloe sein mußte! Anscheinend verschlug es ihr fürs erste die Sprache. Aber der Spaß an diesem Aspekt der Geschichte verging ihm bald wieder, als ihm seine eigene Lage schmerzlich bewußt wurde. Was das Aufsehen anging, konnte er gewiß einen dicken Punkt für sich verbuchen. Sein stolzer Name füllte alle drei Zeitungen, aber was brachte die Zukunft? Ihm fiel der alte Witz von dem jungen Mann ein, dem ein Vermögen versprochen worden war, wenn es ihm gelänge, seinen Namen in die Zeitungen zu bringen, worauf er hinging und sich zu diesem Zweck die Kehle durchschnitt. Die Ähnlichkeit mit seiner eigenen Geschichte war Tadema äußerst peinlich. Was konnte er tun?

Was in aller Welt konnte er tun? Wie konnte er zurückkehren, ohne das größte Fiasko aller Zeiten anzurichten?

Er spielte mit dem Gedanken, einfach wieder auf die Bühne zurückzugehen und allen Nachfragen mit einer mehr oder weniger plausiblen Geschichte zu begegnen. Das wäre auf alle Fälle sensationell und seinen Zwecken durchaus dienlich, sofern nur Chloe nicht ausriß. Aber genau das würde sie tun, er wußte es instinktiv. Chloe würde durchbrennen, und das Publikum würde unausweichlich seine leider wahren Schlüsse ziehen.

Wenn er sie daran hindern wollte, unverzüglich hinzugehen und einen anderen zu heiraten, konnte er nur tot bleiben. Wenn er aber tot blieb, wie konnte er dann jemals wieder auferstehen? Wie sollte er je erklären, daß er mit angesehen hatte, wie irgendein Unbekannter unter seinem Namen begraben wurde?

Beim Gedanken an das Begräbnis nahm Tadema sich erneut die Zeitungen vor. *Die Beisetzungsmodalitäten werden später bekanntgegeben.* Das war die häßliche Seite dieser Farce. Im Geiste sah er den alten Wentworth in heller Panik herumrennen, den armen Sharper im Hause neugieriger Verwandter auf dem Krankenbett liegen, das Ensemble, den todunglücklichen Autor, die Blumen, die feierliche Zeremonie und das Leid der wenigen Menschen, die ihm zugetan waren: Ma Biggs, seine Haushälterin, und Wally Bell, der alte Komödiant.

Nein, es war furchtbar. Es war gräßlich. Das mußte aufhören. Aber was konnte er tun?

Er verließ das Hotel und ging ins Städtchen. Ein paar Passanten betrachteten den Fremden in ihrer Mitte mit der schüchternen Neugier der Landbevölkerung, und Tadema hätte um sein Inkognito gefürchtet, wäre es ihm noch wichtig gewesen.

Zum Glück – oder Unglück – bestand da keinerlei Gefahr. Die mit Sorgfalt aufgenommenen Studioporträts, die in den

Zeitungen abgebildet wurden, zeigten einen um zwanzig Jahre jüngeren Mann mit dunkleren Augen und tieferen, interessanteren Schattierungen im Gesicht als dieser bleichgesichtige ältere Herr mit der kummervollen Miene, der da so schnell und, was sie nur nicht wußten, dennoch ziellos dahineilte. Für den Mann auf der Straße war Sir Geoffrey Tadema tot.

Die Schlange vor dem Theater hemmte seinen Schritt und lockte ihn schließlich an. Er blieb vor dem schäbigen alten Gemäuer stehen und betrachtete es eine Weile, das erste Mal seit Erscheinen der Abendzeitungen, daß er an der Außenwelt überhaupt Anteil nahm.

Das Theatre Royal pfiff auf dem letzten Loch, jedenfalls bröckelten schon die Gipspfeiler. Tadema war schockiert. Eine vornehme Ärmlichkeit war diesem Haus neben seinem charakteristischen Geruch schon immer zu eigen gewesen, aber so hatte es in der guten alten Zeit nie ausgesehen. Das armseligste Kino in der armseligsten Straße war nicht derart heruntergekommen. Tadema kam das Theatre Royal in Saffronden vor wie eine verkommene alte Dirne im schmuddeligen Putz, was er um so bedrückender fand, als er sie schließlich aus besseren Tagen kannte.

Den Plakaten entnahm er, daß hier wieder das Chasberg-Ensemble spielte. In dieser Woche gab man *Beggar's Choice*. Tadema nahm einen Logenplatz.

Kaum war der Vorhang hochgegangen, erinnerte er sich wieder an das Stück. Es war ein ehrwürdiges Melodram von einem Rennpferd, einem verarmten Lord und der unvermeidlichen Lady Mary. Er hatte in seinen Anfängertagen selbst schon oft darin mitgespielt.

Er hatte fast sogar Freude daran. Der Ausflug in die Vergangenheit lenkte ihn wenigstens von den Schrecken der Gegenwart ab. Er saß behäbig zurückgelehnt zwischen den roten Vorhängen, in der Nase den beißenden Kampfergeruch, und wie er so auf diese alte Bühne hinuntersah, erinnerte er sich mit einer Spur von Wehmut an etwas längst Vergessenes, die Aufregung jener frühen Tage.

Damals hatte ihn seine Arbeit auf Trab gehalten. Ein Stück war so schnell auf das andere gefolgt, daß keiner je seinen Text ganz beherrschte. Auf die unterbezahlten Inspizienten war nie Verlaß. Nie wußte man, ob die Requisiten sich am richtigen Platz befanden oder ob nach dem Akt überhaupt der Vorhang sinken würde. Heutzutage ginge ihm so etwas an die Nerven, aber damals hatte es eher Spaß gemacht.

Tadema, der sich auch so schon ungeheuer leid tat, mußte bei dem Gedanken, wie lange das alles her war, fast weinen.

Er beobachtete die Lady Mary schon eine ganze Weile, ehe er sie erkannte. Es war eine Besonderheit in ihrer Stimme, die ihn endlich aufhorchen ließ, so daß er sich weit nach vorn beugte, um ihr Gesicht besser zu sehen. Sie war natürlich älter geworden – viel zu alt für die Rolle. Tadema erinnerte sich nicht an ihren Namen, aber die Stimme war ihm vertraut, und an ihr Lächeln konnte er sich jetzt auch wieder erinnern.

Da er das Programmheft nicht lesen konnte, mußte er ganz auf sein Gedächtnis vertrauen. Wie hieß diese Frau noch? Chrissie Irgendwas, ging es ihm im Kopf herum, und sie waren zusammen auf Reisen gewesen. Das mußte in den Tagen des Repertoiretheaters gewesen sein.

Sie ist besser geworden, dachte er plötzlich. Ja, das war es; sie war früher entsetzlich schlecht gewesen. Entsetzlich schlecht und ziemlich hübsch. Seine Gedanken entflohen nur allzugern der Wirklichkeit außerhalb des Theaters und widmeten sich jetzt mit Eifer diesem inneren Problem. Tadema schloß die Augen und forschte tief in der Vergangenheit. Dabei halfen die Stimmen auf der Bühne ihm sehr. Ganze Passagen fielen ihm wieder ein, und vor allem eine Szene, die auf der Treppe eines Hotels neben der Rennbahn spielte, kam ihm so lebhaft wieder ins Gedächtnis, daß er sich ruckartig aufrichtete. Das war es! Sie hieß Chrissie, und sie mußten diese Szene schon zusammen gespielt haben.

Gar so ein großer Zufall war das bei näherem Hinsehen nun auch wieder nicht. Er war fünfzehn Jahre lang durch die Provinzen getingelt, und es gab gewiß zahlreiche Schauspielerinnen, die von sich behaupten konnten, sie seien schon mit Tadema aufgetreten. An einige erinnerte Sir Geoffrey sich sehr viel deutlicher.

An diese Frau hier konnte er sich nur verschwommen erinnern. Aber er kannte sie. Sie hieß Chrissie Irgendwas und war einmal sehr hübsch gewesen. Es mußte lange her sein, beschloß er; in seiner Anfängerzeit. Er glaubte nicht, daß sie einmal irgend etwas miteinander gehabt hatten. Wenn doch, dann wüßte er es sicher noch. Er richtete seine Aufmerksamkeit wieder auf die Bühne. Wie er sah, hatte man ganze Szenen modernisiert. Das Gepränge war weitgehend geopfert worden. Hochinteressant, das alles.

Als die Lichter zur ersten Pause angingen, warf er einen Blick ins Programmheft. »Lady Mary… Miss Chrissie Dilling.« Chrissie Dilling, ja, so hieß sie. Wie hatte eine Frau mit einem solchen Namen ein Leben lang adlige Damen spielen können?

Er überlegte, ob er ihr seine Visitenkarte schicken sollte, hatte sich sogar schon halb dazu entschlossen, als ihm voller Schrecken seine mißliche Lage wieder einfiel und die ganze böse Geschichte von neuem in ihm hochkam. Er verließ aber nicht das Theater, sondern blieb sitzen, bis der Vorhang wieder aufging. Wenigstens saß er hier gut versteckt, und beizeiten würde ihm auch eine Eingebung kommen.

Zu seinem Glück begann der zweite Akt mit einer Szene in einem Mansardenzimmer, an die er sich erinnerte. Tragischer Abschied, bei dem der verarmte Lord es um seiner Ehre willen ablehnte, auf die Avancen der verliebten Lady Mary einzugehen. Er hatte den Text so deutlich im Gedächtnis, daß der hoffnungslose Jüngling, der die Rolle spielte, ihn ziemlich irritierte, wenn seine Betonungen und Darstellungen ihm fremd waren.

Chrissie hatte sich sehr gesteigert. Sie war auf eine veraltete Weise fast gut. Natürlich nicht nach West-End-Maßstäben, aber für die Provinz erstklassig. Sie hatte auch das Publikum im Griff. Die Leute liebten sie.

Jetzt fiel Tadema noch etwas ein. Er glaubte wieder zu hören, wie Chrissie sich einmal beschwert hatte, daß jemand immer in ihren großen Szenen ein Streichholz anriß und sie aus dem Konzept brachte. Immer an der dramatischsten Stelle sah sie im dunklen Saal diesen Lichtpunkt aufflammen, der ihr sagte, daß sie irgend jemandes Aufmerksamkeit nicht zu fesseln vermochte.

Leise und mit unbeschreiblich schlechtem Gewissen zog Tadema eine Streichholzschachtel aus der Tasche. Er wartete auf den richtigen Moment, dann riß er das Streichholz an. Dabei beugte er sich weit nach vorn, so daß der flackernde Lichtschein auf sein Gesicht fiel und vor allem die Partie um die dunkelnden Augen herum betonte.

Miss Dilling stockte, ihr Blick wanderte zur Loge, dann griff sie sich mit einem spitzen kleinen Schrei ans Herz.

Tadema warf sich in seinen Sessel zurück. Er bekam nicht mit, wie sie ihren Patzer tapfer überspielte, sah sie nicht die Szene mühsam zu Ende bringen. Er kannte nur noch seine ungeheure Erregung und, wie sonderbar, ein Gefühl großer Erleichterung. Er lebte. Das Geheimnis war gelüftet; welche Katastrophe dieser Enthüllung auch immer folgen mochte, er weilte wieder unter den Lebenden. Jemand wußte es. Er schlich sich leise aus der Loge und eilte zum Bühneneingang.

Er saß in ihrer Garderobe, als sie, noch immer ein wenig blaß unter der Schminke, von der Bühne kam. Tadema stand auf und streckte galant beide Hände aus.

»Chrissie!« sagte er.

Die Frau starrte ihn an, und er fürchtete eine ungemütliche Sekunde lang, sie werde in Ohnmacht fallen. Aber Schauspielerinnen an Repertoiretheatern sind mehr oder weniger abgehärtet gegen Schock, und Miss Dilling fing sich wieder. Sie kam herein und schloß gewissenhaft die Tür hinter sich.

»Geoff!« sagte sie und fuhr nach einer Verlegenheitspause fort: »Ich habe heute abend erst an dich gedacht.«

Diese Worte waren kaum aus ihrem Mund heraus, da biß sie sich kräftig auf die Lippen und sah ihn mit runden Augen abbittend an. Tadema erkannte den Trick sofort wieder. Er erinnerte sich auch an diese Augen, und es mußte da wohl doch eine kleine Romanze gegeben haben; nichts Ernsthaftes; wohl nur ein jugendlicher Flirt. Sie war einige Jahre jünger als er; zehn vielleicht; er war nicht sicher.

Miss Dilling starrte ihn immer noch an.

»Nun weiß ich wirklich nicht, was ich sagen soll«, meinte sie schließlich. »Die Zeitungen waren natürlich im Irrtum.«

Die Morgenzeitungen warteten mit einer neuen Sensation im Fall Tadema auf. Lady Chloe Staratt hatte sich von einem offenbar befreundeten Reporter des *Trumpeter* das Geständnis entlocken lassen, daß ihre Verlobung mit Sir Geoffrey am Morgen vor seinem Verschwinden gelöst worden sei. Nun hätte das Bild der weinenden, gramgebeugten Chloe an allen Londoner Frühstückstischen gewiß für Rührung gesorgt, wäre da nicht der große Schönheitsfehler gewesen, daß Mr. Gyp Rains sich mit einer eigenen Erklärung in derselben Zeitung zu Wort meldete und angab, er und Lady Chloe hätten am nächsten Morgen heiraten wollen, was er mit Vorlage der Sondergenehmigung auch noch bewies.

Der *Trumpeter*, noch nie berühmt für seinen Takt, brachte die beiden Artikel unmittelbar untereinander und den Bericht über die gerichtliche Voruntersuchung gleich in der Spalte daneben. Da die Jury auf »Tod durch Unfall« entschieden hatte und jede absichtliche Handlung rigoros ausschloß, hatten die drei Artikel zusammen, was Chloe betraf, eine recht unglückliche Wirkung. Tadema, der die Zeitung im Hotel beim Frühstück las, hätte sie fast bedauert.

Aber er sparte sein Mitleid größtenteils für sich selbst auf.

Die Meldungen des Morgens brachten ihm keine Begnadigung. Er war immer noch ein toter Mann, und eine Auferstehung in Ehren schien sich als eine Unmöglichkeit zu erweisen.

Nach wie vor stand er vor dem Problem, ein Mittel zu finden, wie er ins Leben zurückkehren konnte, ohne als nachtragender verschmähter Liebhaber dazustehen, oder als Opfer einer plötzlichen Geistesverwirrung – oder beides, versteht sich. Betrübt sinnierte er eine Weile darüber nach, wie es hätte sein können, schob dann aber seufzend diese eitlen Bilder wieder von sich. Es war, wie es war. Er steckte in einer teuflischen Klemme.

Gerade hatte er beschlossen, mindestens noch weitere achtundvierzig Stunden in Deckung zu bleiben, bis eine günstige Gelegenheit oder die schiere Notwendigkeit ihn zum Handeln trieb, da erschien Miss Dilling. Tadema freute sich, sie zu sehen, aber nur in Maßen. Im Morgenlicht sah sie fast so alt aus, wie sie war, und ihre Kleidung war peinlich provinziell. Dafür war ihr Lächeln freundlich und voll Bewunderung.

Sie rückte sofort mit ihrem Anliegen heraus, ohne den bangen Blick von ihm zu wenden. Sie wage ja kaum, ihm das anzutragen, aber Derek Fayre, ihr Partner im Stück, sei so krank, daß er heute nicht spielen könne, und Mr. Lewis mache sich große Sorgen. Selbstverständlich bleibe sein Inkognito gewahrt. Niemand wisse etwas. Sie habe nur von einem befreundeten Schauspieler gesprochen, und das habe Mr. Lewis auf die Idee gebracht. Sie hätten das Stück doch früher schon so oft zusammen gespielt. Es wäre wie in alten Zeiten. Ob er nicht Lust hätte? Ja? Dürfe sie ihn darum bitten?

Die Idee, kaum ausgesprochen, sagte Tadema zu. Es kann natürlich sein, daß er vielleicht doch Unrat gewittert hätte, wenn jemand anderes als Chrissie Dilling damit zu ihm gekommen wäre. Aber sie war so offenkundig frei von Hintergedanken, so sichtlich nur auf eine Neuinszenierung der

46

guten alten Zeit erpicht. Frauen sind doch alle miteinander sentimental, dachte Tadema bei sich. Ausgenommen Chloe, das Biest.

Gestern abend hatte er Chrissie beim Essen gefragt, warum sie nie geheiratet habe. Ihre Antwort war ergreifend gewesen.

»Ach, du weißt doch, wie das ist«, hatte sie gesagt und die Nase krausgezogen. »Zuerst die Karriere. Dann ist einem im Theatermilieu keiner gut genug. Und dann – läßt man es eben bleiben.«

Arme alte Chrissie mit ihrer altmodischen Abgeklärtheit, die keine mehr war. Sie hatte es eben bleibenlassen.

Tadema lächelte sie an. Sie verstand es, einem ein angenehmes Gefühl der Überlegenheit zu geben.

»Mein liebes Kind, ich bin zu alt«, sagte er.

»Erzähl nicht solchen Unsinn, Geoff.« Ihre Ernsthaftigkeit tat ihm wohl.

Er folgte ihr zur Probe wie ein Lämmchen. Er hatte einen Riesenspaß. Jeder nervöse Einwand des kurzatmigen Mr. Katz um der lieben Stimmigkeit willen belustigte und entzückte ihn. Dinge, die ihm in seinem eigenen Theater die Sprache verschlagen hätten, fand er hier nur komisch, und er hatte das alte Stück auch ganz schnell wieder drauf. Richtige Worte, falsche Worte, herrliche Gags, sie rutschten ihm nur so von der Zunge; und er gab seinem Affen Zucker.

Er fand die Ironie der Situation – wie er sie sah – einfach köstlich, um so mehr noch, als er in Miss Dilling ein dankbares Publikum hatte. Er spielte verdeckt auf die Wahrheit an, alberte herum und benahm sich insgesamt wie ein übermütiges Kind, worin ihn Chrissie Dilling, deren Augen wieder ihr Funkeln bekamen, nach Kräften unterstützte.

An Mr. Lewis verschwendeten beide keinen Gedanken, was vielleicht gut so war. Atemlos, lachend und zwanzig Jahre jünger ging Sir Geoffrey in die Lunchpause. Er und Miss Dilling aßen im Red Lion Würstchen und tranken Bier und schwelgten in Erinnerungen. Tadema verdrängte alle Gedanken an die wirkliche Welt. Ihm war unbeschwert und irgendwie ein bißchen trotzig zumute. Und wenn die ganze Welt sich gegen ihn verschworen hatte, er war doch immer noch das gute alte Schlachtroß. Bei Gott, das war er! Und insgeheim freute er sich schon auf die Vorstellung.

Die Spannung knisterte an diesem Abend im Theatre Royal. Das ganze Ensemble befand sich in einem Zustand tuschelnder Hysterie. Die einzigen beiden unschuldigen Mitwirkenden in der Komödie waren aufrichtig und ansteckend glücklich. Der erste Akt lief wie geschmiert. Tadema merkte, daß er ein großes und dankbares Publikum hatte, und gab sein Bestes. Seine Persönlichkeit erstrahlte in all ihrem früheren Glanz. Miss Dilling war hingerissen.

Keine Vorhänge vor Ende des Stücks, das war die Hausregel, und sie wurde beachtet.

Tadema stieg fröhlich aus der Galauniform in den roten Jagdrock, vom Jagdrock in die Matrosenuniform, alles ohne Kostümier und ohne Schmollen. Er brillierte und improvisierte und spielte schamlos alle an die Wand, und das Provinzpublikum vergnügte sich mit ihm. Es war ein herrlicher Abend.

Bei der Schlußszene auf der Schloßtreppe, in der die Liebenden mit der unsterblichen Zeile »Heirate mich, Mary, ich bin wieder ein Mann« zusammenfinden, riß Sir Geoffrey Miss Dilling in die Arme und küßte sie im Stil seiner Vorgänger mit einem Schmatzlaut, den man bis zu den hintersten Rängen hörte.

Das Publikum sprang auf, und das wunderbare Rauschen des Beifalls regnete süß auf Tademas Haupt. Miss Dilling ritterlich an der Hand, trat er vor den Vorhang. Nicht nur ein- oder zweimal, nein, immer wieder mußten sie vortreten. Zuletzt ergriff Miss Dilling die Flucht, und Tadema nahm den letzten Applaus allein entgegen.

Wie er da vor dem Vorhang stand, ging im Saal das Licht

an, und er blickte sich um. Das Publikum klatschte noch immer, und Tadema verbeugte sich. Er war über alle Maßen glücklich.

Dann aber hob er wieder den Kopf und erstarrte. Genau vor ihm, in der Mitte der ersten Reihe, erblickte er ein Frackhemd, und über dem Hemd thronte das selbstgefällige Gesicht von Evans, dem Mann vom *Trumpeter*.

Schlagartig wieder alt, ließ Tadema seinen Blick durch die Reihe wandern, und sein Blut gefror zu Eis. Alle waren da, alle miteinander: Richardson, Playfair, Jones – die ganze Meute.

Mit steif erhobenem Kopf, aber verschwimmendem Blick, trat er hinter den Vorhang zurück, durchschritt die kichernde Masse hinter den Kulissen und trat in die Garderobe am Ende des Korridors.

Miss Dilling erbleichte, als sie sein Gesicht sah. Mit kalter, aber ob der Demütigung um so schärferer Stimme sagte er ihr die Meinung. Miss Dilling weinte.

»Das war ich nicht, Geoff – ich war's nicht!«

»Außer dir wußte es keiner«, sagte Tadema. »Ist dir klar«, fuhr er jetzt unerwartet hitzig fort, »daß du mich geopfert hast, zum Narren gemacht, nur um ein bißchen Renommee für dein armseliges kleines Ensemble einzuheimsen? Renommee!«

Unter theatralischem Lachen wäre er mit diesem Wort abgegangen, aber da waren sie ihm schon wie eine Hundemeute auf den Fersen. Sie kamen durch die Tür hereingedrängt, schubsend, lachend, gierig frohlockend, weil sie ihrer Beute sicher waren.

Alle waren sie da, das halbe Dutzend, das er schon im Parkett erspäht hatte, und noch ein paar mehr, die ihm entgangen waren. Sogar Evans in seinem albernen Frackhemd war sich nicht zu schade, zu drängeln wie ein gewöhnlicher Reporter, denn die Pflicht und das Thema verlangten es von ihm.

Tadema, der die arme Miss Dilling völlig verdeckte, stellte sich ihnen.

»Jetzt aber heraus mit der Geschichte, Sir Geoffrey – von Anfang bis Ende. Hier bedarf doch wohl einiges der Erklärung.«

Richardson war das, ein Grinsen im Gesicht wie ein Makak.

»Eine großartige Vorstellung, Tadema. Das hätte ich Ihnen gar nicht mehr zugetraut.«

Sir Geoffrey hätte Evans schon oft am liebsten in den Hintern getreten, aber noch nie so gern wie jetzt.

»Also, Tadema, war es wegen Lady Chloe? Sie haben ja sicher die Zeitungen gelesen. Welchem armen Schwein haben Sie denn Ihre Klamotten geliehen?«

Sie keilten ihn ein, ließen nicht von ihm ab. Sein Verstand war wie gelähmt.

»Wir wollen nicht so hart mit Ihnen ins Gericht gehen. Es war doch wegen der Verlobung, ja?«

»Meine Herren!« Tadema hob protestierend die Hand. »Einen Augenblick. Nur einen kleinen Augenblick, bitte.«

Schon der Klang seiner eigenen Stimme gab ihm wieder Selbstvertrauen. Das war immer so; sie war so genau richtig.

»Da Sie mich nun schon einmal aufgespürt – fast hätte ich gesagt: zur Strecke gebracht haben…«, die glatten Phrasen gingen ihm von der Zunge wie geölt, »werde ich Ihnen wohl die Wahrheit sagen müssen.«

»Das würde ich auch meinen. Ich bin ganz Ohr«, sagte einer und wurde sofort mundtot gemacht.

Tadema fuhr seelenruhig fort.

»Lady Chloe Staratt hat gesagt, unsere Verlobung sei vorgestern gelöst worden. Lady Chloe ist eine sehr charmante und reizende Frau, aber hier war sie etwas ungenau. Unsere Verlobung wurde bereits letzten Sonntag gelöst…«

»Warum? Bitte die ganze Geschichte. Wir brauchen die ganze Geschichte.«

Tadema hob die Schultern und streckte die Hände von sich. Um seine Lippen spielte ein feines Lächeln, das nicht nur aufgesetzt war.

»Sogar als Schauspieler hat man ein Privatleben, meine Herren«, sagte er leise. »Aber trotzdem – da Sie ja hier sind, um die Wahrheit zu erfahren…«

Flink wie ein Zauberkünstler drehte er sich um und nahm Miss Dilling bei der zitternden Hand.

»Das ist Miss Chrissie Dilling«, sagte er schlicht. »Meine erste und letzte Liebe. Heute abend hat sie mir die große Ehre gegeben, den Heiratsantrag anzunehmen, den ich ihr gestern morgen gleich nach meiner Ankunft hier gemacht habe.«

Er wartete, bis das angekommen war, und sowie er sicher sein konnte, aller Aufmerksamkeit zu besitzen, fuhr er großspurig und voll Würde fort: »Selbst in meinem Alter, meine Herren, ist die Romantik noch nicht völlig tot. Immer ist da die eine Frau – irgendwo.«

Er sah sie eifrig mitschreiben, und sein Lächeln wurde breiter. Die Eingebung war gekommen.

Chrissie Dilling, die Begehrte, sprach kein Wort.

Einige Tage später riß Sir Geoffrey Tadema sich von den Gedanken an seine Hochzeitsgeschenke los, um einen Blick auf die Korrekturfahnen eines Interviews zu werfen, das seine Verlobte einer Frauenzeitschrift gewährt hatte. Chrissie war damit zu ihm gekommen und stand jetzt neben ihm, während er mit seinem Bleistift den Zeilen folgte.

»Christiana Dilling sah mich an, und ich glaubte etwas äußerst Charmantes in ihren wehmütigen blauen Augen zu erkennen. ›Natürlich habe ich immer gehofft, daß er wiederkommt‹, gestand sie mir.« Tadema hob den Stift.

»Dieses ›gehofft‹ wollen wir streichen, meine Liebe«, sagte er, »und schreiben statt dessen ›gewußt‹. Es ist besser fürs Renommee.«

Der vollkommene Butler

Knowles war der vollkommene Butler, und da dieses Wort keine Steigerung kennt, war er eben nur dies; dennoch hätte hier so mancher widersprochen und behauptet, daß er mehr als vollkommen sei, dieweil die Kunst des Butlerns unter seinen Händen eine Blüte, eine goldene Renaissance erlebte, die sie nie zuvor gekannt hatte.

Zur Zeit befand er sich in seiner Anrichte auf der Rückseite eines großen georgianischen Hauses am Berkeley Square und prüfte den Glanz der georgianischen Silberlöffel. Sein junger Sohn Harold, hochrot im Gesicht, widmete sich gerade diesen Löffeln, die er hingebungsvoll mit einem Lederlappen polierte.

Dem jungen Harold galt die ganze Sorge seines Vaters. Immerhin entstammte er einer ununterbrochenen Linie von Butlern, die nicht weniger alt war als die Familie, der sie dienten.

Wenn der jetzige Knowles den jungen Harold ansah und sich vor Augen hielt, welchen Ansprüchen der Jüngling erst noch gerecht werden mußte, überlief es ihn kalt. Die Vergangenheit kann ein grausamer Lehrmeister sein, besonders wenn Legende ihm die Hand stärkt, und Knowles sorgte sich um Jung-Harold. Konnte Harold es schaffen? Mitunter lag sein Vater wach im Bett und grübelte.

Wenn sie unter sich waren, wie jetzt in dieser seligen Stunde, da der Tee bereits Vergangenheit und das Dinner erst ein teilweise umgesetzter Traum des Kochs war, pflegte Knowles mit Jung-Harold zu reden und ihn in die tieferen Geheimnisse seiner Berufung einzuweihen.

Da Jung-Harold erst fünfzehn Jahre alt und noch Mensch

war, Knowles hingegen fünfundfünfzig und ein Übermensch, haftete solchen Gesprächen meist etwas Einseitiges an, aber ganz selten kam es doch vor, daß die noch unvollkommen gebändigte Natur des Jungen außer Kontrolle geriet. Dies war ein solcher Moment.

»Ich habe heute nachmittag Lady Susan gesehen. Sie weinte«, äußerte er unbedacht.

Knowles legte sehr betulich einen schimmernden Löffel nieder, nahm einen kleinen Kneifer aus seiner Westentasche und klemmte ihn sich bedächtig auf den Nasenrücken.

»Du hast Lady Susan *gesehen*?« sagte er. »Und wo war sie?«

»In der Halle«, stotterte der hilflose Harold, dem zu spät aufging, welcher Abgrund sich unter seinen Füßen auftat.

»Und wo warst *du*?«

»Oben auf der Dienstbotentreppe«, stammelte der Junge.

»Wo du nicht hingehörtest.«

Es folgte ein langes, bedrohliches Schweigen. Jung-Harold hatte eine solide Einweisung in die Grundregeln des Dienens erhalten, und »Du sollst nicht Widerworte geben« war seiner Seele eingraviert.

»Der junge Dienstbote«, sagte Knowles in einem Ton, der dem Wort seine wahre Würde verlieh, »muß lernen, seiner Herrschaft mit Geist, Körper und ganzer Zuneigung zu dienen, doch ohne seine menschliche Natur, Harold.

Du mußt lernen, zu sehen und doch nicht zu sehen, wenn du verstehst, was ich meine. Es soll heißen, daß du zwar alles wahrnehmen, aber von allem nur das im Gedächtnis behalten mußt, was dich möglicherweise betreffen könnte.

Ich erinnere mich an den Fall des kleptomanischen Gentleman, der einmal mit der verstorbenen Lordschaft dinierte«, erzählte er unerwartet. »Da war es nun meine Pflicht zu bemerken, daß er, als er die Tafel verließ, ein Paar sehr schöne Salzstreuer in der Jackentasche hatte, es war aber nicht meine Pflicht, dies gegenüber ihm oder irgend jemand anderem zu erwähnen. Ich habe ihm, als er ging, sehr zuvorkommend in den Mantel geholfen und mir dabei die Bemerkung gestattet, daß die unschöne Ausbeulung dem Sitz seines Mantels nicht zuträglich sei. So bat ich ihn um die Erlaubnis, ihm den Inhalt seiner Taschen anderen Morgens per Boten zu schicken. Ich war, wie du siehst, nicht unhöflich, Harold; nur geziemend zuvorkommend, und selbstverständlich bestimmt in der Sache. Ich weiß noch, wie ungern er sich von den Salzstreuern trennte, und natürlich hat Seine Lordschaft nie etwas davon erfahren.«

Die tiefe Stimme verstummte, und Knowles sah seinen Sohn an.

»Ruhig, unpersönlich und bestimmt, das ist die Richtschnur, mein Sohn. Man braucht eine Weile, um es zu lernen, aber am Ende lohnt es sich. Wenn du ein guter Butler bist, weißt du, daß du mehr bist als ein Mensch. Du bist in deiner Sphäre unfehlbar. Es mögen Krisen kommen, schwierige Situationen entstehen und dich fordern, aber mit Übung kannst du ihnen ins Auge blicken und sie nicht sehen, wenn du mich verstehst.

Außerdem«, fuhr er ohne ersichtlichen Zusammenhang fort, »ist nichts so vulgär wie vulgäre Neugier.«

Harold konnte den Gedankengängen seines Vaters durchaus folgen und schwieg, während er damit beschäftigt war, im Geiste die Gesprächsfetzen zusammenzufügen, die er den ganzen Tag über aus dem aufgeregten Getuschel der Dienstboten aufgeschnappt hatte.

Auch Knowles dachte an die unglückliche Lage, die oben eingetreten war, und an die schlimme Meldung in den Morgenzeitungen. Dennoch würde er hier unten, in seiner Domäne, für Respekt und Anstand sorgen, sogar für gespieltes Unwissen, und nach Knowles' Meinung wäre es sehr von Vorteil gewesen, hätte die Außenwelt unter ebenso kompetenter Leitung gestanden.

Das gedämpfte Summen der Haustürklingel riß ihn aus

seinen Gedanken. Welche Eingebung nun den alten Herrn dazu bewog, sich dieser Angelegenheit persönlich anzunehmen, konnte er später selbst nicht sagen, jedenfalls schritt er auf den Flur hinaus, schob Edward, den Diener, aus dem Weg und ging mit einer Entschlossenheit, die zu seinem sonst so würdevollen Schreiten gar nicht paßte, die Dienstbotentreppe hinauf.

Als er in die Halle trat, die auf Wunsch Ihrer Ladyschaft nur gedämpft beleuchtet war, gewahrte er eine mittlere Katastrophe. Die Haustür stand weit offen, und durch sie strömte die warme, regenschwere Abendluft der Stadt herein.

Kaum hatte Knowles seine erste Empörung über diese unerhörte Schmach bezwungen, da erblickte er den Besucher. Knowles war ohne seinen Kneifer sehr kurzsichtig, und der Mann stand bei den dorischen Säulen, wo die Halle etwas dunkler war. Der alte Butler mußte erst hingehen, bevor er das Gesicht deutlich sehen konnte, und doch hatte er den Mann sogleich erkannt, kaum daß er ihm in sein verschwommenes Gesichtsfeld geraten war, und als er nun diese bemerkenswerten Züge betrachtete, traten kleine Schweißperlen auf die hohe Stirn über dem vollkommenen Gesicht, und seine weißen Hände waren so klamm wie der Abendwind vom Berkeley Square.

Doch das Vollkommensein legt man so leicht nicht ab. Knowles hielt die Stellung und sah dem Ankömmling starr in die Augen.

Der Besucher zauderte vor diesem glasigen Blick, der so unnatürlich war wie der seine, und drehte sich ein wenig zur Seite, so daß der alte Mann nicht nur sah, daß er keinen Kragen umhatte, sondern auch noch etwas höchst Unerquickliches an der Brust- und Schulterpartie seines Mantels bemerkte.

Indessen hielt Knowles noch immer die Stellung und wartete, wie es seine Gewohnheit war, daß der Besucher das Wort zuerst an ihn richtete.

»Führen Sie mich bitte zu Lady Susan, Knowles.«

Der Butler blieb vollkommen reglos stehen und wandte den durch lange Übung erprobten Blick nicht von den Augen des anderen. Das Fehlen des Kragens und dieses andere sah Knowles nicht mehr.

»Lady Susan, Sir?« fragte er mit genau dem richtigen Erstaunen im Ton. »Äh – Sie befinden sich gewiß in einem Irrtum, Sir, wenn ich mir diese Bemerkung erlauben darf.«

»Kommen Sie mir nicht närrisch, Knowles.« Der Fremde war zornig. »Sie wissen genau, wer ich bin – Captain Lester Phillips. Sie haben mich schon Dutzende Male vorgelassen. Führen Sie mich sofort zu Lady Susan, oder muß ich ohne Sie hinaufgehen?«

Er wollte sich in Bewegung setzen, doch obwohl Knowles ein kaltes Grauen überlief, stand er unverrückbar fest. Er gab sein berühmtes Hüsteln von sich.

»Ich – äh – glaube immer noch, daß Sie sich in einem Irrtum befinden, Sir«, sagte er liebenswürdig. »Lady Susan wohnt nicht mehr hier.«

»Sie wohnt nicht mehr hier?« Der Blick des Fremden wurde einen Moment unsicher. »Aber ich habe sie doch erst vorgestern abend hier besucht – letzten Mittwoch. Sie selbst haben mich zu ihr geführt.«

Er wartete, und Knowles nutzte die Gelegenheit, um erneut das Wort zu ergreifen.

»Nicht letzten Mittwoch, Sir«, sagte er ruhig. »Es war – äh – wenn Sie mir den Einwand gestatten, bereits vor mehreren Jahren, lange bevor die Herrschaft umgezogen ist. Ich bin im Haus geblieben, Sir. Sie möchten doch sicher nicht Mr. Goldberger besuchen, Sir?«

»Mr. Goldberger?«

»Meine neue Herrschaft, Sir.«

»Hm.«

Ein verstörter Ausdruck war in das bleiche Gesicht des Besuchers getreten. Er wirkte ratlos, erschrocken. Wäre da nicht der fehlende Kragen und dieses andere gewesen, Knowles hätte es womöglich über sich gebracht, mit ihm zu fühlen. Doch so geleitete er ihn mit sanftem Nachdruck zur Tür.

Auf der Schwelle blieb der Fremde noch einmal stehen.

»Sie wissen nicht, wo sie jetzt wohnt?«

»Nein, Sir, ich könnte es Ihnen nicht sagen.« Knowles schluckte. »Nachdem die Herrschaft nach Australien ausgewandert ist, habe ich sie aus den Augen verloren, Sir.«

»Australien? Sind Sie sicher, Knowles?«

Knowles zuckte mit keiner Wimper. »Australien, Sir.«

»Wie lange sind sie schon dort?«

»Es müssen jetzt an die zehn Jahre sein, Sir.«

Nur einen kurzen Augenblick verweilte der irre Blick des Fremden auf dem vollkommenen Gesicht.

»Sie haben sich gar nicht verändert, Knowles.«

Es war vielleicht jetzt, in diesem Augenblick höchster Gefahr, daß Knowles den Gipfel seiner Vollkommenheit erklomm.

»Ich verändere mich nie, Sir«, sagte er erhaben.

»So so.«

Ohne noch weitere Umstände zu machen, drehte die hochgewachsene Erscheinung sich um und rannte die steinerne Treppe hinunter, trat auf den Platz hinaus und wurde von der blauen Londoner Nacht verschluckt.

Knowles vergaß sich so weit, ihr noch nachzusehen, bis sie verschwunden war. Dann schloß er die Tür und ging langsam wieder in seine Anrichte hinunter. Ohne Harolds fragenden Blick zu beachten, ging er weiter durch den engen Raum zu seinem Privatschrank und schloß ihn auf.

Die Flasche Napoleon, die ihm seine verstorbene Lordschaft im Testament namentlich vermacht hatte, ward hervorgeholt. Knowles schenkte sich einen großzügigen Schluck ein und leerte ihn fast in einem Zug. Dann stellte er die Flasche zurück, verschloß den Schrank, setzte seinen Kneifer auf und holte seine persönliche *Daily Trumpet* von ihrem Platz zwischen den Silberputztüchern hervor. Die auf der ersten Seite eingefügte »letzte Meldung« war unschwer aufzufinden. Fast alle Dienstboten im Haus hatten heute schon mindestens einen verstohlenen Blick darauf geworfen. Der alte Knowles las sie noch einmal:

TRAGISCHER TOD EINES JUNGEN GARDISTEN

Heute in den frühen Morgenstunden wurde Captain Geoffrey Lester Phillips, Sohn des Generalmajors Lester Phillips und seiner Gemahlin, aus Horton in Norfolk, von seinem Kammerdiener tot vor seinem Frisiertisch sitzend gefunden. Seine Kehle war durchgeschnitten, und neben ihm lag ein offenes Rasiermesser.

Wie erst vorgestern in dieser Zeitung gemeldet, war die vorgesehene Eheschließung zwischen Captain Lester Phillips und Lady Susan, der jüngeren Tochter Lord Tollesburys, abgesagt worden.

Knowles faltete die Zeitung zusammen und legte sie wieder in die Schublade. Eine Weile widmete er sich noch genußvoll den letzten Tropfen in seinem Glas. Dann sah er Harold an.

»Und noch etwas, mein Sohn«, sagte er. »Der vollkommene Butler sollte es verstehen, einen jeden ohne Kränkung von der Schwelle zu weisen. Jeden – oder *alles*.«

Die Barbarin

Sie gebar die Idee an ihrem neunzehnten Geburtstag, fand sogleich Gefallen daran und nährte sie liebevoll. Es war eine große Idee, die sie als solche erkannte und der sie von Stund an ihr Leben weihte. Alles, was dann geschah, entsprang also dieser Quelle und sonst keiner.

Sie war schon damals schön, schön auf eine feine, nicht modische Art. Sie maß einen Meter achtzig, hielt sich sehr gerade und hatte einen vollen Busen, dichtes flachsblondes Haar bis zur Taille, ein wunderbar klares Gesicht mit breiter, glatter Stirn, eine lange Nase von jener zarten Schönheit und Reinheit, die den Blütenblättern der Kamelie eigen ist, und Augen, die unter fein geschwungenen Brauen stolz und doch schlicht in die Welt hinausblickten.

»Eine nordische Königin«, sagte Louis Fyshe, der bucklige Dichter, als er sie zum erstenmal sah. Schon damals habe sie etwas Königliches an sich gehabt, sagte Fyshe, etwas Erhabenes, Majestätisches, und das Nordische, ja, auch das habe man da schon gesehen. Der kleine Bucklige hatte für so etwas einen genialen Blick und wußte mit seinem krummen Finger darauf zu zeigen. O ja, man sah den Norden; unter dem Blond schimmerte das Dunkel hervor, die dunkle, barbarische Göttlichkeit des Nordens; und jene weißglühende Leidenschaft, die eher aus Eis geboren wird als aus der lauen Wärme der Sonne.

Sie setzte sich ab von der oberflächlichen Amüsierclique, die sie umgab; sie überragte alle in jeder Weise. Wie ihr starker, schöner Körper die ihren übertraf, so taten dies auch ihr Geist und ihre seltsame ungebändigte Seele. Sie besaß nicht deren minderen Glanz – funkelnde Juwelensplitter. Zu weit waren die Maschen ihres Verstandes, um solche Goldfische zu fangen. Das elementar Menschliche in ihr war so stark, daß niemand umhin konnte, es zu erkennen und sich hingezogen zu fühlen.

Einer nach dem anderen machten sie ihr den Hof. Eine Zeitlang erzählte man sich, es gebe in ihrem ganzen Bekanntenkreis keinen heiratsfähigen Mann, dem sie nicht schon einen Korb gegeben habe. Dennoch war niemand ihr böse, keiner schalt sie ein dummes Frauenzimmer. Gewiß machte ein jeder sich seine Gedanken, mehr aber nicht.

Es war Fyshe, der den Grund entdeckte. Fyshe, der in einem seiner genialen Momente die große Idee oder, besser noch, das große Ideal offenbarte, dem sie so beharrlich diente.

»Sie wartet auf den Richtigen«, sagte er.

»Auf den wartet ihre Mutter auch – sehnsüchtig«, kicherte einer.

»Du verstehst mich falsch«, antwortete Fyshe. »Ich sagte, sie wartet auf den Richtigen – den wirklich Richtigen, einen Ebenbürtigen. Einen, der ihr das Wasser reichen kann. Das ist ihre große Idee.«

Kaum war es ausgesprochen, hatten es eigentlich alle schon immer gewußt. Elfrida wartete auf ihren Herrn und Gebieter. Man konnte sich fast bildlich ausmalen, wie sie ihre Freier zum Ring- oder Speerkampf forderte. Es hatte nur einmal einer aussprechen müssen, schon lag es völlig klar auf der Hand.

Während Fyshe nun in seiner Rede fortfuhr, legte sich sein kleines Vogelgesicht in tausend häßliche Fältchen, und seine dunklen Augen flammten.

»Jawohl, sie wartet auf einen Gott. Arme Königin des Nordens, sie ist zu spät geboren. Die heutige Welt ist für sie viel zu zivilisiert, zu gebändigt und eng. Ich fürchte, sie wird bis in alle Ewigkeit warten müssen, denn es ist nicht damit zu rechnen, daß in diesem Zeitalter gleich noch ein zweiter Olympier geboren wird.«

»Du magst von Göttern und Ebenbürtigen reden, Fyshe, aber immerhin hat sie schon die Hälfte aller guten Partien in der Stadt abblitzen lassen«, meldete sich Meyer aus seiner Ecke beim Kamin.

»Richtig, und die reichten ihr teilweise nicht einmal bis zur Schulter«, erwiderte Fyshe flink, »und die übrigen konnten ums liebe Leben nicht ihrer herrlich schlichten Denkweise folgen. Sie hat fünfmal soviel Courage im Leib wie jeder einzelne von ihnen, und ich glaube, es gibt außer dem jungen Boxer Thyme keinen, der sie auf die Bretter legen könnte.«

Meyer lachte schallend.

»Junge, Junge«, rief er, »wir leben in London, in England, im zwanzigsten Jahrhundert. Heutzutage muß ein Mann doch seine Frau nicht mehr auf die Bretter legen können.«

»Aber begreifst du denn nicht, daß Elfrida kein Produkt unserer Zeit ist?« Fyshe wurde richtig böse, und sein Gesicht begann besonders häßlich zu zucken. »Elfrida ist im falschen Jahrhundert geboren, sie gehört in die Zeit der Götter und Helden, sie paßt nicht hierher, sie ist eine Barbarin – eine edle Barbarin, für die unsere Welt zu klein und mickrig ist. Das ist wie mit den vergoldeten Sesseln im scheußlichen Salon ihrer Mutter, die für sie viel zu klein und zerbrechlich zum bequemen Sitzen sind; ebenso sind die Vorstellungen, der Witz, das Denken, die Geistreicheleien ihrer Verehrer, für ihr Begriffsvermögen viel zu erlesen und fein, zu versponnen. Sie ist eben für sie alle zu groß und weiter gar nichts.«

»Dann ist es ein Jammer«, versetzte Meyer trocken, »denn wenn sie so weitermacht, kriegt sie nie einen Mann.«

»Ich würde sie lieber tot sehen als mit dem Falschen verheiratet.«

Fyshe sprach ganz ruhig, woran man deutlich merkte, daß er selbst nicht nur ein bißchen in sie verliebt war.

»Lieber würde ich sie tot sehen!« wiederholte er. »Es ist ihre große Idee. Das Ideal, das sie sich gesteckt hat. Sie weiß, daß sie nur den Richtigen finden müßte, den Mann, der ihr körperlich, geistig und seelisch ebenbürtig ist, und nichts könnte diese beiden noch aufhalten. Sie wären das vollkommene Produkt dieser Erde und ihre natürlichen Herren. Das weiß sie, ganz bestimmt. Still und ehrlich vor sich selbst sitzt sie nun da und wartet, wartet auf den, der zu ihr paßt, und weist beharrlich jeden anderen ab, mit dem sie sich nur zu drei Vierteln eines vollkommenen Ganzen ergänzen würde.« Und nach kurzer Verschnaufpause fügte er bitter hinzu: »So mancher von uns könnte ihr nicht einmal das bieten.«

Wieder lag etwas in seinem Ton, was die neugierigen Blicke der übrigen auf ihn lenkte. Es war eigenartig, ihn erröten zu sehen; dann wurde sein dunkles Gesicht noch düsterer als sonst, die Augen wurden fast rot und glühten schmerzlich. Er ging dann bald, und sie zerrissen seine Argumente in der Luft, aber er hatte recht. Elfrida wartete, wartete auf den Mann, der ihr ebenbürtig war.

Er kam ganz unverhofft.

Eric Ponsonby, der ebenfalls im Gardekorps diente, brachte ihn eines Tages mit in die Audley Street. Meyer war Zeuge der Begegnung. Er sagte, er habe mit Blick zur Tür im Salon gesessen, in der Gruppe um Elfrida, die in einem der hochlehnigen Sessel am Fenster saß, als Eric und Vickers eintraten.

Meyer gab zu, daß auch er von der Erscheinung des Mannes beeindruckt war. Er sah geradezu umwerfend aus. Groß wie ein Titan, sehnig wie Kain und dabei doch geschmeidig und von hellem Teint. Er hatte einen breiten, energischen Mund, schien auch gescheit zu sein und blickte einem beim Sprechen fest in die Augen.

Eric führte ihn zu Elfrida, begrüßte sie zuerst selbst und stellte ihr dann Vickers vor.

Nie, sagte Meyer, werde er ihr Gesicht vergessen, als sie ihn sah. Er schwor, sie habe hörbar nach Luft geschnappt und weit die Augen aufgerissen. Die meisten Anwesenden glaubten, sie wären sich wohl schon früher einmal begegnet, aber das waren sie nicht, jedenfalls nicht in dieser Welt. Vickers habe zuerst ein wenig überrascht gewirkt, erzählte Meyer, aber schon Sekunden später sei er genauso hingerissen gewesen wie sie. Es habe ihn einfach umgehauen. Er setzte sich ihr gegenüber, sie begannen zu reden und hatten beide keinen Blick mehr für die anderen in dem überfüllten Raum. Das alles geschah so einfach und natürlich; sie verliebten sich vor aller Augen ineinander, so ungeniert wie auf einer Opernbühne. Eine Woche später wurde die Verlobung bekanntgegeben, und Elfrida konnte sich vor Besuchern und Glückwünschen kaum noch retten.

Louis Fyshe war besondes neugierig, als er die Kunde vernahm, und setzte Himmel und Hölle in Bewegung, um seinerseits unverzüglich mit Vickers bekannt gemacht zu werden. Als er ihn sah, schien er erleichtert, aber überrascht – fast erstaunt. Er sprach ein paar Worte mit ihm, gratulierte beiden und ging wieder, seufzend und still vor sich hin lächelnd – ein Dichter, ein Buckliger.

Es ist mehr als wahrscheinlich, daß Elfrida ihn gar nicht bemerkte.

Sie war verliebt. Ihr ganzer herrlicher Körper schien davon in Flammen zu stehen; Mund und Augen, schon immer stolz, waren noch stolzer. Sie schien an ihrer Verliebtheit förmlich zu wachsen, entfaltete endlich ihre letzten Blütenblätter und zeigte sich als reine Blume in vollkommener Pracht. Die ganze Zeit stand er neben ihr und bestaunte sie, sonnte sich in ihrem Glanz, während geringere Männer, seine einstmaligen Rivalen, neidvoll und bewundernd um sie herumstanden.

Bei der Hochzeit war die Kirche überfüllt. Als sie nach der Zeremonie das Kirchenschiff herunterkamen, schimmerten in manchem Auge jene Tränen, die nur der Anblick großer Schönheit hervorruft. Ein Mann und sein Weib, das ideale Paar.

Es war eine großartige Idee gewesen, Elfrida in so ein mittelalterliches weißes Gewand zu kleiden und ihr das Haar um die ebenmäßige Stirn zu flechten, denn wie sie so neben ihm einherschritt, den Kopf erhoben, die Augen leuchtend von einer fast hochmütigen Freude, erschien sie einem, wie Fyshe gesagt hatte, als eine nordische Königin, eine Königin an der Seite ihres Königs.

In voller Uniform und ohne eine Spur von Nervosität war er jederzeit ihr Gebieter – nicht allzusehr, so daß ihre Würde und Schönheit darunter gelitten hätten, nur gerade so, daß man sah, wer die Eroberte war und wer der Eroberer.

»Es war Gottes Werk, er wollte damit den Menschen ihren Glauben an die Welt als solche zurückgeben«, sagte Fyshe.

Als sie aus den Flitterwochen zurückkamen, zogen sie in ein Haus am Portman Square. Fyshe schien von ihnen fasziniert, vielleicht weil sie so anders waren als er. Jedenfalls belagerte er förmlich das Haus, und wann immer man dorthin zu Besuch kam, war er schon da, kauerte irgendwo in einer Ecke und beobachtete die beiden mit seinen funkelnden Vogelaugen.

Das Haus war für sie wie geschaffen. Es war ihnen angemessen, und das hieß nicht wenig. Großzügige Zimmer mit mächtigen Kaminen, Eichentäfelung an den Wänden und schöne Bilder. Ein paar Brangwyns, ein John und ein großes Schlachtengemälde von einem Unbekannten. Die Möbel waren einzigartig, sie hatten sie eigens anfertigen lassen. Große, schwere Eichenstücke und wunderschön gearbeitet, aber seltsam und barbarisch. Wenn man Elfrida in einem dieser schlichten, enganliegenden Gewänder, die sie so liebte, durch die Räume schreiten sah, hatte man das sonderbare Gefühl, zu Besuch bei einer dänischen Königin des zwölften Jahrhunderts zu sein.

Meyer war dann der erste, der darauf aufmerksam machte, daß zwischen den beiden etwas nicht stimme, obwohl Fyshe es schon lange vorher gemerkt haben mußte und es nur für sich behalten hatte.

Meyer sagte, sie sei nicht glücklich, und des weiteren sagte er, daran sei Vickers schuld. Er sagte nicht, wie, denn er wußte ja auch nicht mehr als alle anderen. Wie es wirklich war, erzählte Fyshe lange Zeit später. Er wußte es, weil er Elfrida liebte und immer bei ihnen herumsaß und sah, wie sie mit sich kämpfte; jeder Schmerz, den sie fühlte, fand in ihm sein Echo.

Der Bucklige hätte eine Frau sein sollen, so einfühlsam war er.

Fyshe sagte, sie habe ihn drei Monate nach den Flitterwochen durchschaut, es aber noch ein Jahr lang vermocht, die Augen zu verschließen.

Vickers war schwach – entsetzlich schwach.

Er hatte keine besonderen Laster. Er trank wenig, spielte nicht und zeigte kein großes Interesse an Frauen. Aber eine besondere Tugend lag darin auch wieder nicht, weil ihm das alles einfach keinen Spaß machte. Der Mann besaß keine Größe, keine Güte, keine Kraft; weder Herzlichkeit noch irgendein geistiges oder seelisches Leben war ihm zu eigen. Er war klein, schwach, erbärmlich blind und kleinkariert.

Das einzige wirklich Edle an ihm war sein Körper, und der war fabelhaft. Man hätte fast meinen sollen, sein Geist habe geopfert werden müssen, um einen Körper von solcher Schönheit, Kraft, ungeheurer Größe und Vollkommenheit schaffen zu können. Nur in dieser Hinsicht paßte er zu ihr. In fast jeder anderen hätte sie einfach irgendwen heiraten können und wäre besser mit ihm gefahren.

Ihr Anblick brach Fyshe das Herz, denn sie liebte ihren Gatten. Liebte ihn mit einer Innigkeit, die ganz ihrem Wesen entsprach. Es war eine machtvolle Liebe, ein tosendes Meer von Liebe, die sie mit der Inbrunst und Freigebigkeit ihres großen Herzens über ihn ausgoß.

Ein gewöhnlicher Mann hätte der Flut vielleicht doch wenigstens widerstanden und wäre er selbst geblieben, auch wenn er sie dadurch verlor; ein Barbar wie sie hätte ihr Gleiches entgegensetzen können, und sie wären von der Macht ihrer beiderseitigen Liebe fortgetragen worden bis an die fernsten Gestade ihrer Sehnsüchte. Vickers aber, der Schwächling, wurde von ihr hinweggespült wie eine Sandburg. Geistig und seelisch ertrank er darin.

Fyshe sagte, sie habe sich das nicht eingestehen, nicht einsehen wollen, daß sie einen Fehler gemacht, ihr Ideal nicht verwirklicht, sondern letzten Endes einen kleinen und ganz und gar unpassenden Mann geheiratet hatte. Sie habe sich weiter an das Idealbild geklammert, das sie sich von ihm gemacht hatte, sogar noch als Vickers ihr immer wieder aufs neue bewies, daß er nur die Hülle eines Titanen war, daß von Geist und Seele bei ihm so gut wie nichts vorhanden war, und so versagte sie es sich standhaft, in ihn hineinzusehen, machte sich selbst etwas vor und trug den Kopf hoch.

So ging das einige Zeit. Fyshe sagte, es sei schrecklich gewesen, sie anzusehen.

Immer wieder gab sie ihrem Gatten die Gelegenheit, sich als Mann zu erweisen – kleine Gelegenheiten, auf Frauenart herbeigeführt, auf daß er die Möglichkeit habe, ihren Glauben an seine Größe und Stärke wiederherzustellen, und natürlich enttäuschte Vickers sie jedesmal. Er konnte nicht anders. Er mußte sie enttäuschen, denn er war nun einmal der, der er war.

Sie war so geduldig, daß es einen dauern konnte; geduldig und nur darauf bedacht, in ihm ihren Herrn und Gebieter zu finden, sofern er dies nur zuließ.

Fyshe sah das alles. Er sagte, er habe sie gegen die unausweichliche Erkenntnis ankämpfen sehen, wie ein Eiferer für seinen Glauben kämpft. Sie habe sich um keinen Preis geschlagen geben wollen, sagte er. Noch als die mächtigen Wogen der Wahrheit, zu denen die vielen Kleinigkeiten sich wie Myriaden von Tropfen zusammenfanden, bereits gegen sie anbrandeten, war sie nicht bereit, sich von ihnen zermalmen zu lassen. Es war ihr Barbarentum, wie der Dichter sagte – ihr nordisches Barbarentum, das sie so standhaft blind sein ließ.

Sie wollte sich nicht in ihre Niederlage schicken. Wollte den Streich nicht hinnehmen, den ihr die Götter gespielt hatten. Sie war ausgezogen, das Schicksal zu besiegen, die Wahrheit zu besiegen, die bestehenden Tatsachen zu widerlegen.

Im Lauf der Monate wurde dieser Kampf immer härter. Es schien, als müßte sie sogar gegen ihren Willen zur Einsicht kommen, doch sie kämpfte weiter. Und mit jedem Tag, sagte Fyshe, wurde sie mehr und mehr zum wilden Tier, täglich schöner und barbarischer.

Dann geschah es.

Jahre später erzählte Fyshe die Geschichte. Sie saßen zu viert in seinem staubigen Studierzimmer, und sein heiserer Singsang tönte gepreßt und weinerlich durch das warme, rauchvernebelte Zimmer.

»Er starb, wie ihr wißt, an Lungenentzündung«, sagte er. »Achtzehn Monate nach der Heirat, und sie hat redlich und hingebungsvoll um ihn getrauert. Ich war genau in dem Moment dazugekommen, als die Krise einsetzte und er allmählich die Wende zum Schlechteren nahm, die ihn schließlich umbrachte.«

Er legte eine Kunstpause ein und zündete seine Pfeife wieder an, aber niemand sprach, und so fuhr er bald darauf fort.

»Er war sehr krank, und ich besuchte die beiden so oft, daß ich schon bei ihnen ein und aus ging, wie es mir beliebte. An dem bewußten Tag war mir schon beim Eintreten klar, daß Vickers sich an der Schwelle des Todes befand, obwohl ich den Arzt noch hatte sagen hören, er könne wieder hochkommen, sofern keine ungünstigen Umstände einträten, etwa daß er Luftzug bekomme oder das Feuer ausgehe. Eigentlich war ich hingegangen, um ihr deswegen zu gratulieren, und rechnete damit, von einem Schwall warmer Krankenzimmerluft begrüßt zu werden, als ich leise die Tür öffnete. Die Ecke, in der sich die Tür befand, war mit Vorhängen zugehängt, damit kein plötzlicher Luftzug ans Bett gelangte. Es waren dicke Vorhänge und an den Enden beschwert, doch als ich eintrat, wehten sie wie wild hin und her. Ich machte ganz schnell die Tür zu und dachte einen Moment lang erschrocken, daß ich diesen Luftzug eingelassen hätte. Dann ging ich weiter und teilte die Vorhänge.

Vickers lag im Bett und atmete kaum noch, das Bettzeug war so weit zurückgeschlagen, daß sein mächtiger Brustkasten bloßlag, und ein Strom kalter, regenschwerer Luft zog vom offenen Fenster her auf ihn. Elfrida war im Zimmer. Sie stand mit dem Rücken zu mir und sah starr aus dem Fenster. Sie hielt den Rücken so gerade wie ein Soldat und den Kopf trotzig erhoben.«

Seine Worte verstummten, und alle saßen in der Runde und starrten ihn an. Er ließ sich noch tiefer in den Sessel sinken und umschlang seine Knie.

»Und du – bist hinausgegangen, ohne ein Wort zu sagen«, ließ einer sich mit unnatürlich schriller Stimme vernehmen.

»Ja«, sagte Fyshe. »Ohne ein Wort, ohne einen Laut. Sie hat gar nicht gemerkt, daß ich da war.«

Er legte wieder eine Pause ein, dann sagte er: »Das nächstemal habe ich sie erst wieder beim Begräbnis gesehen. Daran werdet ihr euch erinnern – ein großes, wundervolles Begräbnis.«

Er ließ die Stimme in der Erinnerung an dieses majestätische Schauspiel zu einem Flüstern schwinden und wippte langsam vor- und rückwärts, eine lächerliche Figur in dem großen Sessel.

»Es war allerdings barbarisch«, fuhr er plötzlich fort. »Manche waren entsetzt. Sie nannten es vulgär – protzig –, dabei war es das nicht; es war erhaben. Schön war es, feierlich und schrecklich – das Begräbnis einer Gottheit. Das herrliche Haus niedergerissen – der offene Sarg – das prächtige Sargtuch – majestätisch war das alles, nordisch und, wie gesagt, barbarisch. Ein paar Dummköpfe, die nichts verstanden, haben sie dafür gescholten – sie habe den Tod zum Spektakel gemacht, meinten sie. Dafür hätte ich sie alle umbringen können. Wenn Elfrida ein Spektakel inszeniert hat, dann doch zu Ehren des Toten und nicht mit der kleinlichen, grausigen Absicht der Selbstverherrlichung. Eine solche Denkweise wäre ihr fremd. Sie hat beim Begräbnis um ihn getrauert und trauert seither um ihn – ihren Gatten, den Mann, den sie geheiratet hatte. Ihr Leid war schrecklich anzusehen, es war zum Erfrieren, zum Versteinern, und es war echt – nie hat eine Frau inniger geliebt als Elfrida, nie hat eine Frau tiefer getrauert.«

»Ich weiß nicht, woher du das nimmst«, sagte Meyer, »wenn sie doch, wie du sagst…«

Fyshe unterbrach ihn.

»Ihre Trauer ist echt«, sagte er, und seine schwarzen Augen blitzten. »Sie trauert um ihren Gatten, den Mann, den sie geheiratet hatte. Wenn sie sich nur gestattet hätte, klar zu denken, hätte sie wohl schon eine Woche nach der Hochzeit um ihn getrauert; so aber mußte zuerst sein Körper sterben, bevor sie sich eingestehen konnte, daß er tot war.«

»Oder daß es ihn nie gegeben hatte.«

Fyshe lächelte versonnen.

»Nicht unbedingt«, meinte er, »denn von dem Tag an, als sie ihn zum erstenmal sah, gab es ihn ja – für sie. O ja, ihr Kummer war echt, so echt wie zuvor ihre Liebe. Als ich damals zu ihr ging und sie dort in dem großen abgedunkelten Zimmer saß, während ringsum die feierlichen Vorbereitungen für das große Begräbnis im Gange waren, da hat sie zu mir aufgesehen, und in ihrem Blick stand ein so tiefes Leid, so majestätisch und erhaben, daß es mir die Sprache verschlug und ich mich ganz klein fühlte, klein und außerstande, auch nur ein Zehntel dessen zu empfinden. Ich brachte schließlich ein paar gestammelte Worte über Vickers heraus, wobei ihr Blick sich ein ganz klein wenig verdüsterte. Dann seufzte sie und sah mir fest und offen in die Augen. ›Er war ein König der Menschen‹, sagte sie, ›mein Mann.‹«

Fyshe beendete seine Rede. Seine Zuhörer begannen zu raunen, dann meldete Meyer sich wieder zu Wort. »Ich verstehe das nicht«, sagte er eigensinnig. »Sie muß eine Heuchlerin sein, Fyshe, sie hat ihn doch getötet...«

»Getötet!« Der bucklige Dichter beugte sich in seinem Sessel weit nach vorn und funkelte den anderen zornig an. »Nein, nicht getötet, Meyer«, sagte er. »Verstehst du denn nicht – sie hat ihn geboren!«

Mr. Campions Glückstag

Als Mr. Albert Campion in die Luxuswohnung kam, war Kriminalinspektor Stanislaus Oates gerade zu dem unwillkommenen Schluß gelangt, daß Chippy Figg doch nicht der Mörder des Mannes im Wohnzimmer war.

Chippy, der zappelig, das spitze Gesicht ganz gelb vor Angst, in der Kochnische saß, behauptete dies schon seit einer geraumen Weile.

»Ich war den ganzen Abend bei meiner Tante«, beteuerte er soeben wieder, als Campion, von einer unbeschreiblichen Aura des Wohlbehagens umgeben, zur Tür hereintrat. »Meine Tante wird das beschwören, jawohl!«

»Ich zweifle nicht daran, mein Junge«, sagte Oates mürrisch. Dann drehte er sich um und erblickte den schlanken Neuankömmling mit der Hornbrille. »Ah, Campion, schön daß du da bist! Komm doch mal hierher, ja? Und zu grinsen gibt es da gar nichts, laß dir das sagen.« Damit nahm er seinen alten Freund beim Arm und schob ihn energisch über den breiten, mittlerweile von Polizisten wimmelnden Flur ins Wohnzimmer. Sowie die Tür des strahlend erhellten Zimmers hinter ihnen zu war, kochte seine Empörung über. »Vor zehn Minuten hatte ich noch einen wunderschönen klaren Fall, und kaum kommst du hier strahlend hereinspaziert, geht er mir in die Binsen.«

Das Lächeln wich aus Mr. Campions Gesicht, als er die Szene erfaßte. Er stand vor dem schweren Körper eines älteren Mannes mit Glatze und Schmerbauch, der halb auf dem Schreibtisch vor dem verhangenen Fenster lag.

»Nicht gerade dekorativ«, bemerkte er ingrimmig. »Erschossen?«

»Ja. Von der Tür her. Auf der Stelle tot. Ihm gehörte die Wohnung, und er lebte allein hier.«

»Aha. Und unser Freund in dem farbenfrohen Anzug war's nicht?«

»Chippy? Nein. Kann's nicht gewesen sein. Das ist ja das Vertrackte. Konstabler Richards, der im Haus neben Chippys Tante wohnt und von seiner Hintertür aus in ihre erleuchtete Küche sehen kann, gibt ihm ein Alibi.« Er verschnaufte kurz. »Hör zu, Campion, überleg mal folgendes. Es ist jetzt Mitternacht. Vor zwei Stunden wurden wir von einem Arzt angerufen, der die Wohnung über dieser hat. Er…«

Mr. Campion hüstelte. »Stell mich doch mal der Leiche vor.«

»Ach ja…« Oates zögerte. »Sein Name war Fane, und ein angenehmer Mensch war er nicht. Hat sein Geld auf der Rennbahn verdient, meist auf etwas unorthodoxe Weise.«

»Wettbetrug?«

»Bisher nicht bewiesen, aber erheblicher Verdacht.«

»O je«, sagte Mr. Campion milde. »Erzähl mir was über den Arzt.«

»Er hat um zehn angerufen und eine plausible Geschichte zum besten gegeben. Er kannte Fane flüchtig und hat ihn um Viertel vor sechs hier aufgesucht, um ihm etwas gegen sein starkes Kopfweh zu geben. Fane wollte sich aber nicht ins Bett legen, weil er Figg erwartete. Der Arzt ist gleich wieder gegangen und war schon um sechs Uhr ziemlich weit weg von hier, auf einer Cocktailparty.«

»Kannte der Arzt auch Figg?«

»Flüchtig. Figg ist in der ganzen Gegend bekannt. Eine schillernde Figur; hat Fane immer donnerstags abends besucht. Spielt ein bißchen den Buchmacher.«

»Weiß man sonst noch etwas über Figg?«

»Ein wenig. Letzte Woche haben die beiden sich so laut gestritten, daß man es im ganzen Haus hörte. Heute abend hat der Arzt auf dieser Cocktailparty, die im Eclipse Sporting

Club stattfand, einen mysteriösen Anruf von irgend jemandem bekommen, der ihm mit starkem Cockney-Akzent sagte, er solle sofort zu Fane kommen. Er ist gleich hierhergerast, fand die Wohnungstür nur eingeklinkt und Fane so daliegen, wie du ihn jetzt siehst, noch warm, und das Radio voll aufgedreht.«

Campion besah sich den Apparat. »Laut?« fragte er.

»Furchtbar. Das Ehepaar von unten sagt, es hat ab zehn vor sechs unentwegt gedröhnt, bis der Arzt wieder zu Fane kam und es ausgeschaltet hat. Bei dem Lärm kann keiner den Schuß gehört haben.«

»Ein unangenehmer Nachbar. Hat jemand was gesehen?«

»Nein. Der Pförtner sagt, er hat niemanden kommen sehen, aber er war zwischendurch ein paarmal weg und könnte jemanden übersehen haben. Mit Sicherheit ist Figg unbemerkt an ihm vorbeigeschlüpft, aber wie du schon weißt, hat er ein perfektes Alibi. Er ist erst nach uns gekommen.«

»Sein Glück. Kann ich mal den Arzt sprechen?«

»Natürlich. Er ist noch oben in seiner Wohnung. Ich glaube aber nicht, daß er außer dem schon Gesagten noch etwas beisteuern kann.«

Campion sagte nichts; er schwieg noch immer, als der Arzt ein paar Minuten später aufgeregt hereinkam.

»Ich muß gestehen, daß ich ihn nicht gut kannte«, sagte er, wobei er auf den Toten zeigte, »aber ein Schock war's trotzdem, und was für einer. Armer Kerl, er war noch warm, als ich ihn fand, aber zu helfen war ihm nicht mehr.«

»Klar«, sagte Campion. »Mit einem Herzdurchschuß. Sagen Sie, Doktor, haben Sie hier eine große Praxis?«

»Gar keine. Ich bin im Ruhestand.« Der Mann schien verärgert. »Ich dachte, das hätte ich schon klargestellt. Nein, mir ist das Leben eines praktischen Arztes leider zu anstrengend. Ich habe die Medizin vor sechs Jahren aufgegeben. Haben Sie Figg schon erwischt, Inspektor?«

»Ja, aber der Mann hat ein Alibi.«

»Ein Alibi? Aber ich hätte schwören können, daß ich…«
Der Arzt biß sich auf die Zunge, aber Oates hakte sofort
nach.

»Sie wollten sagen, Sie hätten seine Stimme am Telefon erkannt?«

»Nein, nein, so bestimmt kann ich das nicht sagen, aber
ich muß zugeben, daß ich in dem Moment wirklich gedacht
habe, die Stimme klingt so ähnlich wie – um Gottes willen,
Sir!«
Der Ausruf galt Campion, der plötzlich einen Schritt nach
vorn machte und unter Aufbietung aller Kräfte den Leich-
nam vom Schreibtisch hochriß.

Es war ein fürchterlicher Anblick. Der ganze Körper war
steif wie ein Brett, die Knie blieben gebeugt, der Kopf starr
hochgereckt.

»Totenstarre weit fortgeschritten«, murmelte Mr. Campion, noch etwas außer Atem von der Anstrengung.

»Mein Gott, ja. Viel weiter, als ich vermutet hätte.« Die
Augen des Arztes waren weit aufgerissen. »Das kommt
natürlich vor, ich habe schon erlebt, daß sie auf der Stelle eintrat. Wir sprechen da von einem Todeskrampf. Im vorliegen-
den Fall…«

Weiter kam er nicht. Campion hatte die Leiche losgelassen,
so daß sie wieder in ihre ursprüngliche Lage zurückkippte.
Doch in der anderen Hand hielt er jetzt ein Blatt Papier voller
Zahlen, abgerissen von einem Schreibblock, der unter dem
Kopf des Toten versteckt gelegen hatte. Als er davon aufsah,
war sein Blick hart. »Wieviel schuldeten Sie ihm, Doktor?«
fragte er leise. »Er hat Ihnen wohl die Daumenschrauben angelegt, wie? Was haben Sie mit dem Revolver gemacht? Im
Club gelassen?«

»Das ist eine ungeheuerliche Unterstellung, Sir. Mein Anwalt…«

»Aber wirklich, Campion…«, begann Oates nervös.

Campion fiel ihm ins Wort. »Fane hat Sie am Wickel, Doktor. Auch wenn Sie ihn erschossen haben, er wird Sie überführen – hiermit.«

Er reichte den Zettel Oates, der ihn an sich riß. Der Arzt beugte sich vor und sah ihm über den Arm.

»Da stehen nur seine heutigen Gewinne drauf«, sagte er wütend. »Damit beweisen Sie gar nichts.«

Campion tippte mit spitzem Zeigefinger auf eine bestimmte Zeile: 4:30 Iron Ore gewinnt 6/4. £ 133.6.8.

Oates sah verwirrt auf. »Da komme ich nicht mit«, sagte er. »Worauf soll das hinauslaufen?«

»Iron Ore hat nicht gewonnen«, sagte Mr. Campion. »Er ist zwar als erster durchs Ziel gegangen, und die Nachmittagszeitungen haben ihn unter ›letzte Meldungen‹ als Sieger genannt, aber es gab einen Einspruch wegen Behinderung, und dem wurde stattgegeben. Diese Meldung kam erst in den Sportnachrichten. Wenn Fane um sechs Uhr hier am laufenden Radio gesessen hätte, wäre ihm das wohl kaum entgangen, es sei denn...«

»Es sei denn was?«

»Es sei denn, er war da schon tot. Der Doktor sagt selbst, daß er ihn um zehn vor sechs noch gesehen hat – schnell, Oates!«

Er setzte dem fliehenden Arzt nach, der ihm zwar entkam, aber dafür auf dem Flur ein paar Konstablern in die Arme lief.

Mr. Figg, ein Opportunist wie eh und je, nutzte die allgemeine Aufregung, um sich unauffällig zu verabschieden.

Später ging der Kriminalinspektor Mr. Campion suchen. Er fand ihn friedlich schlummernd im Schlafzimmer, auf dem Gesicht ein so seliges Lächeln, daß es Oates eine Freude war, ihn zu wecken. »Wie hast du das gemacht?« wollte er wissen.

Campion gähnte. »Die Aussage des Arztes«, sagte er. »Wird denn ein Mensch, der Kopfschmerzen hat, sich neben ein brüllendes Radio setzen? Außerdem tritt ein Todeskrampf bekanntlich auf der Stelle ein. Der Arzt hat nichts davon gemerkt, als er die Leiche fand, und demnach war es die normale Leichenstarre, die sich erst in Stunden entwickelt.«

Oates lachte. »Alles, was recht ist, trotzdem nenne ich das Glück«, meinte er. »Zufällig wußtest du eben über dieses Rennen Bescheid. Dein Glückstag.«

Mr. Campions Lächeln wurde immer breiter. »Da kann ich dir nur voll zustimmen«, sagte er leise. »Ich hatte zehn Pfund auf das zweite Pferd gesetzt. Daher wußte ich es.«

Oates stöhnte. »Außenseiter?«

»Fünfzig zu eins.«

»Großer Gott. Wie heißt der Gaul?«

»Amateur«, flüsterte Mr. Campion. »Darum habe ich auf ihn gesetzt. Ich wette sonst nie.«

Sie ist nicht künftig

Als man mich zu dem kleinen Haus in der Marsch schickte, um nach dem Gespenst Ausschau zu halten, fuhr ich, ohne zu murren, folgsam hin, wie es so meine Art ist.

Ich war ein unansehnliches, aber energiegeladenes kleines Ding von nicht einmal zwanzig Jahren und begann gerade zu begreifen, daß mein Wunschberuf der Journalistin nicht die feine Mischung aus diplomatischem Dienst und Theaterkritik war, als die meine Berufsberaterin ihn mir dargestellt hatte.

Der Postmeister im gottverlassensten Nest, das je die Küste von Essex zierte, wies mir die ungefähre Richtung, in der das Haus stand. Er lehnte sich über seinen schmalen Schaltertisch, dessen Oberfläche an brüchige Karamelle erinnerte, und schüttelte warnend den Kopf.

»Das ist kein Ort für eine junge Dame«, sagte er. »Ein schrecklich grusliger Ort ist das. Sie sollten da nicht hingehen.«

Es war erfreulich zu hören, daß dieses Haus in der Marsch nicht nur wirklich existierte, sondern eindeutig auch noch etwas Sonderbares an sich hatte.

Unser Redakteur war ein schwieriger Mensch, dessen Lieblingsmotto lautete: »Wenn du irgend etwas hörst, geh hin, und schlachte es aus.«

Was er bisher wußte, war leider ziemlich verschwommen. Jemand habe ihn in den ›Thatcher's Arms‹ an der High Street angesprochen, sagte er, und ihm von einem Dorf erzählt, das in Angst und Schrecken lebe, weil im Fenster eines einsamen Hauses in der Marsch ein gespenstisches weißes Gesicht erschienen sei, ein Frauengesicht. Meine Aufgabe sei es, hinzufahren und entweder das Gespenst oder seine Geschichte zurückzubringen.

»Ein Knüller«, meinte er. »Das Wichtigste, was dort seit der letzten Gemeinderatswahl passiert ist. Sie müssen hin und etwas daraus machen. Da werden sich alle draufstürzen.«

Mit »alle« meinte er die *Weekly Gazette*, unser Konkurrenzblatt, dessen Redaktion ein wenig näher zur Stadtmitte lag. Ich hoffte, daß die *Gazette* sich darauf stürzen würde. Bill Ferguson, ihr Jungreporter, war ein Freund von mir, und ich hatte unterwegs schon nach ihm Ausschau gehalten. Er hatte sich aber nicht blicken lassen, und ich war schon ganz bedrückt, weil ich wahrscheinlich wieder hinter einer Ente her war, als der Postmeister mir Hoffnung machte.

»Ich will das Gespenst sehen«, sagte ich vergnügt. »Wer hat es bisher schon zu Gesicht bekommen?«

»Viele haben es gesehen«, gestand er unverhofft. »Es ist eine Erscheinung, eine echte.«

Ich zückte mein Notizbuch.

»Wer hat es gesehen? Wen kann ich fragen?«

»Die sind jetzt alle bei der Arbeit. Am besten warten Sie bis zum Tee. Kurz nach fünf werden sie zu Hause sein.«

Ich spähte durch das vollgestellte Fenster zum Himmel. Es ging auf vier Uhr zu, und der Tag war so grau und unfreundlich, wie nur ein Februartag in der Marsch sein kann.

»Ich sehe mir das Haus lieber gleich mal an und rede mit den Leuten, wenn ich wiederkomme«, sagte ich. »Was erzählt man sich von dem Haus? Warum könnte es da spuken?«

Er sah mich nachdenklich an.

»Da hat sich vor Jahren mal einer erschossen«, sagte er. »Wahrscheinlich ist es das.«

»Sehr wahrscheinlich«, pflichtete ich ihm fröhlich bei. »Wer war das denn?«

Aber er wich mir aus. Zuerst schien es mir, als wollte er etwas verbergen, doch dann zeigte sich immer deutlicher, daß er selbst eigentlich kaum etwas wußte.

»Ein junges Paar aus London hat da gewohnt«, sagte er. »Die Frau ist ins Wasser gegangen, und dann hat sich der Mann erschossen. Jetzt ist sie wiedergekommen und sitzt am Fenster und guckt heraus. Ich kann nur sagen, Sie sollten da nicht hingehen.«

»Ich gehe«, sagte ich. »Was waren das für Leute? Wann war das?«

Der Postmeister seufzte.

»Kann ich Ihnen nicht sagen. War vor meiner Zeit. Ich bin erst zwanzig Jahre hier. Oh, und das Haus ist schrecklich verkommen!«

Endlich beschrieb er mir den Weg. Er unternahm nichts dagegen, daß ich hinging; er mißbilligte es nur.

Ich fuhr die kalte, windige Straße hinunter bis dorthin, wo sie aufhörte, eine Straße zu sein, und in einen aufgeweichten Feldweg überging, an dem ein verfallenes Gatter mir den Weg versperrte. Dort ließ ich meinen Wagen stehen, weil es unsinnig gewesen wäre, ihn noch weiter mitzunehmen, und machte mich zu Fuß auf den Weg durchs Watt.

Nachdem ich frierend etwa tausend ungemütliche Schritte weit gegangen war, kam das Haus in Sicht. Es stand geduckt auf einer kleinen Bodenerhebung, eine elende kleine Holzhütte mit einem steinernen Kamin, der ganz schief stand. Wahrscheinlich war das Haus bei den großen Frühjahrsfluten völlig vom Wasser eingeschlossen, und da ich selbst ein geselliger Mensch bin, glaubte ich diese junge Frau zu verstehen, die lieber ins Wasser gegangen war, als hier zu leben.

Es war noch immer ein gutes Stück zu gehen, und ich schleppte mich weiter und hoffte in meiner fröhlichen Einfalt, daß ich für meine Mühe doch wenigstens etwas schön Grusliges in Gestalt einer Erscheinung zu sehen bekäme.

Ab welchem Moment ich es mit der Angst bekam, ist schwer zu sagen. Wie ein Nebel legte sie sich über mich, und mir wurde kalt und sogar ein bißchen übel, lange bevor ich begriff, woran es lag. Ich glaube, ich spürte die Angst von der

Sekunde an, als ich nah genug am Haus war, um Einzelheiten an den beiden oberen Fenstern zu erkennen, die zu mir herübersahen wie unheimliche tote Augen unter dem schief aufgesetzten Hut, den das Dach bildete.

Ich weiß noch, wie ich mir ärgerlich einen Ruck gab und dann entgeistert in die Runde sah, eine trostlose Welt aus kaltem grauen Meer, Marsch und Himmel.

Der Anblick des Mannes, der hinter mir hergestapft kam, brachte mich wieder ins Gleichgewicht. Die Erde hatte mich wieder, und ich empfand große Erleichterung. Ich war nicht allein. Die Menschheit war nicht wie von Zauberhand in einer halben Stunde ausgestorben. Zaudernd blieb ich stehen.

Es war nicht Bill. Der Fremde war weder ein Landarbeiter noch ein Fischer. Doch ich sah zufrieden seinen kurzen Regenmantel. Ohne Zweifel kam da die übrige Presse.

Ich rief ihm etwas entgegen, und in der kalten Leere klang meine Stimme dünn und schrill.

»Hallo!« schrie ich. »Sind Sie von der *Gazette*? Suchen Sie das Gespenst?«

Er rief etwas zurück, aber ich verstand die Worte nicht. Seine Stimme wurde ebenso von der Leere verschluckt. Ich hörte nur Wortfetzen, unzusammenhängende Laute, die gleich darauf von der hungrigen Luft emporgerissen und aufgesogen wurden.

Als er näher kam, sah ich einen bleichen, schwächlichen jungen Mann mit blondem Haar auf dem ungeschützten Kopf. Er hatte den Mantel bis zum Kinn zugeknöpft und war blau vor Kälte.

»Da wäre also das Haus«, sagte ich, als er mich einholte.

Er nickte und betrachtete die baufällige Hütte, die jetzt, nachdem ich nicht mehr allein war, noch heruntergekommener, aber nicht mehr so unheimlich wirkte.

Ich warf einen Blick zum Himmel.

»Wenn wir da noch bei Tageslicht einbrechen wollen, sollten wir uns beeilen«, sagte ich. »Ich habe das Ganze ja zuerst für ein Schauermärchen gehalten, aber die Leute im Dorf scheinen wirklich etwas gesehen zu haben.«

»Ja«, sagte er nur und sah mich mit seinen hellgrauen Augen unglücklich an. »Das habe ich gehört. Sie haben eine Frau mit Sonnenhut gesehen.«

»Mit Sonnenhut?« Das war mir neu, und ich war einen Augenblick böse auf meinen Freund, den Postmeister. »Schön für sie, daß sie einen braucht«, scherzte ich.

Er lächelte nicht.

»Hier ist es im Sommer heiß. So heiß, wie es jetzt kalt ist. Kein Schatten weit und breit.«

Dieser Gedanke schien ihn zu bedrücken, und wir stapften weiter auf das Haus zu. Je näher ich kam, desto banger wurde mir. Es war keine blinde, flatternde Angst, mehr eine kalte, erdrückende Ahnung von Unglück, Resignation und Verzweiflung.

Ich sah zu meinem Gefährten und hatte das Gefühl, daß es ihm nicht viel anders erging, denn er sah ganz elend aus und klapperte regelrecht mit den Zähnen. Zugleich ermutigte und amüsierte mich seine Verzagtheit. Es war ein natürlicher weiblicher Hang zur Großtuerei. Ich rang meine eigene Angst nieder und wurde fast tollkühn.

»Ich bin nur froh, daß es eine Frau ist«, alberte ich. »Die treffen wir wohl eher zu Hause an. Hier muß sich vor Jahren eine Tragödie abgespielt haben. Aber das wissen Sie wohl schon alles, wie?«

»Natürlich«, sagte er. »Ich weiß, was passiert ist. Ich verstehe nur nicht, wieso gerade die Frau wiederkommt. Es war doch der Mann, der hier die Hölle hatte.«

»Ha«, entgegnete ich selbstgefällig. »Das denken Sie nur, weil Sie ein Mann sind. Am meisten zu leiden haben immer die Frauen. Sie ist natürlich wiedergekommen, um ihren Freund zu suchen.«

»Meinen Sie?« fragte er und blickte dabei so weich und sentimental drein, daß ich allmählich das Interesse an ihm verlor. Die Erkenntnis, daß er dämlich war, machte ihn als Verbündeten für mich weniger nützlich, und wieder lief es mir kalt den Rücken hinauf und hinunter.

Inzwischen hatten wir die Erhebung erreicht und stiegen schweigend zu dieser gruseligen Hütte empor. Es sollte uns erspart bleiben, durch ein Fenster einsteigen zu müssen. Die Tür hing nur noch an einer Angel, und als ich dagegen stieß, öffnete sie sich mit einem Geräusch, das in der grauen, dumpfigen Stille wie ein Schuß klang.

Mein Kollege zauderte.

»Ich will nicht da rein«, sagte er.

Aus seiner Stimme klang mehr als Widerwille. Und es steigerte sich in reines Entsetzen, das mich im Verein mit meiner eigenen blinden Angst richtig wütend machte. Ich musterte ihn kalt.

»Machen Sie doch, was Sie wollen«, sagte ich und fügte dann noch mit unverzeihlichem Dünkel hinzu: »Wenn Sie Ihre Arbeit machen wollen, wie sich's gehört, dann durchsuchen Sie jetzt mit mir das Haus.«

Ich stand noch mit einem Fuß draußen, mit dem anderen schon auf dem Backsteinboden der kleinen Diele.

Das Haus hatte unten zwei Räume, nämlich Küche und Wohnzimmer. Zwischen ihnen führte eine Treppe nach oben. Von meinem Standort aus konnte ich sehen, daß sich im Untergeschoß niemand befand.

Ich sah zu der wackligen Treppe, dann zu dem Mann.

»Kommen Sie nun mit?« fragte ich.

Es war schrecklich, wie er in sich zusammenfiel. In seinem Gesicht begann es zu arbeiten.

»Entschuldigung«, sagte er. »Ich kann nicht. Kann einfach nicht. Ich will das nicht – will nichts sehen.«

Ich ließ ihn stehen und stapfte die Treppe hinauf, wobei ich soviel Lärm machte, wie meine Schuhe nur hergaben.

Die beiden kleinen Zimmer unter dem Dach waren leer, und ich war froh darüber. Sie waren, seltsam genug, trocken und gut durchlüftet und gaben einem das merkwürdige Gefühl, daß da jemand wohnte. Während man sich unten wie in einem Grabgewölbe vorkam, war es hier oben fast nett. Ich blieb stehen und lauschte.

Ich glaubte jemanden atmen zu hören. Es war eine gemeine Sinnestäuschung, und ich bekam wieder Angst. In dem einen Zimmer stand ein Schrank, aber ich öffnete ihn nicht. Ich ging wieder zur Treppe.

Etwas auf der obersten Stufe zog meinen Blick an, und ich bückte mich, um es aufzuheben. Dann ergriff ich die Flucht.

Er wartete auf mich, sein Gesicht war blaß und ganz blau vor Kälte, und er hatte die Hände tief in die Taschen vergraben. Nachdem die Folter jetzt ausgestanden war, konnte ich mich wieder dicketun.

Er sah mich an, und in seinem Gesicht stand eine hilflose Müdigkeit.

»Nichts?« fragte er, und es klang fast enttäuscht. »Keine schöne junge Frau mit Sonnenhut und Puffärmeln?«

»Absolut nichts«, sagte ich nachdrücklich.

Er hörte mich anscheinend nicht. Gequält und enttäuscht schaute er zu der Hütte zurück. Er schaute so unverwandt, daß auch ich mich umdrehte und nach oben sah.

Ich schrie auf.

Das Gesicht im oberen Fenster war von einem verblichenen fliederfarbenen Sonnenhut umrahmt, dessen zerknitterte Bänder schlaff um das blasse, eingefallene Gesicht baumelten. Die Frau schaute geradewegs zu mir. Ich sah ihre Augen.

»Kommen Sie«, befahl ich heiser. »Los!« Und ich schloß die Faust um den kleinen Gegenstand, den ich von der Treppe aufgelesen hatte.

Es war ein Augenblick des Grauens, aber ich sah ihn zaudern, sein Gesicht verzog sich zu einem fast kindlichen Schmollen, und ich erinnere mich noch genau an seine idiotische Bemerkung, die in dieser Situation so völlig unangebracht war.

»Sie ist alt«, sagte er. »Mein Gott, sie ist alt!«

Ich ließ ihn stehen. Ich rannte ins Haus, sprang die Treppe hinauf und riß die Schranktür im zweiten Zimmer auf. Eine alte Frau kauerte in der Ecke und hielt so still, als wäre sie unsichtbar.

Ich zog sie mit Gewalt heraus.

»Ich wußte doch, daß Sie aus Fleisch und Blut sind«, sprudelte ich los, »ich wußte es doch. Ich habe eine neue Haarnadel auf der Treppe gefunden, und da wußte ich, daß eine Frau aus Fleisch und Blut hiergewesen war. Was machen Sie hier? Was denken Sie sich dabei, die Leute so zu erschrecken?«

Sie sah zu mir auf und fing an zu weinen, und ich schämte mich. Sie war so klein und alt und fahl. Und sie sah so lächerlich aus in ihrem groben Tweedkostüm und dem albernen Sonnenhut auf den spärlichen grauen Locken.

»Ich wollte niemanden erschrecken«, sagte sie mit dünnem Stimmchen. »Es tut mir so leid. O je, wie dumm von mir, und nun komme ich zu spät zum Tee. Miss Fell wird immer so böse, wenn wir zu spät zum Tee kommen.«

Ich horchte auf. Ich kannte Miss Fell. Sie hatte eine Pension am anderen Ende der Marsch und bekam im Sommer viele Gäste.

»Wohnen Sie in der Pension Fairview?« fragte ich.

»Ich habe vor langer Zeit einmal hier gelebt«, sagte sie. »Das heißt, ich war einmal hier auf Urlaub, und vorigen Monat habe ich mich plötzlich entschlossen, herzukommen und das alte Haus noch einmal zu sehen. Ich habe mir ein Zimmer bei Miss Fell genommen und bin nachmittags hierherspaziert. Es tut mir so leid, wenn ich die Leute erschreckt habe. Aber ich mußte das Haus wiedersehen. Ich war hier einmal eine Zeitlang glücklich, aber dann – nicht mehr.«

Ich betrachtete sie von oben bis unten. Sie war sehr klein und mußte einmal hübsch gewesen sein, ein hübsches dummes Püppchen. In diesem Moment hatte ich einen meiner seltenen Geistesblitze.

»Sie sind also gar nicht ertrunken?« fragte ich.

Sie sah mit verängstigtem Blick zu mir auf.

»Erzählen Sie es keinem«, flüsterte sie. »Nein, ich bin weggelaufen. Ich war ein dummes, gefühlsduseliges Ding. Ich habe meinen Schal und meinen Hut auf dem Deich zurückgelassen, bin nach Burbridge gelaufen und von dort nach London zurückgefahren. Ich war so jung. Wir waren beide so jung. Ich hätte im Traum nicht gedacht, daß er – der arme, arme Junge!

Ich war neunzehn, er zweiundzwanzig, und wir wollten hier von Luft und Liebe leben«, fuhr sie leise fort. »Wir dachten, wir könnten hier zusammen am Rand der Welt leben und glücklich sein. Er war auch glücklich, aber ich konnte es nach einiger Zeit nicht mehr ertragen, ich war das einfach nicht gewöhnt, aber ich habe nicht gewagt, es ihm zu sagen. Ich wollte ihm seine Illusion nicht rauben, verstehen Sie? Und da habe ich diese Dummheit begangen. Ich bin fortgerannt und habe vorgetäuscht, daß ich ertrunken wäre. Meine Kusine hat mich bei sich aufgenommen und die Sache vertuscht. Wir haben es niemandem erzählt, auch dann nicht, als die Zeitungen berichteten, daß er sich…«

»Erschossen hatte?« fragte ich herzlos.

»Ja«, flüsterte sie und schloß die Augen. »Der arme Junge, er war so lieb, so romantisch, so verliebt.«

Ich trat ans Fenster. Vor mir lag die Marsch, wild, traurig und einsam. Nach einer Weile drehte ich mich wieder zu ihr um. Sie war so alt, so rührend und hilflos. Ich war sehr böse auf sie.

»Hören Sie«, sagte ich, »Sie dürfen hier nicht wieder herkommen.«

»O nein – nein, bestimmt nicht. Das verspreche ich.«

Ich war verlegen.

»Ich meine, Sie dürfen natürlich herkommen«, sagte ich. »Wie jeder andere. Aber Sie dürfen sich nicht mehr diesen Sonnenhut aufsetzen und aus dem Fenster sehen, denn damit erschrecken Sie die Leute. Sie haben damals immer einen Sonnenhut getragen, ja?«

Ihre Lippen zitterten.

»Der gefiel ihm so sehr«, sagte sie. »Er hat immer gesagt, ich sähe so bezaubernd darin aus. O mein Gott, wie dumm ich war! Wenn das nun herauskommt? Wenn die Zeitungen darüber schreiben?«

»Sie werden es wohl nicht geheimhalten können«, meinte ich. »Zum einen ist noch dieser Mann da unten, und…«

Sie fiel mir ins Wort.

»Was für ein Mann?«

»Ich nehme an, er ist von der *Gazette*«, sagte ich. »Er wollte nicht mit ins Haus kommen. Dieser Mann, der neben mir stand, als Sie mir durchs Fenster nachschauten.«

Sie wich vor mir zurück, und in ihrem Blick stand Angst.

»Sie waren allein«, sagte sie. »Ich habe Sie mit jemandem reden sehen, aber es war keiner da. Deshalb habe ich Sie so angesehen. Sie waren ganz allein.«

Ihre Dummheit machte mich wütend.

»Reden Sie keinen Unsinn«, sagte ich. »Eigentlich ist er eher noch ein Junge. Groß und dünn, blonde Haare, blasses Gesicht und ein bis oben zugeknöpfter Regenmantel.«

Weiter kam ich nicht. Ich sah, wie in ihre Augen, ihr runzliges Vogelgesicht blankes Entsetzen trat.

»Er ist gekommen«, sagte sie heiser. »Er ist gekommen.«

In der langen Pause, die jetzt eintrat, stellte sich die Welt auf den Kopf, und mir fielen seine unsäglich bitteren Worte wieder ein: »Wieso kommt gerade die Frau wieder? Es war doch der Mann, der hier die Hölle hatte.«

Die kleine alte Frau zupfte mich am Ärmel. Ihr ganzes Gesicht zitterte.

»Hat er mich gesehen?« fragte sie. »Hat er mich gesehen?«

Ich sah ihr fest ins Gesicht und log.

»Nein«, sagte ich mit zittriger Stimme. »Nein. Kommen Sie jetzt. Sie verspäten sich sonst noch zum Tee.«

Die Brieffreunde

In den achtziger Jahren des letzten Jahrhunderts, als Robert Braine noch in Cambridge aufs Priesterseminar ging, war Philip Dell der einzige Mensch auf der Welt, der in ihm einen Helden sah.

Die beiden Männer trennten sich an einem Junitag auf dem langgestreckten, tristen Bahnhof am Fuß des Hügels und sahen einander nie wieder, dennoch überdauerte ihre sonderbare Freundschaft bis ans Ende ihres langen Lebens.

Als Philip zum Priester geweiht wurde, schrieb Robert ihm aus Paris, und es war zweifellos Rücksicht auf die Würde des Anlasses, daß er es sich dabei versagte, mehr als nur andeutungsweise auf sein eigenes Leben einzugehen, dem nichtsdestoweniger etwas Romantisches und sehr Weltliches anzuhaften schien.

Ein paar Jahre später aber, als Philip an die Heimatadresse seines Freundes in Wiltshire schrieb, um ihm mitzuteilen, daß seine kurze Hilfspfarrerzeit im Norden Londons nun vorüber sei und man ihm eine abgelegene Pfarrei in den Marschen von Norfolk angeboten habe, erhielt er schon ein bis zwei Monate später einen längeren und erhellenderen Brief.

Philip hatte in seinem Schreiben auch schüchtern auf seine bevorstehende Heirat hingewiesen.

»Dorothy ist eine liebe, gütige Frau und Leiterin unseres Kirchenchors«, hatte er geschrieben, und weder seine säuberliche Handschrift noch seine gewählten Worte hatten etwas von den Gefühlsstürmen in seinem Herzen verraten.

Ich habe ernst mit ihr gesprochen und sie vor der Eintönigkeit und leider wohl auch Beschwerlichkeit unseres neuen Lebens in einem großen, zugigen alten Pfarrhaus gewarnt, das nichts von den Annehmlichkeiten unserer heutigen Zivilisation zu bieten haben wird, aber sie, die Gute, ist bereit, das alles mir zuliebe auf sich zu nehmen.

Roberts Antwort kam, nachdem die Dells sich in ihrer Moorfestung eingerichtet hatten, die dreißig Kilometer vom nächsten Bahnhof entfernt war und so weit aus der Welt lag, als wären sie auf einer Missionsstation in China.

Mir gefällt der Name Deiner Frau, schrieb er, und ich vertraue darauf, daß Du ihr meine allerherzlichsten Grüße ausrichten wirst. Verzeih mir, wenn ich sage, daß ich Deinen Mut bewundere. Ehrlich gesagt, ich habe nämlich Angst vor der Ehe, und wenn Du mein Leben führtest, lieber Freund, würdest Du das verstehen. Fast zögere ich, Dir von mir zu erzählen, fürchte zu einem gewissen Grade sogar, daß ich es gar nicht darf, da der Dienstzweig, dem ich jetzt angehöre, so verteufelt geheim ist.

Es wird Dich wahrscheinlich erstaunen, wenn Du erfährst, daß ich die letzten sechs Monate in einem ärmlichen Viertel von Berlin gewohnt habe und dieser Tage nach Belgrad aufbrechen werde.

Während meines Deutschlandaufenthalts verlangte mein Beruf von mir, eine Zeitlang als Bäcker im Dienste eines gewissen, hochinteressanten Restaurantbesitzers zu arbeiten, aber in meiner Freizeit, die wirklich elend knapp bemessen war, wie Du mir glauben mußt, habe ich doch wieder mein wahres Ich angenommen und mich in Kreisen bewegt, die mir eher zusagten.

Ich lernte Erna im Haus einer gewissen Baronin kennen und habe mit ihr getanzt, sooft ich die Chance bekam, denn glaube mir, Schönheiten ihres Kalibers erblühen nicht unter unseren bleiernen Himmeln. Gerade als ich anfing, mich wegen dieser Frau um meinen Schlaf zu bringen, kam ihr

Verlobter, ein unerträglicher preußischer Offizier der kaiser-
lichen Garde, auf die verheerende Idee, mir zu folgen, als ich
von einem Ball nach Hause ging, der zu Ehren des zu einer
Konferenz dort weilenden Lord Beaconsfield veranstaltet
worden war. Stell Dir meine Verlegenheit vor, als er plötzlich
in die Backstube trat und mich dort bis zu den Ellbogen im
Teig antraf, ohne daß ich ihm den wahren Sachverhalt im
entferntesten hätte erklären können.

Es war das Ende der Romanze. Eine Zeitlang war ich
schier untröstlich, aber nach und nach erkannte ich, wovor
der Himmel mich bewahrt hatte. Ich glaube, daß Greta, die
kleine Wäscherin, daran ihren Anteil hatte, doch da Du jetzt
ein richtiger Pfarrer in Amt und Würden bist, will ich Dir von
ihr nichts erzählen.

Mrs. Dell las den Brief nach ihrem Gatten und errötete darüber.

»Ein abscheulicher Mensch«, sagte sie. »Ich kann nicht
glauben, daß er jemals ein guter Freund von dir war.«

»Er war nicht nur, er ist es noch, meine Liebe«, sprach Philip mit jenem sanften Eigensinn, der sich in späteren Jahren
bei ihm verfestigte. »Er war immer ein ungewöhnlicher
Mensch und wird es, wie mir scheint, auch bleiben. Einem
Mann wie Robert war ein abenteuerliches Leben bestimmt.
Wir müssen uns davor hüten, hier draußen allzu engstirnig
zu werden. An einen Mann im Geheimdienst werden An-
forderungen gestellt, die um vieles größer sind als alles, was
einen kleinen Duckmäuser wie mich je anfechten könnte.
Da kann eine gewisse Weltlichkeit bei Robert nicht ausbleiben.«

»Duckmäuser?« Dorothy sah ihren Gatten scharf an, und
aus ihren grauen Augen sprachen Kränkung und Zweifel.
»Ich dachte, dies hier sollte unser großes Abenteuer sein,
Philip.«

Der Vikar von Pelham Wick schob die Abrechnungen des

Vereins der Emsigen Frauen beiseite, die seinen Schreibtisch bedeckten, und nahm seine Frau in die Arme.

»Das war nur so dahergeredet, meine Liebe«, sagte er. »Für mich ist dieses unser Leben ein gewaltiges Abenteuer, das einzige und größte Abenteuer, das ich je erleben dürfte.«

Und da er ein ehrlicher, aber gleichwohl taktvoller Mensch war, fügte er leise bei sich hinzu: »Aber ich bin nicht Robert und werde es nie sein.«

Philip antwortete zu gegebener Zeit auf Roberts Brief. Er sandte das Schreiben an Roberts alte Adresse in Wiltshire und setzte den Vermerk »Bitte nachsenden« darauf. Er schrieb sehr schlicht und versuchte jeden Anflug von treulosem Neid aus seinen beschaulichen Zeilen herauszuhalten.

Lieber Freund, schrieb er, *ich habe mich über Deinen Brief sehr gefreut. Er hat ein wenig Farbe in meine geruhsame Klause gebracht. Ich weiß kaum, was ich Dir im Gegenzug erzählen könnte. Meine Katze hat sich nach Starenart ein Nest sechs Meter hoch im Efeu an der Kirchenmauer gebaut, und es bedurfte unserer drei – meines Gärtners Tom, des Küsters George und meiner Wenigkeit –, sie und ihre Familie auf die sichere Erde herunterzuholen. Da riskierten wir nun alle drei unser Leben und fühlten uns als wahre Helden, währenddessen meine liebe Frau unten stand und sich die Augen zuhielt, falls eines der Kätzchen zu Tode stürzte. Von solcher Art sind die Aufregungen, die unsereiner hier erlebt.*

Aber es ist ja alles relativ.

Meine Frau und ich haben wenig Gesellschaft, was zur Zeit vielleicht ganz gut ist.

Philip zögerte lange über diesem letzten Satz, denn sein Feingefühl lag hier im Widerstreit mit seinem großen Stolz und dem heimlichen Triumph, der ihn verzehrte. Zum Schluß beließ er es dabei, weil ihm einfiel, daß Dorothy doch sehr empfindsam war.

Roberts Antwort traf fast zwei Jahre später ein.

In welch einer verrückten Welt wir doch leben! schrieb er auf dünnem ausländischem Papier, dessen Knistern einen Hauch von Romantik in das ärmliche Speisezimmer des Pfarrhauses brachte.

Ich bin in Paris.

Nun ist mir etwas ganz und gar Unglaubliches widerfahren. Ich habe Erna wiedergetroffen. Sie nennt sich jetzt Ernestine und ist mit einem Mann verheiratet, der die besten Aussichten hat, sich in der französischen Politik einen Namen zu machen. Offenbar hat meine berühmte Backstubeneskapade ihr einen Strich durch die geplante Ehe mit dem unerträglichen preußischen Gardeoffizier gemacht, und so hatte ich zunächst gewisse Bedenken, weil ich die Geschichte doch schon weitgehend kannte.

Sie hat dann aber schon bald meinen Seelenfrieden wiederhergestellt und mir sogar für meinen Anteil an der Sache gedankt. Ich muß gestehen, daß ich sie bezaubernd finde. Gestern abend habe ich in der kaiserlich-russischen Botschaft mit ihr getanzt, wobei mir nicht verborgen blieb, daß im ganzen Saal kein Mann war, der mich nicht beneidete.

Ihr Gatte ist klug, aber viel zu alt für sie. Er ist der typische bourgeoise Politiker, fett, bleichgesichtig und geschwätzig. Ich sah ihn gestern abend hin und wieder einen Blick zu ihr werfen und habe mir meinen Teil dabei gedacht.

Später. Wiltshire.

Ich habe diesen Brief beiseite gelegt und wollte ihn am nächsten oder übernächsten Tag zu Ende schreiben, aber seitdem ist viel Wasser unter der Brücke hindurchgeflossen – leider auch einiges Schmutzwasser. Ich hoffe, Dich mit diesem Kapitel meiner Chronik nicht zu schockieren; betrachte Dich eben als meinen Beichtvater. Also, wie Du Dir gewiß vorstellen kannst, habe ich Madame Ernestine in den ersten Tagen nach dem Tanz öfters wiedergetroffen, und endlich faßte sie, was nach unserem Wiedersehen wohl nicht ausbleiben konnte, wieder eine merkliche Zuneigung zu mir, und so habe ich die wahre Geschichte ihrer gräßlichen Ehe erfahren.

Ihr Mann war ein Ungeheuer und hat ihr eine Behandlung angedeihen lassen, mit deren Schilderung ich Dich nicht martern will. Sie tat mir mehr als leid, und vielleicht bin ich mit meinen Aufmerksamkeiten ein wenig indiskret gewesen, aber sei versichert, daß ich wahrhaftig nichts getan habe, was das verwunderliche Verhalten ihres Gatten gerechtfertigt hätte.

Er beleidigte mich öffentlich vor vielen meiner höhergestellten Freunde und zwang mich so zu entsprechenden Erwiderungen, und ehe ich mich's versah, hatte ich eine Duellforderung am Hals!

Das war nur fair, wenn auch zunächst ein wenig lächerlich, und Gott verzeih mir, aber ich war geneigt, das Ganze als einen Heidenspaß anzusehen, doch anschließend, glaube mir, war mir dann nicht mehr so leicht ums Herz, als meine Kugel seine Brust durchbohrte und er sterbend in die Arme seines Sekundanten sank.

Die Sache wurde mit Hilfe meiner distinguierten Freunde weitgehend vertuscht, aber ich mußte auf dem schnellsten Wege das Land verlassen und bekam von meinen Vorgesetzten in London einiges zu hören.

Zur Strafe muß ich jetzt nach St. Petersburg. Von Ernestine habe ich nichts mehr gehört, und ich kann auch nichts über sie in Erfahrung bringen. Wenn Du es über Dich bringst, einem Tunichtgut wie mir zu antworten, dann schreibe bitte an die Adresse meines Bruders, er leitet alle Post an mich weiter.

Philip fand es klüger, Roberts Brief vor Dorothy zu verstecken, er selbst aber las ihn mehrere Male, denn er war doch immer noch ein junger Mann.

Er antwortete im Frühjahr darauf, als ihm froher ums Herz war.

Wir haben einen Sohn, erklärte er unvermittelt zwischen allerlei unverbindlichem Geplauder über seine Arbeit, das Wetter und seine geliebte Landbevölkerung. *Ich habe ihn Philip Nathaniel Henry Robert genannt. Unser erstes Baby, ebenfalls ein Sohn, war sechs Stunden nach der Geburt gestorben.*

Es war der kürzeste Absatz in dem Brief, und er verriet nichts von dem erschütternden Drama in jener gnädig lange zurückliegenden Nacht vor zweiundzwanzig Monaten, als durch den dunklen Garten der unstete Schein der am Gatter schaukelnden Sturmlaternen flackerte und durch das knarrende alte Haus gedämpfte Stimmen und herzzerreißende Seufzer tönten.

In jener Nacht hatte die Kutsche des Arztes auf dem Hof gestanden, bis der graue Morgen kam und mit ihm Bitterkeit, Enttäuschung und Verzweiflung Einzug hielten.

Lange kam von Robert dem Älteren keine Antwort, dann aber traf eines Tages ein längliches Paket ein, das einen wunderschönen Stock mit Elfenbeinknauf und Quaste sowie ein Kärtchen enthielt, auf dem stand: »Für Robert den Jüngeren, in Liebe von seinem verworfenen Onkel.«

Auch für Philip lag ein kurzes Briefchen bei.

Diesen Stock schenkte mir der direkte Nachkomme des Duc de Pouilly, René de Chevreuse, dessen Vorfahr ihn von Louis XVI bekam. Ich konnte ihm in Beauvais einen kleinen Dienst erweisen, und er wollte ihn mir unbedingt schenken. Es war sein liebster Besitz.

Philip bedankte sich angemessen und hängte den Stock an die Wohnzimmerwand, wo er als Gegenstand tiefster Verehrung dreißig Jahre lang hängen blieb und einem ansonsten recht nüchternen, obwohl gemütlichen Zimmer einen Hauch von romantischem Zauber verlieh.

So hatte es angefangen, und so plätscherte der Briefwechsel gemächlich über die Jahre dahin. Philips Briefe waren gütig-beschauliche Chroniken seines stillen und nützlichen Lebens, das von besonderen Ereignissen unberührt blieb. Unter seinen Händen wurde sogar die sensationelle Geschichte auf der Cherry's Farm, die mit einem Doppelmord begann und mit Prozeß und Hinrichtung durch den Strang endete, zu einem kurzen, ausgewogenen Bericht über eine ländliche Tragödie.

Und ein sehr viel persönlicheres Unglück, der Tod des alten Küsters George in den ersten Kriegstagen, der eine tiefe Freundschaft beendete und für den Vikar von Pelham Wick auf allezeit des Frühlings Blütenweiße trübte, fand darin nicht einmal Erwähnung.

Dagegen verstand Robert seine Erlebnisse zu buntem Leben zu erwecken. Im Lauf der Jahre wurde er dadurch zu einer Legendengestalt.

Auch Ernestine avancierte zur Heldin. Ihre Tochter tauchte im Kriegs-Paris auf und wurde durch die Fürsprache ihrer Mutter und Roberts persönlichen Einfluß auf wundersame Weise vor der Hinrichtung als Spionin bewahrt. Roberts Jugend und Lebendigkeit schienen unsterblich.

Der letzte Brief von Robert, der das Pfarrhaus erreichte, kam zehn Jahre später. Noch immer leuchtete aus ihm das alte Feuer, er hatte allerdings auch immer noch etwas von dem blumigen Stil, den der Schreiber sich nie zu ändern bemüht hatte.

Hier meldet sich wieder einmal der falsche Penny, schrieb er vergnügt, *ein wenig abgegriffen, fürchte ich, aber Gott sei Dank gesund wie eh und je. Ich schreibe diesen Brief im Zug von Genf nach Hause.*

Meine Reisen haben mich diesmal nach Palästina, Rom und Prag geführt, wo ich, wie ich wahrheitsgemäß sagen zu können glaube, nützliche Arbeit geleistet habe, obschon mein

Wiener Abenteuer, wenn ich ehrlich sein soll, nicht ganz so befriedigend war. Immerhin bin ich herumgekommen und werde in ein, zwei Wochen nach Washington aufbrechen. Nicht schlecht für einen alten Knaben, wie?

Auf der Hinfahrt habe ich einen Abstecher nach Juan-les-Pins gemacht und ein paar Tage mit Ernestine in ihrer wunderschönen Villa zugebracht. Ich habe von neuem mein Herz an sie verloren. Sie ist auch mit ihren Fünfundsechzig noch eine Schönheit. Obschon ich die Pomadenjünglinge, die ihre Witwenschaft trösten (ihr dritter Mann, der Comte del Montator, ist vor zwei Jahren gestorben, wie ich Dir vielleicht schon schrieb), nicht billigen konnte, fand ich in ihr doch eine anregende Gesellschaft. Welche Lebensfreude! Welche Jugend!

Sie war so gütig, mir zu sagen, daß sie mich immer noch als jungen Mann sieht, und Gott segne sie, aber ich glaube, sie meint es ernst.

Als ich von ihr Abschied nahm, empfand ich eine sonderbare Unzufriedenheit mit meinem Leben. Vielleicht hätte ich doch seßhaft werden sollen. Ich habe gelebt, aber was habe ich nun? Keine Ehre, kein Geld, keine Gefährtin für meine alten Tage. Nur meine herrlichen Erinnerungen. Dennoch genügen mir diese in meinen lichten Momenten. Ich sagte, ich hätte gelebt; und Du weißt, das habe ich.

Drei Monate später, ehe Philip noch Zeit zum Antworten gefunden hatte, traf ein Telegramm aus Wiltshire ein.

Robert Braine im Sterben, lautete es kurz. *Würde Ihr Kommen sehr begrüßen.* Die Unterschrift lautete: *Ernestine.*

Die Nachricht löste eine Bestürzung aus, wie das Pfarrhaus von Pelham Wick sie schon lange nicht mehr gekannt hatte. Der Held lag im Sterben. Es war das Ende einer Ära, der Niedergang aller Romantik.

Während Philip hilflos dastand und Dorothy beim Packen seiner Siebensachen zusah, wurde ihm bewußt, daß er auf den

Notstand recht ungewöhnlich reagierte. Roberts Sterben berührte ihn ebenso stark, wie ihn sein Leben berührt hatte. Philip war seit zehn Jahren nicht mehr in London und noch nie in Wiltshire gewesen, und nun hatte er richtiges Reisefieber.

Er empfand auch gar nicht diese kalte Leere wie beim Tod des alten George. Roberts Tod war Stoff für eine große Tragödie: zwei Freunde, zeit ihres Lebens getrennt, doch immer noch Freunde und nun vereint an einem Totenbett. Es war ergreifend, fast erhebend.

Dorothys Augen glänzten, als sie den Koffer schloß.

»Ich bin froh, daß *sie* bei ihm ist«, sagte sie.

»Ach ja, Ernestine«, sagte Philip leise und schüttelte den Kopf.

Auf der ganzen langen Irrfahrt, die ihn auch durch die schreckliche Londoner City führte, dachte er an Robert und schämte sich dafür, daß er selbst schon so alt war. Zwei Jahre aus Roberts Erinnerungen würden einen ganzen Zeitungsteil füllen; für sein ganzes eigenes Leben hätte ein einziger Absatz genügt.

Es war dunkel, als er auf dem kleinen ländlichen Bahnhof ankam, wo ein ernst dreinblickender junger Mann ihn abholte und ihm erklärte, daß wenig Zeit blieb. Nach einer haarsträubenden Fahrt stieg er auf einem bemoosten Zufahrtsweg aus und ging zwei niedrige Stufen zu einer offenstehenden alten Rüstertür hinauf.

Während er dort noch zögernd stand, begann am anderen Ende des Flurs ein Licht zu flackern, und eine alte Frau kam ihm mit einer hoch über den Kopf gehaltenen Öllampe entgegen.

»Mr. Dell?« fragte sie in einem rauhen, respektvollen Ton, der etwas Dörfliches an sich hatte. »Kommen Sie bitte hier herein, Sir.«

Er folgte ihr in ein staubiges Studierzimmer, wo sie die Lampe auf einen Tisch stellte. Die Frau war groß und hager und hatte, nach alter Dienstboten Art, etwas Gebieterisches in ihrem Auftreten.

»Ich wollte es Ihnen nicht schon an der Tür sagen, Sir«, sagte sie, »aber er ist tot. Er ist vor einer Stunde von uns gegangen.«

Philip nickte. Fast war ihm, als hätte er damit gerechnet. Und doch bemächtigte sich seiner ein Gefühl tiefer Enttäuschung. Robert war tot. Das dramatische Wiedersehen sollte nicht sein. Die alte Haushälterin ließ es sich nicht nehmen, ihn nach oben in das überladene große Schlafzimmer mit dem riesigen Patriarchenbett zu führen, das von Büchern, Zierat und kleinen Korbtischen umstellt war.

Der alte Mann, der neben dem Bett saß, erhob sich ehrerbietig bei seinem Eintreten, und die Frau sah zu Philip.

»Das ist mein Mann, Sir«, sagte sie. »Wir haben uns fünfzig Jahre lang um unseren armen Herrn bemüht.«

Philip stutzte.

»Ich habe nur Mr. Robert gekannt«, sagte er. »Seinem Bruder bin ich nie begegnet.«

»Das wäre Mr. Richard gewesen«, bemerkte die Haushälterin sanft. »Als er starb, war ich noch ein junges Mädchen. Mr. Robert war sein Leben lang ein regelrechter Einsiedler. Ich glaube, er hat die letzten zwanzig Jahre nicht ein einziges Mal den Garten verlassen. Wir haben uns erlaubt, nach Ihnen zu schicken, Sir, weil Sie der einzige Mensch waren, dem er je geschrieben hat. Mr. Robert war ein wunderbar ruhiger und rücksichtsvoller Mensch. Früher hat er noch den Gottesdienst gehalten, aber nachdem der Pfarrgehilfe da war, hat er sich gewissermaßen in den Ruhestand begeben.«

Philip wagte kaum zu atmen.

»War Mr. Robert der Pfarrer dieser Gemeinde?« fragte er mit unsicherer Stimme.

Die Frau sah ihn verwundert an.

»Ja, gewiß, Sir«, sagte sie. »Genau wie vor ihm schon sein Vater und sein Großvater. Sie waren alle so wunderbar bescheidene Menschen. Für die Pfarrei haben sie sich immer nur wenig interessiert. Man hatte das Gefühl, daß sie mit den Gedanken meist ganz weit fort waren. Und bei Mr. Robert war es nicht anders.«

Da hatte Philip eine große Erleuchtung.

»Und Sie?« fragte er die Frau. »Sind Sie Ernestine?«

»Ja, Sir«, antwortete sie steif. »Mein Nachname war Ernest, und die Mutter unseres Herrn fand ihn unpassend für eine Frau, darum hat sie mich nach deutscher Sitte Erna genannt, und später hat der Herr dann daraus Ernestine gemacht. Als ich meinen John heiratete, waren wir schon alle daran gewöhnt... Möchten Sie das Gesicht des Herrn noch einmal sehen, Sir? Er war ein sehr alter Mann.«

»Nein«, sagte Philip rasch. »Nein, ich möchte ihn lieber so in Erinnerung behalten, wie ich ihn kannte.«

Die alten Dienstboten beugten sich dieser sehr natürlichen Bitte.

Dorothy holte Philip am Bahnhof von Norwich ab.

»Wie traurig, daß du ihn nun doch nicht mehr gesehen hast«, sagte sie. »Trotzdem bin ich froh, daß du hingefahren bist, Lieber. Und nun erzähl, hast du Ernestine gesehen?«

Philip hatte nach bestem Wissen und Gewissen noch nie in seinem Leben direkt gelogen, aber die Wahrheit ist eine anmutige Herrin und kommt in mancherlei Verkleidung daher.

»Ja«, sagte er leise. »Ich habe sie gesehen. Nur ganz kurz. Nachdem ich sie erkannt hatte, ist sie gleich gegangen.«

»Wie ist sie denn?«

Dorothys alte Augen leuchteten vor Aufregung wie bei einem Kind.

Philip legte seinen mageren Arm um sie.

»Ein Traumgeschöpf«, sagte er, »aber mir hätte sie nie genügt.«

Manche mögen's traurig

Von allen unangenehmen Menschen, denen ich je begegnet bin, gebührt wohl Mr. Walter Cough der Siegerkranz für reine Niedertracht. ·

Ich lernte ihn vor Jahren kennen, damals, als ich mir noch wie die anderen Kunststudenten, mit denen ich in einer Wabe aus malerischen, aber zugigen Ateliers mit Blick auf den Bayswater Canal hauste, mehr schlecht als recht meinen Lebensunterhalt verdienen mußte.

Wir hatten seinerzeit einen gemeinsamen Agenten, einen arbeitsscheuen jungen Mann mit rosigem Gesicht und so mittellos wie wir auch. Als er an einem trüben Freitag hereinschneite und mir sagte, wenn ich einen Briefkopf mit vier Engeln, ein paar Füllhörnern, einem Berg oder so ähnlich und dem Namen einer gewissen Firma in Rundgotisch entwerfen und bis sechs Uhr abends mit meiner Skizze bei einem gewissen Mr. Walter Cough in der Inkerman Avenue sein könne, hätte ich eine gute Chance, für meine Bemühungen gleich Bargeld mitzunehmen, setzte ich mich unverzüglich an die Arbeit.

Walter Cough gefiel mir auf Anhieb nicht, als ich ihn in seinem mit Baumwollvorhängen und Plastikblumen herausgeputzten kleinen Wohnzimmer, wo es penetrant nach aufgewärmtem Essen roch, das erstemal zu Gesicht bekam.

Nachdem er meinen Entwurf gebührend beleidigt und den Preis heruntergehandelt hatte, gefiel er mir noch weniger. Danach wurde er dann aber ganz freundlich und erzählte mir von seinem ruchlosen Gewerbe.

Ich faßte eine tiefe Abneigung gegen ihn und würde mein Werk mit einer Geste tugendhafter Empörung wieder mitgenommen haben, hätte ich nur das Geld für die Heimfahrt und zu Hause dann auch noch etwas zu essen gehabt.

So nahm ich schamrot das Geld, und er redete weiter.

Er war ein dicklicher, bleichgesichtiger Mann von vielleicht fünfundfünfzig Jahren und hatte einen salbungsvollen Ton an sich, der manchmal einem greulichen, mit Eitelkeit geölten Humor Platz machte.

Er war gerade beim Essen, als ich hinkam. Es war ein widerliches Mahl aus gekochtem Schinken, Bücklingen und Marmelade, das Ganze hinuntergespült mit großen Tassen Tee aus einer hellblauen Emailkanne.

Er bot mir nichts an, nicht einmal einen Stuhl, und ich stand vor ihm, während meine Zeichnung an einem klebrigen Marmeladenglas lehnte. Zuerst konnte er sich nicht recht entscheiden, und ich fragte mich nach dem Grund, denn es war nicht viel daran, was einem gefallen oder nicht gefallen konnte, bis mir der Gedanke kam, daß er mich vielleicht nur so lange wie möglich bei sich festhalten wollte, um jemanden zum Zuhören zu haben. Da ich die Skizze gern verkaufen wollte, ermunterte ich ihn sogar noch zum Reden.

»Sie wollten doch Ihre Geschäftsadresse nicht auch darauf haben, oder?« fragte ich aufs Geratewohl.

Er lachte leise und zwinkerte mir zu.

»Das hier ist alles, was ich an Geschäftsräumen brauche«, sagte er. »Das ist das Schöne an meinem Beruf. Und hier, das ist mein einziges Warenlager.« Er zeigte mit schwammiger Hand auf den großen Schrank in der Ecke. »Mein ganzes Sortiment befindet sich da drin. Ich mache meine Geschäfte kraft Persönlichkeit. Sie würden staunen, wie viele Einfaltspinsel es auf der Welt gibt. Jede Minute wird einer geboren, sagt Shakespeare. Schon mal von Shakespeare gehört?«

Ja, sagte ich, aber dieses Zitat sei mir nicht bekannt.

»Ich komme aus der Gosse«, fuhr er fort, wobei seine Augen mir förmlich entgegenquollen. »Das würden Sie wohl nicht denken, wenn Sie mich jetzt so ansehen, wie?«

Ich hätte es für unklug gehalten, ihm zu sagen, was ich dachte, wenn ich ihn mir ansah, und zweifellos hielt er mein Schweigen für Bewunderung, denn er nickte mir höchst selbstzufrieden zu.

»Ich habe meinen Kopf gebraucht«, sagte er. »Machen Sie mal den Schrank da drüben auf. Nur zu, machen Sie ihn auf.«

Ich tat wie geheißen, und als die Tür knarrend aufging, sah ich, daß der Schrank bis obenhin voller Gesangbücher war, so abstoßend häßlich in Rot und Gold gebunden, wie ich es noch nie gesehen hatte. Ich hielt mich damals für eine Kennerin in Sachen Buchherstellung, und als ich nun einen dieser entsetzlich schlecht gedruckten Quader aus billigstem Papier aufklappte, aus dem auch noch eine Wolke von getrocknetem Leim rieselte, war ich derart schockiert, daß ich mich um ein Haar verraten hätte.

Es war ein abscheuliches Erzeugnis. Die Buchdeckel waren grellbunt und vulgär, Kunstleder mit billigem Goldprägedruck und kleinen Blechschlössern. Sogar die abgedruckten frommen Lieder taugten nichts und waren vermutlich aus einer längst nicht mehr benutzten viktorianischen Sammlung geklaut.

»Was sagen Sie dazu?« fragte Mr. Cough. »Doch bestimmt keine Guinee wert, oder?«

»Meine Güte, nein«, entfuhr es mir unwillkürlich.

Er lachte und lud sich einen dicken Klecks Marmelade auf den Rand des Tellers, von dem er eben noch gekochten Schinken gegessen hatte.

»Aber dafür verkaufe ich sie«, sagte er. »Ich verrate Ihnen nicht, wieviel ich dafür bezahle, aber es ist weniger als ein Zehntel davon, weniger als ein Zehntel. Ich verkaufe sie halbdutzendweise.«

»An wen denn nur?« fragte ich, und meine aufrichtige Fassungslosigkeit ergötzte ihn so, daß er es mir unbedingt sagen mußte. Er legte sein Messer hin.

»Bilden Sie sich aber nicht ein, Sie könnten das auch«, sagte er. »Schlagen Sie sich das gleich aus dem Kopf, noch bevor ich anfange. Sie haben weder den Grips noch die Persönlichkeit und werden beides nie haben. Im Gegensatz zu mir. Ich verkaufe sie an Angehörige.«

»Ihre Angehörigen?«

Darüber mußte er so lachen, daß ich glaubte, er würde gleich ersticken.

»Aber nein!« rief er. »Doch nicht an meine. Ich habe gar keine Angehörigen. Sie haben ja noch weniger Grips, als ich Ihnen zugetraut hätte. Nein, ich verkaufe sie den Angehörigen Verstorbener. Jeden Morgen besorge ich mir alle Lokalzeitungen und lese in den Todesanzeigen, wer wieder alles abgekratzt ist. Dann pilgere ich zu denen nach Hause – man muß sofort hin; zu warten, bis der erste Schock vorbei ist, bringt nichts –, klopfe an die Tür und verlange den Verstorbenen zu sprechen.

Nun, und dann kommt vielleicht ein trauernder Hinterbliebener an die Tür und bringt mir die Neuigkeit bei. Ich gebe mich zutiefst betroffen und erkläre, wie unangenehm das für mich ist, weil der liebe Verstorbene gerade erst sechs Gesangbücher bei mir bestellt hat, die ich eigens für ihn habe binden lassen. Er wollte jemanden damit überraschen, sage ich.

Sie würden staunen, wie die Leute darauf hereinfallen. In neun von zehn Fällen bekomme ich mein Geld auf der Stelle. Entweder sie wollen mich nur schnell wieder loswerden, oder sie sind genau in der richtigen Stimmung. Ein Kinderspiel, wenn man weiß, wie man's macht. Aber Sie, Sie würden das in tausend Jahren nicht hinkriegen.«

»Nein«, sagte ich verzagt. »Nein, das glaube ich auch.«

Ich war über die Geschichte so entsetzt, daß ich kaum ein Wort herausbrachte.

»Manche wollen eine Quittung haben«, sagte Mr. Cough. »Dafür brauche ich diesen Briefkopf. Andere scheren sich nicht darum. Sie geben mir mein Geld, und weg bin ich. Man muß eben nur etwas von Psychologie verstehen. Ich gehe genau im richtigen Moment hin, verstehen Sie, sowie ich die Anzeige lese.«

»Sie sagen, neun von zehn?« fragte ich. »Macht denn nicht manchmal auch einer Schwierigkeiten?«

Ein nachdenklicher Ausdruck ging über sein Gesicht.

»Peinliche Momente gibt es schon mal«, räumte er nach einer Weile ein. »Aber ich bin schlau. Geistesgegenwärtig. Ich weiß, wann ich mich lieber aus dem Staub mache.

Und manchmal kommen natürlich auch Irrtümer vor. Das passiert nicht oft, aber wenn, dann erschrickt man doch ein bißchen. Ich selbst bin sehr umsichtig, aber manchmal schreibt die Zeitung einen Namen falsch, und man fragt nach dem Gatten, wenn in Wirklichkeit die Frau Gemahlin gestorben ist.«

Er war wirklich unerträglich. Wie ich ihn so betrachtete, war er für mich das widerwärtigste Subjekt, das ich im Leben je gesehen hatte, und wenn ich jetzt mit Abstand zurückblicke, bin ich eigentlich noch immer dieser Meinung.

»War Ihr Tag denn heute erfolgreich?« erkundigte ich mich voll bitterer Ironie.

»Nicht übel«, antwortete er, während er sich noch eine Tasse Tee einschenkte. »Nur eine Niete. Das war in Putney, in einem schönen alten Haus am Fluß. Ich konnte der Frau einfach nicht begreiflich machen, wovon ich redete. Jetzt im nachhinein vermute ich, daß sie wohl Ausländerin war. Ziemlich ärgerlich, denn der alte Herr, der da gestorben war – Parkinson war der Name –, schien mir nach allem, was ich in der Zeitung gelesen hatte, gut betucht zu sein. Es stand so einiges über seine Philanthropie darin.«

Ich wechselte jetzt das Thema, und wir feilschten erneut um die Zeichnung. Ich hatte sogar schon mein Geld in der Tasche, als es an die Tür klopfte und die Zimmerwirtin einen Besucher einließ. Es war ein vornehmer alter Herr, groß und hager, mit strahlenden blauen Augen, der zunächst mit einem etwas einfältigen Lächeln noch zögernd in der Tür stehenblieb.

»Entschuldigen Sie bitte die Störung«, sagte er, »aber ich möchte Mr. Walter Cough sprechen.«

Mein Gastgeber stand auf und wischte sich hastig mit einer Serviette den Mund ab. Sofort war er ganz Geschäftsmann, strahlend, freundlich, fast ein bißchen unterwürfig.

»Sehr erfreut, Sir«, sagte er. »Womit kann ich Ihnen dienen? Möchten Sie nicht Platz nehmen?«

Ich machte Anstalten zu gehen, aber Mr. Cough bedeutete mir, ich solle bleiben, und ich zog mich in eine Ecke zurück, von wo aus ich die beiden beobachten konnte. Der Fremde schien sehr angenehm berührt.

»Freut mich, daß ich Sie gefunden habe«, sagte er. »Als Mrs. Simmez mir sagte, daß ich Sie heute vormittag verfehlt hätte, war ich ja so enttäuscht. Sie sagt, Sie hätten so wunderschöne Gesangbücher, und die wollte ich doch unbedingt sehen. Oh, Verzeihung, ich habe mich noch gar nicht vorgestellt. Hier ist meine Karte.«

Er griff in sein Jackett und holte eine uralte Brieftasche hervor.

»So, da wären wir«, sagte er. »Mr. William Parkinson, Chantrey Hall, Putney. Eigentlich müßte noch der Straßenname darauf stehen, aber ich wohne dort schon so viele Jahre, daß mich jeder kennt.«

Ich warf aus dem Augenwinkel einen Blick zu Mr. Cough. Mir erschien die Sache ein bißchen faul, und nach meiner kurzen Bekanntschaft mit ihm hoffte ich sehr, daß auch er einmal auf die Nase fiel. Er wirkte ein wenig verdutzt, aber kein bißchen mißtrauisch, wie ich zu meiner Freude sah.

»Ja, ich war heute vormittag bei Ihnen«, sagte er vorsichtig. »Ein Mr. Earnshaw hatte mir gesagt, Sie wären vielleicht an dem neuen Gesangbuch interessiert, das ich gerade herausgebracht habe. Es ist ein schönes Stück und ohne weiteres sein Geld wert.«

»Ich kann mich an keinen Mr. Earnshaw erinnern«, meinte der Besucher mit nachdenklich zusammengekniffenen Augen, »aber wer das auch sein mag, er hat völlig recht. Mir ist etwas höchst Unangenehmes passiert. Eine hiesige Zeitung hat meine Todesanzeige veröffentlicht. Ich war zwar sehr krank, aber dieses Interesse an meiner Person war doch ein wenig verfrüht.

Heute bin ich nun zum erstenmal seit Wochen wieder draußen. Es gibt da so eine kleine Kapelle, für die ich mich zur Zeit sehr interessiere, und dort möchte ich heute abend gerne hingehen. Unter den gegebenen Umständen würde ich es aber für angebracht halten, dem Haus ein kleines Geschenk zu machen, und als Mrs. Simmez mir sagte, es sei jemand dagewesen, um mir Gesangbücher zu zeigen, hatte ich das Gefühl, die Vorsehung habe ihn zu mir geschickt. Mrs. Simmez konnte sich an Ihren Namen erinnern, und so habe ich Sie im Telefonbuch gefunden. Haben Sie eines dieser Bücher hier?«

Ich sah mit Genugtuung, daß Mr. Cough ein wenig geniert dreinblickte, als er das abscheuliche Buch hervorholte, aber Mr. Parkinson war keineswegs so entsetzt, wie ich es gewesen war. Im Gegenteil, er schien sehr davon angetan.

»Das alte Gesangbuch meiner Kindheit!« rief er. »Und so ein wunderschöner Einband! Das ist ja herrlich. Etwas Passenderes könnte ich mir kaum vorstellen. Ich hätte Ihnen natürlich schreiben sollen, aber die Sache ist ziemlich eilig. Darum bin ich gleich selbst gekommen. Hätten Sie davon fünfzig Stück?«

Ich glaubte, Mr. Cough werde gleich in Ohnmacht fallen.

»O ja, doch, die habe ich«, sagte er. »Sie sind allerdings recht teuer, wissen Sie, aber so ein Artikel hat eben seinen Preis.«

»Gewiß, das hat er«, sagte der alte Herr, und dabei drehte er die Scheußlichkeit so bewundernd hin und her, daß mir fast schlecht wurde.

»Eine Guinee«, sagte Mr. Cough unerschrocken.

»Wahrhaftig?« meinte der Besucher. »Nun, das ist doch für ein Geschenk nicht teuer, oder? Mal nachrechnen, das wären zusammen zweiundfünfzig Pfund und zehn Shilling. Ich denke, dafür können Sie liefern.«

»Nur zu gern«, sagte Walter Cough, aus dessen Ton ich einen Anflug von Hysterie herauszuhören glaubte. »Zu jeder Tages- oder Nachtzeit. Wann immer Sie wünschen.«

Mr. Parkinson sah kurz zu der Uhr auf dem Kaminsims.

»Halb sieben«, sagte er. »Ich brauche sie dort spätestens um acht. Sagen wir Viertel vor acht? Bringen Sie die Bücher zur Kapelle. Ich weiß nicht, kennen Sie die Baghdad Road?«

»Die finde ich schon.« Walter Cough redete ein wenig zu dienstbeflissen, so daß ich schon dachte, der Besucher müsse sein Frohlocken heraushören. Er war jedoch ein sehr alter Herr, und die Einfalt, die in seinen strahlenden blauen Augen stand, war die Arglosigkeit an sich.

»Fahren Sie mit dem Bus bis zu den Fellowship Arms in der Baghdad Road, dann sind es noch etwa hundert Meter zu Fuß«, sagte er. »Sie stoßen dort auf einen schmalen Fußpfad zwischen zwei Häusern. Wenn Sie diesen Pfad ein Stück entlanggehen, kommen Sie an ein Tor in einer Backsteinmauer. Es steht nicht offen, ist aber auch nicht zugeschlossen. Wenn Sie da hindurchgehen, kommen Sie in einen Garten. Die Kapelle sehen Sie dann sofort.

Bringen Sie die Bücher zum Seiteneingang, dort warte ich auf Sie. Es soll niemand wissen, daß dieses Geschenk von mir ist, deshalb möchte ich die Bücher gern verteilen, bevor die anderen eintreffen. Können Sie das machen? Ihr Geld gebe ich Ihnen dort. Sie möchten es gern in bar haben, ja? Also, dann bis Viertel vor acht.«

Walter Cough geleitete ihn noch mit todernster Miene zur Haustür, doch als er wiederkam, lachte er, bis er sich fast übergeben mußte. Nie wieder habe ich einen Menschen so lange und so widerwärtig lachen hören.

»Na, wie habe ich das gemacht?« rief er. »So einen gibt's nur einmal unter Millionen. So sind nicht alle. Ist das ein Witz! Das ist mir wirklich noch nie passiert. Vielleicht haben Sie ja jetzt etwas gelernt. Es ist viel Wahres am Wort des Dichters. Jede Minute *wird* ein Einfaltspinsel geboren, ein wahrer Einfaltspinsel. Und Sie können nicht behaupten, er hätte blind gekauft. Er hat die Bücher gesehen und war davon *begeistert*. Das ist das Herrliche an diesem Spiel. Ein echter Einfaltspinsel ist ein reiner Einfaltspinsel, ein Einfaltspinsel durch und durch. Er läßt sich mit Freuden hereinlegen. Er ist zufrieden. Und jetzt ab nach Hause mit Ihnen, mein Kind.«

Als ich ihn verließ, zählte er gerade die fünfzig Gesangbücher aus dem Schrank in der Ecke ab, und während ich die Straße hinunterging und nach einem Bus Ausschau hielt, war ich zutiefst verbittert.

Von Mr. Walter Cough hörte ich dann wieder am nächsten Morgen, als ich unsere Lokalzeitung aufschlug. Ein kleiner Absatz auf einer Innenseite ganz unten erregte meine Aufmerksamkeit.

TOTER MANN AUF KIRCHENTREPPE.
Interessiert las ich die Meldung: *Walter Cough, 56 Jahre alt, reisender Buchhändler aus der Inkerman Avenue, wurde gestern nacht in Putney tot auf der Treppe einer Friedhofskapelle in der Baghdad Road gefunden. Cough war fremd in diesem Viertel, und es wird angenommen, daß er einem Schlaganfall erlag. Er hatte ein großes Paket Bücher bei sich.*

Zwei, drei Tage lang ging Mr. Walter Cough mir nicht aus dem Kopf. Der Vorfall hatte bei mir einen sehr unangenehmen Nachgeschmack hinterlassen, und als ich endlich meine Neugier nicht mehr zügeln konnte, fuhr ich nach Putney und fragte mich nach Chantrey Hall durch.

Es war ein großes, altmodisches Vorstadthaus und stand für sich allein in einem großen Garten inmitten einer gottverlassenen Gegend. Ich wollte natürlich nicht gern hineingehen, trieb mich aber draußen vor der eisernen Einfriedung herum, die den Garten umgab, und sprach einen alten Mann an, der hinter der niedrigen Ligusterhecke Laub zusammenfegte.

»Entschuldigung«, sagte ich ein wenig nervös, »aber wohnt hier Mr. William Parkinson?«

Der Gärtner streckte den Rücken und sah mich interessiert und nicht unfreundlich an.

»Da kommen Sie zu spät, Miss«, sagte er. »Der ist tot.«

Ich bin wohl ziemlich blaß geworden, denn er beeilte sich, der nüchternen Mitteilung ein wenig die Schärfe zu nehmen.

»Ja, der arme Alte ist vorigen Mittwoch gestorben«, sagte er, »heute vor einer Woche. Er war ja lange krank. Unten im Pflegeheim war er. Seine Frau ist zu Verwandten gefahren, und das Haus ist jetzt schon seit Tagen unbewohnt. Da ist niemand mehr, außer Mrs. Simmez, der Haushälterin.«

Ich stand völlig ratlos da. Es war Freitag gewesen, als ich Walter Cough besuchte, und wenn Mr. Parkinson am Mittwoch gestorben war...?

»Ist er schon begraben?« fragte ich unsicher.

Er nickte. »Ja. Auf dem Friedhof in der Baghdad Road. Hunderte von Leuten waren da.«

»Das glaube ich gern«, sagte ich leise. »Er war ein großer Menschenfreund, nicht wahr?«

Mein Informant seufzte.

»Das war er«, sagte er. »Aber er war auch ein schlauer Bursche. O ja, ein ganz schlauer Bursche war er. Den hat so schnell keiner reingelegt.«

Die unsichtbare Tür

Es war London, es war heiß, und es war Sonntag nachmittag. Das Billardzimmer des Prinny's Club an der Pall Mall, den man oft als ein Mausoleum bezeichnet hat, war unverhofft zu einem solchen geworden.

Superintendent Stanislaus Oates warf noch einen Blick auf die Leiche am Boden und begrüßte Mr. Albert Campion, der soeben eingelassen worden war, mit einem leisen Fluch.

»Ich hasse Wunder!« sagte er.

Campion schlug behutsam das Tuch von dem schrecklichen Gesicht zurück.

»Unseren Freund hier wird ein solches kaum ereilt haben«, sagte er leise, und seine hellen Augen hinter der Hornbrille wurden hart. »Erwürgt? Ach ja, man sieht's – von hinten. Kräftige Finger. Scheußlich. Wer war's?«

»Ich weiß, wer es gewesen sein müßte«, knurrte Oates wütend. »Ich weiß, wer seit Monaten damit gedroht hat, aber der war nun mal nicht hier. Darum habe ich dich kommen lassen. Du liebst solchen vierdimensionalen Kram, ich nicht. Hast du beim Heraufkommen jemanden unten im Vestibül gesehen?«

»An die vierzig Polizeiexperten und zwei zutiefst erschütterte alte Herren, beide nicht mehr die rüstigsten. Wer sind sie? Zeugen?«

Der Superintendent seufzte. »Hör zu«, befahl er. »Der Club ist wegen Renovierungsarbeiten zum Großteil geschlossen. Die einzigen beiden zugänglichen Räume sind das Vestibül unten und dieses Billardzimmer hier oben. Die einzigen beiden Anwesenden sind Bowser, der Pförtner, und Chetty, ein hinkender kleiner Billardmarkör.«

»Die beiden Erwähnten?«

»Ja. Bowser war die ganze Zeit im Vestibül. Er ist in Clubkreisen eine Institution. Kennt jeden und genießt den Ruf der Unfehlbarkeit. Im Zeugenstand nicht kleinzukriegen.«

»Ich habe von ihm gehört. Er hat mich, als ich hereinkam, ausgesprochen gehässig angestiert.«

»Das ist so seine Art. Macht er bei jedem so. Hat sich, was bei so alten Galionsfiguren nicht lange ausbleibt, einige Allüren zugelegt. Immerhin ist er hier schon vierzig Jahre in Amt und Würden. Ein regelrechter alter Griesgram, vergißt aber nie ein Gesicht.«

»Muß schrecklich für ihn sein. Und der da, wer ist das?« Campion zeigte auf den weißen Tumulus zu ihren Füßen. »Nur ein armseliges kleines Mitglied?«

»Der da«, versetzte Oates trocken, »ist Robert Fenderson, der Mann, der William Merton entlarvte.«

Campion schwieg. Der Merton-Skandal, der die Verhaftung des schillernden Finanzmannes zur Folge gehabt hatte, nachdem tausend kleine Spekulanten in den Ruin getrieben worden waren, war jedermann noch frisch in Erinnerung. Als man Merton in die Zelle brachte, hatte er laute Drohungen gegen Richter, Geschworene und Zeuge ausgestoßen, und in sämtlichen Zeitungen war sein Konterfei mit dem eckigen Kinn und den glühenden Augen erschienen.

»Merton ist gestern abend aus dem Gefängnis ausgebrochen.«

»Ausgebrochen, na so was!« Campions Stirn legte sich in Falten. »War er hier mal Mitglied?«

»Bis zu seiner Verhaftung. Kennt sich hier aus wie bei sich zu Hause. Hinzu kommt, daß Fenderson heute vormittag von irgendwem die gefälschte Mitteilung erhalten hat, er solle sich heute nachmittag um drei hier mit dem Clubsekretär treffen. Der Sekretär ist aber übers Wochenende gar nicht hier und weiß nichts davon. Ich sage dir, Campion, der Fall ist klar – nur daß Merton nicht hier war, sofern er nicht durchs Fenster hereingeflogen ist.«

Campion sah zu den Fenstern, die gegen die Hitze fest verrammelt waren.

»Wieder hinausgeflogen ist er jedenfalls nicht.«

»Eben, und er hätte sich hier auch nirgends verstecken können. Bowser schwört, daß er nach dem Lunch durchs ganze Haus gegangen ist und niemanden darin angetroffen hat. Seitdem war er die ganze Zeit an der Tür. Im Lauf des Nachmittags ist nur ein einziges Mitglied hereingekommen, und das war Fenderson. Ansonsten ist keine Menschenseele über die Schwelle getreten, nur noch Chetty, der zu gebrechlich wäre, um eine Katze zu erwürgen, geschweige denn einen Mann mit einem Hals wie Fenderson. Bowser hat von seiner Loge aus die Haustür, die Treppe und diese Tür hier voll im Blick. Er bleibt dabei, daß er weder geschlafen noch irgendwann einmal seinen Platz verlassen hat. Daran läßt er nicht rütteln.«

»Hat der gestrenge Bowser vielleicht eine kleine Schwäche für Merton?«

Oates wurde ärgerlich. »Daran habe ich natürlich auch sofort gedacht«, sagte er bissig, »aber es sieht eher umgekehrt aus. Man könnte sogar unterstellen, daß Bowser ihn nicht ausstehen kann. Kurz vor dem Skandal hat Merton sich nämlich einmal über ihn beschwert. Es war irgend so ein kleinliches Gezänk – etwa wer wen zuerst zu grüßen hat, das Mitglied den Angestellten oder umgekehrt. Merton ist so einer, sehr von sich überzeugt und der geborene Menschenschinder. Bowser ist ein unhöflicher und einsilbiger alter Knochen, aber ich lege die Hand dafür ins Feuer, daß er die Wahrheit sagt. Er hat Merton heute nachmittag nicht gesehen.«

Mr. Campion sah sich in dem geräumigen Zimmer um, dessen Wände mit Queueständern und dem einen oder anderen Bücherregal dazwischen zugestellt waren.

»Wenn ich es richtig sehe, bleibt uns also nur noch der hinkende Markör«, meinte er.

»Dieser elende Dummkopf!« entfuhr es dem Superinten

denten. »Er ist uns keine Hilfe. Hat die Nerven verloren und versucht uns weiszumachen, er wäre den ganzen Nachmittag gar nicht hiergewesen. Er wohnt in der Remise hinter dem Club und erzählt uns nun, er hätte heute nach dem Lunch blaugemacht – weil er geglaubt habe, es käme niemand Billard spielen. Dabei kann man sich natürlich denken, wie es zugegangen ist. Er war hier, hat gehört, daß Fenderson nicht spielen wollte, und ist verständlicherweise wieder gegangen. Jetzt will er nur nicht der letzte gewesen sein, der den armen Kerl lebend gesehen hat. Ich habe ihm gesagt, daß er sich mit Lügen keinen Gefallen tut. Zum Teufel auch. Bowser hat ihn doch *gesehen*.«

»Und das heißt…?«

»Das heißt, daß es noch einen anderen Zugang zu diesem Zimmer geben muß, aber hol's der Henker, ich sehe keinen.« Der Superintendent ging noch einmal zu den Fenstern, und Campion sah ihm nach.

»Ich würde gern mal mit Bowser reden«, sagte er endlich.

»Gern. Tu das nur.« Oates war außer sich. »Ich habe ihn schon sehr gründlich durch die Mangel gedreht. Er ist nicht zu erschüttern.«

Campion sagte nichts. Er wartete, bis der Pförtner wenig später im Gefolge des Sergeanten, den man nach ihm geschickt hatte, hereingeschritten kam. Bowser war die Vertrauensperson, wie sie leibte und lebte, jetzt schon etwas zittrig und über Siebzig, aber noch immer eine imposante Figur mit diesem versteinerten Ausdruck in dem stolzen alten Gesicht, das vor allem durch den energischen Mund und die borstigen weißen Brauen beeindruckte. Er stierte Campion böse an und sagte kein Wort, aber sowie die erste Frage an ihn gerichtet wurde, spielte ein feines Lächeln um seine Lippen.

»Wie oft ich Chetty im Lauf meines Lebens schon in den Club habe kommen sehen, Sir? Na ja, da will ich mich nicht festlegen – muß aber einige tausendmal gewesen sein.«

»Hat er schon immer gehinkt?«

»Ja, Sir. Eine verwachsene Hüfte, die hat er schon sein Leben lang. Er kann es nicht getan haben, Sir, sowenig wie ich – wir hätten beide nicht die Kraft.«

»Verstehe.« Mr. Campion ging zu einem Bücherregal am anderen Ende des langgestreckten Zimmers, und als er kurz darauf wiederkam, hielt er etwas in der Hand.

»Mr. Bowser«, sagte er sehr langsam, »sehen Sie sich das hier mal an. Ich behaupte, es ist ein Foto des Mannes, den Sie in Wirklichkeit hier hereinkommen und wieder hinausgehen gesehen haben, als Mr. Fenderson schon hier war.«

Die Hand des Alten zitterte so sehr, daß er das Blatt kaum nehmen konnte, aber er bekam es endlich zu fassen und konnte es mit Mühe ruhig halten. Er sah es lange an, bevor er es zurückgab.

»Nein, Sir«, sagte er dann mit fester Stimme, »dieses Gesicht kenne ich nicht. Chetty ist gekommen und wieder gegangen, sonst niemand. Das ist die Wahrheit, Sir.«

»Ich glaube Ihnen, daß Sie es für die Wahrheit halten, Bowser«, sagte Mr. Campion freundlich, während in sein hageres Gesicht ein sonderbarer Ausdruck trat, aus dem vor allem Mitleid sprach. »Da hast du deine unsichtbare Tür, Oates«, sagte er leise. Der Superintendent riß das Blatt an sich und drehte es um.

»Guter Gott, was ist denn das?« fragte er. »Ein leeres braunes Blatt – hinten aus einem Buch gerissen, ja?«

Mr. Campion erwiderte seinen Blick.

»Bowser hat uns soeben gesagt, es ist ein Gesicht, das er nicht kennt«, sagte er leise. »Du siehst, Oates, Bowser erkennt keine Gesichter, er erkennt nur Stimmen. Darum stiert er die Leute so an, bevor sie etwas sagen. Bowser hat Chetty heute nachmittag nicht *gesehen*, er hat nur seinen unverwechselbaren Schritt gehört – einen Schritt, den Merton leicht imitieren konnte. Du wirst wahrscheinlich herausfinden, daß Merton damals zu Beginn des Jahres, als es diesen kleinen Ärger gab, etwas vermutet hat, was keiner im ganzen Club wußte. Wann hat das angefangen, Bowser?«

Der alte Mann stand zitternd vor ihnen.

»Ich – wollte meine Arbeit im Club nicht aufgeben müssen, Sir«, kam es kläglich aus ihm heraus. »Ich kannte alle Mitglieder an der Stimme. Meine Arbeit konnte ich nach wie vor tun. Richtig schlimm ist es auch erst im letzten halben Jahr geworden – meine Tochter holt mich abends immer nach Hause ab. Es *waren* Chettys Schritte, Sir, und ich wußte, daß er es niemals getan haben konnte.«

»Blind!« stieß der Superintendent heiser hervor. »Großer Gott! Woher wußtest du das, Campion?«

Mr. Campion ließ sich erst nach einer kleinen Weile herbei, es ihm zu sagen, und dann traute er sich kaum zu sprechen.

»Als ich das erstemal unten durchs Vestibül kam«, sagte er, »hat Bowser mich, wie ich dir schon sagte, ganz böse angefunkelt, aber als ich dann die Treppe hinaufging, habe ich ihn zu einem Konstabler sagen hören: »Noch so ein Kriminaler, wie?«

Er legte eine Kunstpause ein und schnippte mit entwaffnendem Lächeln ein imaginäres Stäubchen von seinem makellosen Ärmel.

»Da habe ich mir gleich gedacht, daß es vielleicht mit seinen Augen nicht zum besten steht – aber das soll natürlich keine Kränkung sein, beileibe nicht!«

Vogel bist du nicht

Ich kaufte den Käfig für einen Vogel, der nie kam. Mein junger Neffe hatte mir einen Papagei versprochen und aus Teneriffa geschrieben, daß dieser schon unterwegs sei. Aber eine plötzlich ausgebrochene Angst vor Psittakose sorgte im Verein mit den Behörden dafür, daß aus dem Geschenk nichts wurde.

Den Käfig hatte ich in der Zeit zwischen Peters Brief und der enttäuschenden amtlichen Mitteilung erworben und in meine Wohnung bringen lassen. Es war schon äußerlich kein ganz gewöhnlicher Vogelbauer. Ich habe eine unüberwindliche Schwäche fürs Barocke, und als ich das herrliche Scheusal, ein Mittelding zwischen einer Pagode und einem Orchesterpavillon *en miniature*, im Schaufenster meines Lieblingströdlers hängen sah, ging ich sofort in den Laden und kaufte das Ding ganz schnell, bevor die Vernunft meine Begeisterung lähmte.

In meinem Wohnzimmer fiel er noch mehr ins Auge als vorher in Robbs Trödelladen. Zum einen war er sehr groß, viel größer, als ich gedacht hatte, und nahm den runden Tisch, der in der Ecke neben dem zweiten Fenster steht, ganz für sich in Anspruch. Einen anderen Platz für ihn gab es nicht, und so blieb er eben dort stehen und nahm sich neben den nüchternen Bücherregalen und dezenten Drucken an der Wand recht seltsam aus. Ich war selbst ein wenig erschrocken.

Ich überlegte, ob ich den Käfig bis zu Pollys oder Olivers Erscheinen nicht mit meinem römischen Halstuch abdecken könnte. Vogelkäfige werden ja oft über Nacht zugehängt.

Ich mußte an diesem Abend bis kurz nach neun aus dem

Haus, aber als ich wiederkam, holte ich das Tuch hervor und breitete es über den Käfig. Einfach hinreißend, fand ich. Die leuchtendbunten Streifen waren genau das, was dieser langweiligen Ecke gefehlt hatte.

Nachdem ich den Effekt gebührend bewundert hatte, setzte ich mich an meinen Sekretär, um Fahnen zu korrigieren. Es war ein Abend im Frühherbst, und ich hatte die Fenster geschlossen, weil es draußen doch ein wenig frisch war. Der Platz vor dem Haus ist immer still, aber an diesem Abend war er mucksmäuschenstill, und kein Verkehrslärm drang über die Wipfel der Platanen, die ihre letzten Blätter in den violetten Himmel reckten, zu mir herein.

Ich hatte zwei Fahnen fertig und wollte mir die dritte vornehmen, da geschah es. Hinter mir hustete jemand.

Es war kein leises Geräusch, nichts, was man als eine Maus hinter den Fußbodenleisten oder als lockeren Fensterrahmen hätte abtun können; es war ein Husten, menschlich, persönlich und sehr laut, ein Husten von eindeutiger Zweckdienlichkeit. Ich fuhr herum, den Bleistift in der Hand. Lassen Sie mich nun gleich sagen, daß ich überhaupt nicht schreckhaft bin. Wenn ich nachts ein Geräusch höre, nehme ich mir eine Taschenlampe und sehe nach, was da los ist. So empfand ich denn, das weiß ich noch, zunächst nur Unwillen über die Störung meiner häuslichen Ruhe. Dann sah ich, daß mein Zimmer nach wie vor leer war.

Ich erhob mich beherzt. Nie hat in meiner Familie jemand an Halluzinationen gelitten, und ich war verstört. Die Sache bedurfte der Klärung.

Ich war halb durchs Zimmer und auf dem Weg zu dem anderen Fenster, um zu sehen, ob durch irgendeinen akustischen Trick ein Geräusch von draußen ins Zimmer projiziert worden sein konnte, da geschah das nächste.

»Lieb-ster«, sagte eine charmante weibliche Stimme, der man nichtsdestoweniger mehr als nur eine Spur von Gereiztheit anhörte, »*muß* das sein?«

Ich gestehe, daß ich wie versteinert dastand. Die Stimme war so nah.

»Muß«, antwortete eine Männerstimme und kicherte.

Es war das Kichern, das mich lähmte. Es war so authentisch, sofern ich diesen Ausdruck wählen darf, so überdeutlich das persönliche, individuelle Kichern eines realen Menschen, und es war unmittelbar neben meinem Ohr.

»Du Untier«, antwortete die Frauenstimme matt.

Dann ein anderer Ton, das unverkennbare Rascheln eines Gefieders. Ich starrte den bunten Buckel auf dem runden Tischchen an. Die Falten des Halstuchs bewegten sich nicht, aber darunter ertönte ein leiser Vogelpfiff, der in einer unvollkommenen Nachahmung menschlichen Niesens endete.

Mein Verstand bemächtigte sich sofort der ersten besten Erklärung, die zwar unwahrscheinlich, aber immer noch besser war als die, mit der ich mich später arrangieren mußte. Ich riß das Tuch weg und erwartete allen Ernstes, daß sich ein Wunder ereignet habe und ich in ein schwarzes Knopfauge inmitten eines boshaften grauen Kopfes blicken würde.

Zu sagen, ich sei enttäuscht gewesen, wäre eine maßlose Untertreibung. Der Bauer war noch genauso, wie ich ihn zuletzt gesehen hatte: sauber, leer und geschmacklos.

Ich stand eine Weile davor, das Tuch in der Hand. Im Zimmer war alles still und völlig normal. Das Elektrofeuer glomm warm vor sich hin.

Ich warf das Tuch auf einen Stuhl, ging in die Küche und tat etwas, was ich abends selten tue. Ich machte mir eine Tasse Tee. Über dem Spülbecken hängt ein kleiner Spiegel, in dem ich mein Gesicht sah. Der Anblick erschreckte mich so, daß ich schlagartig wieder zur Besinnung kam. Ich sah so verstört aus, als hätte ich ein Gespenst gesehen, während ich natürlich wußte, daß ich nur auf irgendeinen albernen Trick hereingefallen war.

Ich ging zu guter Letzt wieder ins Wohnzimmer, in Gedanken bei versteckten Radios und getarnten Tonbandgeräten. Ich suchte sehr gründlich, das kann man sagen, fand aber nichts. Die Wohnung war wie immer. Meine sehr schlichte Einrichtung, ein Relikt aus Studententagen, bot nicht viele Versteckmöglichkeiten.

Durch und durch erschüttert beschloß ich, sofort zu Bett zu gehen und morgen früh meinen Arzt aufzusuchen. Ich deckte das Tuch wieder über den Käfig und bückte mich, um den Elektrokamin auszuschalten.

»Aber wirklich, George! Ich könnte ja ebensogut mit einem Affen verheiratet sein...«

Die Frauenstimme, so charmant und unverwechselbar mit ihrem leichten schottischen Akzent, überraschte mich im Augenblick des Bückens, und ich stand über das Heizöfchen gebeugt und fühlte, wie sich mir die Haare aufstellten.

»Un-äffisch verheiratet«, antwortete dieselbe Männerstimme, die ich vorhin schon gehört hatte. Es war eine vergnügte Idiotenstimme, wiederum gefolgt von einem Kichern.

Diesmal endete das Lachen abrupt, und eine eindeutige Papageienstimme rief heiser: »Ich heiße John Wellington Wells«, und unmittelbar darauf folgte eine Serie schriller Pfiffe, dann ein Kuckucksruf und schließlich ein täuschend echter Schluckauf.

Bei allem Schrecken konnte ich mir, dem Himmel sei Dank, noch einen kleinen Rest von gesundem Menschenverstand bewahren, und ich richtete mich vom Kamin auf und näherte mich mit leisen Schritten dem Käfig. Kein Zweifel – die Stimmen kamen unter dem Tuch hervor.

Noch auf dem Weg dorthin hörte ich das Ding, oder wie ich es nennen sollte, wieder mit seiner gespenstischen Stimmenimitation anheben.

»George, Dar-ling...« Diesmal war es die Frauenstimme, in jeder Nuance perfekt nachgeahmt, dessen war ich sicher.

Vorsichtig hob ich das Tuch an einer Ecke hoch und spähte darunter. Ein empörtes Gackern, ein Klappern, dann Stille.

Der Bauer war leer. Nichts sah ich, nicht einmal einen Schatten.

Allein im Zimmer und mit einer Gänsehaut auf dem Rücken, machte ich jetzt ein paar Experimente. Wenn ich heute daran zurückdenke, weiß ich, daß es eine der schlimmsten Stunden war, die ich je durchlebt habe, aber ich war eine Frau von starkem Willen und wollte nicht ins Schlafzimmer gehen, bevor ich die wesentlichen Fakten herausgefunden und bewiesen hatte.

Die Materialisation, oder wie Sie es auch immer nennen wollen, fand nur statt, wenn der Käfig abgedeckt war. Mit dem Halstuch hatte es nichts zu tun, denn ein Bettlaken tat es auch. Licht spielte ebensowenig eine Rolle wie die Plazierung. Sowie der Käfig abgedeckt war, legte diese schreckliche Papageienstimme mit ihrem Idiotenspiel wieder los.

Es kamen an diesem Abend keine Stimmenimitationen mehr, nur noch Pfiffe, Buhrufe und drei im Singsang wiederholte Zeilen eines Kirchenlieds.

Schließlich gab ich mir einen Ruck. Ich ließ den Käfig unbedeckt und verbrachte eine unruhige Nacht hinter der abgeschlossenen Tür meines Schlafzimmers.

Am Tag darauf brachte ich es dann doch nicht fertig, mich jemandem anzuvertrauen. Ehrlich gesagt, hatte ich keine rechte Lust, auch nur irgendeinem Menschen diese unbeschreiblich lächerliche Geschichte zu erzählen.

Nachdem meine Zugehfrau gegangen war, holte ich, kaum wieder allein in der Wohnung, das Halstuch und deckte den Käfig ab. Diesmal passierte nichts. Im Käfig blieb es still.

Mein erstes Gefühl war unsagbare Erleichterung, gefolgt von einem Riesenzorn auf mich selbst, weil ich meine Phantasie so mit mir hatte durchgehen lassen. Abends ging ich zu einem Vortrag, noch immer ganz durcheinander von diesem Streich, den mir nur mein Gehirn gespielt haben konnte.

Als ich kurz nach zehn heimkam, hörte ich schon von der

Diele aus die beiden Stimmen. Ich blieb stehen, die Hand auf der Klinke der Wohnzimmertür, und mein Herz klopfte wie wild. Mein erster Gedanke war, wegzurennen und Hilfe zu holen, aber ich habe etwas Störrisches in meinem Wesen, was ich nur Stolz nennen kann, und so nahm ich mich schließlich zusammen, öffnete die Tür und knipste das Licht an.

Schuldbewußtes Schweigen begrüßte meine Ankunft. Das Zimmer war kalt und leer. Auf dem Tisch stand der Vogelbauer unter seiner bunten Haube. Ich schloß die Tür, und als ich auf den Tisch zuging, hörte ich deutlich dieses merkwürdig schabende Geräusch, das ein Papagei macht, wenn er seinen Schnabel am Holz seiner Sitzstange wetzt.

Ich hatte schon die Hand ausgestreckt, um das Tuch fortzureißen, als die Stimme darunter wieder zu sprechen begann. Nie werde ich dieses absonderliche Gespräch vergessen, das da wiedergegeben wurde. Zuerst die Frauenstimme, sanft, gebildet, einschmeichelnd, dann die des Mannes, leutselig schnaufend und hin und wieder von einem albernen Lachen geschüttelt.

»George, laß das – laß. Menschenskind, bleib doch einmal ernst. Sei mal ein bißchen vernünftig. Du benimmst dich nicht gerade erwachsen, Darling. Du bist nicht einmal witzig. Du bist nur albern.«

»Vielleicht stamme ich aus Albernien.« Und wieder dieses unerträgliche Gekicher.

Dann wieder die Frauenstimme, diesmal kurz vor dem Nervenzusammenbruch.

»George, wirklich, ich halte das nicht mehr aus. Was bist du für ein Esel. Geradezu kindisch. Ich sage dir, ich halte das nicht mehr aus. Diese unaufhörlichen blöden Witze sind nicht einmal halbwegs komisch. Liebster, reiß dich doch einmal zusammen.«

Kurze Stille. Dann ein Ausbruch von halb unterdrücktem Lachen.

»Hau-ruck! Hau-ruck!« sang die Männerstimme, dann ließ der Papagei, oder was es auch war, noch ein paar eigene Lachsalven los.

»Wirklich!…« Die Stimme der Frau klang nach Tränen und schien einer Hysterie gefährlich nah. »Ich halte das nicht mehr aus. Ich überlege schon seit Monaten hin und her, was ich tun könnte. Ich wußte, daß du mich noch einmal dazu treiben würdest. Meine Nerven sind am Ende, sage ich dir. Sieh mal her, George, sieh nur her, ich habe eine Pistole in der Hand. Guck sie dir an! Wenn ich abdrücke…«

»…gibt's 'nen lauten Knall«, sang die Männerstimme, offenbar nach irgendeiner Schlagermelodie.

»George, ich – ich werde…«

Dem Vogel, der die geflüsterte Erbitterung in der Stimme der Frau nachzuahmen versuchte, entwichen ein paar Pfeiftöne, deren Wirkung schaurig war.

Das Männerglucksen, das darauf antwortete, war in seiner Dämlichkeit geradezu irre.

»Ein schönes Täßchen Tee wär mir lieber«, sang die Männerstimme.

Der Schuß erschreckte mich fast zu Tode. Ich habe schon Papageien das Knallen von Korken imitieren hören und nur darüber staunen können, aber dies hier war etwas völlig anderes. Es klang genau so, wie ein Schuß klingen muß, den man übers Telefon hört. Zuerst der scharfe Knall, dann der mehrfache schwache Nachhall, und das Ganze geradezu unheimlich genau, fast übertrieben präzise nachgeahmt von diesem entsetzlichen Teufelsvogel.

Der auf den Schuß folgende Schrei war ebenfalls so überzeugend, daß sich mir die Kehle zuschnürte, aber den eigentlichen Höhepunkt des Horrors bildeten dann dieses leise, herzzerreißende Stöhnen und ein einziges geflüstertes Wort, grauenerregend in seiner Ökonomie: »Tot.«

Ich muß danach in Ohnmacht gefallen sein. Als ich wieder zu mir kam, lag ich auf dem Teppichläufer, die Hand fest um das Halstuch gekrallt, und über mir stand auf dem Tisch der riesige, reichverzierte Vogelbauer, so leer und unschuldig, wie ich ihn gekauft hatte.

Ich bekam die ganze Nacht kein Auge zu. Morgens beim Aufstehen stand mein Entschluß fest, den Käfig auf der Stelle in den Laden zurückzutragen. Die Tragödie, deren Zeugin ich auf so sonderbare Weise geworden war, ging mir nach, eine Tragödie, die durch das darin vorherrschende Element von Schmierenkomödie nur noch grausiger wurde.

Ich bin von Natur aus neugierig, aber in diesem Fall war ich fest entschlossen, keine weiteren Nachforschungen anzustellen. Ich wollte nicht wissen, wem der Bauer vorher gehört hatte. Es war mir egal. Ich wollte an dieses schreckliche Erlebnis nie mehr denken müssen.

Ich hatte sogar schon den Hut auf, als mir meine Verabredung mit Mrs. Beckwithston wieder einfiel. Sie war die Schwester des Bischofs von Mold, und wir hatten uns zwar schon öfter geschrieben, aber noch nie gesehen. Ich kannte sie als eine herzensgute Frau, ganz von ihren guten Werken in Anspruch genommen, und als sie mir schrieb, sie werde auf dem Weg nach Frankreich durch London kommen, und fragte, ob ich mich zu ungewöhnlich früher Stunde mit ihr treffen könne, hatte ich sie in meinem Antwortschreiben zum Frühstück eingeladen. Erst die hastigen Vorbereitungen, die meine Zugehfrau soeben in der Küche traf, erinnerten mich wieder daran, daß ich Besuch erwartete.

Ich ging ins Wohnzimmer und besah mir den Käfig. Ohne das Tuch darüber war er zwar ausgesprochen häßlich, aber, wie ich wußte, wenigstens harmlos. Ich fand mich also damit ab, ihn noch eine Stunde länger im Haus behalten zu müssen.

Mrs. Beckwithston war pünktlich. Kaum hatte es geklingelt, eilte ich Richtung Wohnungstür. Aber meine Zugehfrau war mir schon zuvorgekommen, und ich hörte meine Besucherin an der Tür fragen, ob ich zu Hause sei.

Ich schrie nicht auf, aber das Blut gerann mir in den Adern, und mein Gesicht wurde starr. Es war *die* Stimme. Ich hätte sie überall an ihrem Timbre und dem weich rollenden R erkannt. Da stand ich nun, zitternd und vollkommen überzeugt, verrückt zu werden. Mrs. Beckwithston, die ich so gut kannte, zumindest vom Hörensagen, war ohne jeden Zweifel die Frau, deren Rolle in einer schrecklichen Tragödie ich erst vergangene Nacht in meiner eigenen Wohnung miterlebt hatte.

Ich sah sie mit aufgerissenen Augen an. Sie hatte ein ganz alltägliches, blasses Gesicht ohne irgendwelche hervorstechenden Züge, trug nur wenig Make-up und war ganz in Schwarz gekleidet.

Es war ein schlimmes Frühstück. Ich glaube, ich habe kaum gesprochen, und wenn ich etwas sagte, klang es in meinen eigenen Ohren gequält.

Meine Besucherin war dagegen völlig gelöst. Sie plauderte nett über unsere gemeinsamen Interessen, beglückwünschte mich zu meiner Wohnung und war alles in allem der Charme in Person. Dennoch wurde ich bei jedem Wort, jeder Silbe, die von ihren sympathischen Lippen kam, an meine schaurigen Erlebnisse der letzten beiden Tage erinnert.

Als das Frühstück dann endlich fast vorbei war, klingelte es wieder an der Tür, und sie sah auf.

»Das wird mein Mann sein«, sagte sie. »Es ist Ihnen doch hoffentlich recht? Ich habe ihm gesagt, er soll mich hier abholen. Er hat unsere Tickets im Reisebüro besorgt.«

Ich fühlte, wie mir feine Schweißperlen aufs ganze Gesicht traten, und es kostete mich enorme Mühe, den Kopf zur Tür zu wenden. Die Tür ging auf. Meine Zugehfrau murmelte irgend etwas, und schon wehte mir aus der Diele dieses ganz persönliche, individuelle Kichern entgegen, das ich so gut kannte.

»Nun, meine Liebe«, wandte sich Mrs. Beckwithston an mich, »das ist also George.«

Die beiden müssen mich für verrückt gehalten haben. Das

war ich ja auch. Ich stierte den Mann an. Er war klein und rundlich und von einer nervtötenden Lustigkeit.

»Ein – äh – Täßchen Tee?« stammelte ich, als sogar ich merkte, daß die Atmosphäre ein wenig angestrengt wurde.

»Hervorragend«, dröhnte er, dann wandte er sich seiner Frau zu und streckte die Hände aus. Seine Stimme klang scherzhaft. Ich wußte genau, wie sie klingen würde, noch bevor ich sie hörte: selbstgefällig, neckisch und unsäglich albern. »Reicht mir den Trunk, Ambrosia. Und süßes Bier… aber ein hübsches Täßchen Tee tut's auch. Auf der ganzen Taxifahrt hierher habe ich darüber nachgedacht. Klingt ein bißchen netter als das Übliche, das findest du doch auch, oder nicht?«

»Darling, *muß* das sein?« fragte Mrs. Beckwithston gequält zurück – und lachte noch dabei!

Auch ich lachte, ungehemmt und ziemlich wüst, fürchte ich.

Endlich gingen sie. Der Mann verließ die Wohnung zuerst, aber seine Frau drehte sich noch einmal um.

»Sagen Sie«, begann sie, »Sie nehmen mir die Frage hoffentlich nicht übel, aber woher haben Sie diesen Vogelbauer?«

Mir rauschte das Blut in den Ohren, während ich es ihr erklärte.

»Von einem Trödler?« rief sie. »Also, dann muß er es wirklich sein. Kaum zu glauben!«

Sie ging hin und strich liebevoll über das infernalische Ding.

»Er ist es!« rief sie entzückt. »Hier an dieser Scharte im Messing erkenne ich ihn. Du liebe Güte, das freut mich aber, daß *Sie* ihn jetzt haben. Er gehörte unserem armen Johnny. Als er starb, waren wir so traurig, daß wir den Bauer einfach nicht behalten konnten. Er war so ein allerliebster Vogel. So klug! Er hat George und mich immer nachgeäfft, bis man wirklich glaubte, wir sprächen selbst. Das *muß* ich George erzählen.«

Der Mann wurde zurückgerufen, und auch er erkannte den Käfig wieder und begann sofort über das Thema Zufall zu witzeln. Da standen sie beisammen, zwei respektable erwachsene Menschen, und hielten Lobreden auf ihren toten Vogel. Unglaublich sei er gewesen, so unvorstellbar witzig. So lebensecht. So drollig. So unberechenbar.

Mrs. Beckwithston seufzte erinnerungsselig.

»Und er hat uns richtig geliebt«, sagte sie. »Er war ein echter Freund.«

Sie waren inzwischen auf der Türschwelle, und George Beckwithston sah mit traurigem Blick noch einmal zurück.

»Ach ja, der arme Johnny. Er hatte nur einen Fehler, weißt du noch, Marion?«

Mrs. Beckwithston konnte jetzt wieder lächeln.

»O ja«, sagte sie nachsichtig. »Es mag absurd klingen, so etwas über einen Papagei zu sagen, aber Johnny war wirklich halb Mensch. Nur diese eine Kleinigkeit. Er war – verzeihen Sie den harten Ausdruck, aber es gibt keinen anderen dafür – er war ein ganz entsetzlicher *Lügner*. Der Ärmste! Er ist bestimmt nicht in den Himmel gekommen.«

Einer wie der andere

Es war besonderes Pech für Mrs. Christopher Molesworth, daß ausgerechnet an dem Sonntagabend, der ihre Karriere als Gastgeberin so triumphal krönen sollte, bei ihr eingebrochen wurde.

Als Gastgeberin nahm Mrs. Molesworth Kennerschaft für sich in Anspruch. Sie erwählte ihre Gäste mit viel Bedacht und verschmähte alles, was nicht zum Erlesensten gehörte. Berühmtheit allein war noch kein Passierschein nach Molesworth Court.

Auch bloße Freundschaft trug noch nicht viele Brosamen von der Molesworthschen Tafel ein, obschon die Fähigkeit, sich angenehm zu machen und seinen Part zu spielen, möglicherweise einmal für eine Übernachtung gut war, sofern der jeweilige Held der Stunde langweilig oder schwierig zu sein drohte oder sich vielleicht langweilen könnte.

So kam auch der junge Petterboy zu der Ehre, dem großen Wochenende beizuwohnen. Er war taktvoll, ansehnlich, abstinent genug, um auch am späten Abend noch Vertrauen zu verdienen, und er sprach ein paar Worte Chinesisch.

Letzteres Verdienst hatte ihm bisher noch wenig Nutzen gebracht, höchstens auf Partys, wenn sehr junge Mädchen sich der Verlegenheit, keinen Gesprächsstoff zu haben, dadurch entledigten, daß sie sich von ihm erklären ließen, wie man in Hongkong darum bittet, daß einem jemand das Gepäck an Land trägt, oder wie man in einem Pekinger Hotel den Weg zur Toilette erfragt.

Nun aber kam ihm seine Bildung wirklich einmal zustatten, denn sie trug ihm eine Einladung zu Mrs. Molesworths größter Wochenendparty ein.

Diese Party war so erlesen, daß sie insgesamt nur sechs Personen umfaßte. Einmal waren dies die Molesworths selbst – Christopher Molesworth, der im Parlament saß, Fuchsjagden ritt und seiner Frau auf ähnliche Weise Halt bot wie ein schlichter schwarzer Rahmen einem farbenfrohen Bild.

Dann der erwähnte Petterboy, die Brüder Feison, die schon so ruhig aussahen und nur sprachen, wenn es sein mußte, und schließlich der Gast aller Zeiten, das Juwel in einer prunkvollen Sammlung, die Eroberung eines Lebens: Dr. Koo Fin, der große chinesische Wissenschaftler persönlich – Dr. Koo Fin, der Einstein des Ostens, der Mann mit der Theorie. Nachdem er aus seiner Heimatstadt Peking fortgegangen war, hatte er nur ein einziges denkwürdiges Mal sein Haus in Neuengland verlassen, um in Washington einen Vortrag vor einem Publikum zu halten, das kein Wort davon verstand. Seine Werke waren übersetzt, aber da sie sich vorwiegend mit höherer Mathematik befaßten, war dies eine vergleichsweise leichte Aufgabe.

Mrs. Molesworth hatte allen Grund, sich zu ihrem Fang zu gratulieren. »Der chinesische Einstein«, wie die Zeitungen ihn apostrophierten, war nicht gerade ein Gesellschaftslöwe. Seine Schüchternheit war sprichwörtlich, gleichfalls seine Abneigung und sein Mißtrauen gegenüber Frauen. Letzteres war auch der Grund dafür, daß auf Mrs. Molesworths Party die holde Weiblichkeit nicht vertreten war. Ihre eigene Anwesenheit ließ sich natürlich nicht vermeiden, doch wollte sie ihre züchtigsten Kleider tragen und gelobte im stillen, nur das Allernotwendigste zu sprechen. Es ist sogar ohne weiteres denkbar, daß Mrs. Molesworth, hätte sie die Möglichkeit gehabt, allein für dieses Wochenende tapfer das Geschlecht gewechselt hätte.

Sie hatte den Gelehrten auf einem sehr erlesenen Empfang im Anschluß an seinen einzigen Vortrag in London kennengelernt. Es war derselbe Vortrag, mit dem er schon Washington in Verwirrung gestürzt hatte. Dr. Koo Fin war seit seiner

Ankunft öfter fotografiert worden als jeder Filmstar. Sein Name und sein rundes chinesisches Gesicht waren bekannter als die der Hauptdarsteller im jüngsten Sensationsprozeß, und Fernsehkomiker spielten in ihren Sketchen schon auf seine große Objektivitätstheorie an.

Aber von diesem einen Vortrag und dem anschließenden Empfang abgesehen, hatte er sich noch nirgendwo anders gezeigt als in seiner streng bewachten Hotelsuite.

Wie Mrs. Molesworth es geschafft hatte, sich zu diesem Empfang einladen zu lassen, und wie sie dann dort den Gelehrten dazu brachte, eine Einladung nach Molesworth Court anzunehmen, ist eines jener kleinen Wunder, die sich von Zeit zu Zeit ereignen. Ihre Feindinnen stellten so manche niederträchtige Vermutung an, doch da die für den Ablauf des Abends verantwortlichen Universitätsprofessoren kaum durch Geld oder Liebe korrumpierbar waren, ist anzunehmen, daß Mrs. Molesworth allein kraft ihres Glaubens an sich selbst den Berg versetzte.

Das für Dr. Koo Fin vorbereitete Gästezimmer war das dritte Zimmer im Westflügel. Dieses architektonische Monstrum enthielt vier Zimmer, jedes mit einer Fenstertür zu einem gemeinsamen Balkon.

Der junge Petterboy hatte von diesen Zimmern das letzte. Es war sogar eines der besten Zimmer im ganzen Haus, hatte allerdings kein eigenes Bad, da dieses von Mrs. Molesworth, die das zweite Zimmer bewohnte, zu einem gigantischen Kleiderschrank umgebaut worden war. Es war, wie sie sagte, schließlich ihr eigenes Haus.

Dr. Koo Fin traf am Samstag wie ein gewöhnlicher Sterblicher per Eisenbahn ein. Er begrüßte Mrs. Molesworth, Christopher, den jungen Petterboy und die Feisons mit Handschlag, als wären sie ihm intellektuell ebenbürtig, und lächelte sie alle in seiner allzu chinesischen Art höflich an.

Er war auf Anhieb ein durchschlagender Erfolg. Er aß wenig, trank noch weniger, sprach überhaupt nicht, nickte jedoch anerkennend zu Petterboys holprigem Chinesisch und grunzte ein paarmal überaus charmant, wenn ihn versehentlich einer auf englisch ansprach. Insgesamt war er Mrs. Molesworths Inbegriff von einem vollkommenen Gast.

Am Sonntag morgen bekam Mrs. Molesworth sogar ein Kompliment von ihm und sah sich einen schwindelnden Moment lang bereits als die meisterwähnte Frau auf den Cocktailpartys der kommenden Woche.

Der charmante Vorfall ereignete sich kurz vor dem Lunch im Garten. Der Gelehrte erhob sich plötzlich von seinem Liegestuhl und stolzierte unter den ehrfürchtigen Blicken der ganzen Hausgesellschaft, die nichts Erzählenswertes verpassen wollte, kühn über das nächste Blumenbeet, wobei er mit der erhabenen Geringschätzung, die der wahre Träumer physischen Hindernissen entgegenbringt, Veilchen und Porzellanblümchen niedertrampelte, riß einer langen Rose an Christophers Lieblingsstrauch den Kopf ab, stapfte damit triumphierend zu Mrs. Molesworth und legte ihr die Rose auf den Schoß.

Dann kehrte er, während sie wie in Ekstase dasaß, still an seinen Platz zurück und ließ sein gütiges Auge auf ihr ruhen. Zum erstenmal in ihrem Leben war Mrs. Molesworth wahrlich hingerissen. Sie sagte dies hinterher zu etlichen Leuten.

Aber am Sonntag abend kamen dann die Einbrecher. Es war unsagbar peinlich. Mrs. Molesworth besaß einen Diamantanhänger, zwei Paar Ohrringe, ein Armband und fünf Ringe, alle in Platin gefaßt, und diese bewahrte sie in einem Wandsafe hinter einem Bild in ihrem Schlafzimmer auf. An besagtem Sonntagabend gab sie nach der Rosenszene nun alle Selbstverleugnung auf und erschien zum Dinner in voller Kriegsbemalung. Die Molesworths machten sich am Sonntag immer fein, und sie sah betörend feminin aus, ein Traum in Blau und Diamanten.

Es war von den beiden Abenden der gelungenere. Der Gelehrte legte ein bezauberndes Talent zum Bau von Kartenhäusern an den Tag und spielte sogar einhändige Etüden auf dem Klavier. Nie hatte der Mann seine schlichte Größe deutlicher gezeigt. Tief beeindruckt, geehrt und glücklich begab sich die Hausgesellschaft endlich zu Bett.

Mrs. Molesworth nahm ihren Schmuck ab und legte ihn in den Safe, den sie dann aber bedauerlicherweise nicht sogleich verschloß. Vielmehr entdeckte sie, daß sie einen Ohrring verloren hatte, und ging wieder in den Salon hinunter, um ihn zu suchen. Als sie schließlich ohne Ohrring wiederkam, war der Safe leer. Es war wirklich über alle Maßen unangenehm, und der findige Christopher, eilends aus seinem Zimmer im Hauptflügel herbeigerufen, mußte gestehen, daß er nicht weiterwußte.

Die diskret aus ihren Betten geholten Dienstboten versicherten flüsternd, daß sie nichts gehört hätten, und wiesen unangreifbare Alibis vor. Blieben also die Gäste. Mrs. Molesworth weinte, denn ein solcher Vorfall ist natürlich jederzeit schlimm genug, aber ausgerechnet bei so einer Gelegenheit war er mehr, als sie ertrug. Über eines aber war sie sich mit Christopher völlig einig: Der Gelehrte durfte davon nichts mitbekommen... nicht einmal etwas ahnen...

Somit blieben die Feisons und der unglückselige junge Petterboy. Die Feisons schieden sogleich aus. Aufgrund der Tatsache, daß in Mrs. Molesworths Zimmer der Fensterriegel aufgebrochen war, konnte man annehmen, daß der Dieb über den Balkon gekommen war; hätte also einer der Feisons von seinem Zimmer aus diesen Weg genommen, wäre er am Zimmer des Gelehrten vorbeigekommen, der bei sperrangelweit offenem Fenster schlief. Blieb also nur noch der junge Petterboy übrig. Es lag ja sozusagen auf der Hand.

Nach langer Beratung ging endlich Christopher hin, um mit ihm von Mann zu Mann zu reden, und kam nach fünfzehn Minuten erhitzt und schweigsam zurück.

Mrs. Molesworth trocknete ihre Augen, zog ihr neuestes Negligé an, stellte ihre Ängste und die Einwände ihres Mannes hintan und ging, um mit dem jungen Petterboy wie eine Mutter zu reden. Der arme Petterboy hörte nach zehn Minuten auf, sie auszulachen, wurde plötzlich zornig und verlangte, daß auch der Gelehrte gefragt werde, ob er »etwas gehört« habe. Dann vergaß er sich vollends und verstieg sich zu dem vulgären Vorschlag, nach der Polizei zu schicken.

Mrs. Molesworth geriet fast außer sich, fing sich beizeiten, entschuldigte sich indirekt und schlich verzweifelt zu Christopher und ins Bett zurück.

Die Nacht verging in großem Elend.

Am Morgen stellte der junge Petterboy seine Gastgeberin und wiederholte seine Forderung von gestern abend. Aber der Gelehrte sollte mit dem Zug um elf Uhr zwölf abreisen und Mrs. Molesworth ihn zum Bahnhof bringen. In diesem Augenblick ihres Triumphes erschienen Elvira Molesworth, der im Jahr zuvor das Cribbage-Erbe zugefallen war, die Diamanten vergleichsweise unwichtig. Sie küßte den armen jungen Petterboy sogar und sagte, es mache doch eigentlich nichts, und ob es nicht ein wunderbares Wochenende gewesen sei? Er müsse sie jedenfalls bald wieder einmal besuchen kommen.

Die Feisons sagten dem Gelehrten auf Wiedersehen, und da Mrs. Molesworth ihn begleiten sollte, verabschiedeten sie sich auch gleich von ihr. Nachdem die Formalitäten also erledigt waren, hatte ihr weiteres Bleiben keinen Sinn. Christopher begleitete sie zu ihrem Wagen und sah ihnen und dem armen jungen Petterboy nach, der in dem seinen vorausfuhr.

Während er noch auf dem Rasen stand und den scheidenden Gästen etwas lustlos nachwinkte, kam die Post. Ein Brief für seine Frau trug das Emblem des Hotels, in dem der Gelehrte wohnte, und einer jener Eingebungen folgend, die ihn zu einem so erfolgreichen Ehemann machten, riß Christopher ihn auf.

Der Brief war kurz, aber unter den gegebenen Umständen ungemein erhellend:

Hochverehrte gnädige Frau,

soeben sehe ich Dr. Koo Fins Notizen durch und stelle zu meiner Bestürzung fest, daß er Ihnen seinen Besuch an diesem Wochenende zugesagt hat. Sie werden Dr. Koo Fin gewiß verzeihen, wenn Sie erfahren, daß er nie an geselligen Veranstaltungen teilnimmt. Wie Sie wissen, nimmt seine schwere Arbeit ihn zeitlich voll in Anspruch. Es ist sicherlich unentschuldbar von mir, Sie davon nicht schon früher in Kenntnis gesetzt zu haben, doch habe ich selbst erst in diesem Augenblick von der Verpflichtung erfahren, die der Doktor eingegangen ist.

Ich hoffe, daß sein Fehlen Ihnen keine Ungelegenheiten bereitet hat und Sie ihm diesen schlimmen Fauxpas verzeihen werden

Mit dem Ausdruck meines tiefen Bedauerns verbleibe ich, verehrte gnädige Frau,

Ihr sehr ergebener

Lo Pei Fu

Sekretär

P.S. Dr. Koo Fin hätte Ihnen dies persönlich schreiben sollen, aber wie Sie wissen, beherrscht er das Englische nicht sehr gut. Er bittet mich, Ihnen seine ergebenen Grüße zu übermitteln, und hofft auf Ihre Vergebung.

Als Christopher von diesem Brief aufsah, kehrte gerade seine Frau zurück. Sie ließ den Wagen in der Einfahrt stehen und kam ihm über den Rasen entgegengeeilt.

»Liebling, war das nicht wunderbar?« rief sie, wobei sie sich mit einer Rückhaltlosigkeit, die sie ihm gegenüber nicht oft zeigte, in seine Arme warf.

»Ist etwas in der Post?« fragte sie dann, während sie sich wieder aus der Umarmung löste.

Christopher ließ den Brief, den er gerade gelesen hatte, geschickt und unauffällig in seine Tasche gleiten.

»Nichts, meine Liebe«, log er ritterlich. »Gar nichts.« Er war seiner Frau über alle Maßen zugetan.

Mrs. Molesworth legte ihre weiße Stirn in Falten.

»Liebling«, sagte sie, »nun also zu meinem Schmuck. Ist es nicht einfach gräßlich, daß so etwas gerade dann passieren mußte, als dieser reizende alte Herr bei uns war? Was machen wir jetzt?«

Christopher nahm ihren Arm unter den seinen. »Ich glaube, meine Liebe«, sagte er mit fester Stimme, »das überläßt du am besten alles mir. Es darf keinen Skandal geben.«

»Auf keinen Fall«, sagte Mrs. Molesworth, deren Augen vor Schreck ganz rund wurden. »Nein, das würde alles verderben.«

In einem Erste-Klasse-Abteil des Zuges nach London ließ ein älterer Chinese die Kollektion diverser Schmuckstücke, die er in einem großen Seidentaschentuch auf dem Schoß liegen hatte, durch seine Finger gleiten. Sein Lächeln war kindlich, sanft und ein wenig verwundert. Nach einer Weile wickelte er den Schatz wieder in das Taschentuch und ließ ihn in seine Brusttasche gleiten.

Dann lehnte er sich ins Polster zurück und sah aus dem Fenster. Die wogende grüne Landschaft war schön, die Felder bestellt und gepflegt. Der Himmel war blau, die Sonne angenehm. Ein bezauberndes Land.

Er seufzte und wunderte sich im Herzen darüber, daß es die Heimat einer Rasse von zivilisierten Barbaren war, für die, sofern nur Größe, Figur und Alter halbwegs übereinstimmten, ein Chinese so aussah wie der andere.

Sie hat's im Radio gehört

Miss Amber hatte die letzten acht oder neun Jahre vor ihrem Tod in einem düsteren, aber sehr hohen Zimmerchen an der Rückseite jenes heruntergekommenen Hauses gewohnt, in dem wir alle unsere Studentenbuden hatten.

Sie war eine dralle, stets adrette kleine Frau und so rundum glücklich und zufrieden, daß man es ihr sogleich ansah, wenn man nur schon auf der Treppe oder in der dumpfigen, ungestrichenen Diele an ihr vorbeiging.

Als ich sie kennenlernte, mochte sie knapp über Sechzig sein und verdiente sich einen kargen Wochenlohn in einer kleinen Kohlenhandlung. Es war eines jener tristen Londoner Viertel, die wohl noch aus der muffigen Heimeligkeit des vorigen Jahrhunderts übriggeblieben waren.

Jeden Abend kam sie um Viertel vor sechs in ihrem langen, im Wind flatternden schwarzen Mantel, den sie sommers und winters trug, die Straße entlanggeeilt. Meist schleppte sie dann noch drei Tüten, eine braune und zwei weiße; damit kam sie die Treppe heraufgekeucht, schloß die zerkratzte gelbe Tür auf und verschwand in ihrer Zelle, bis sie sich andern Morgens um zehn nach acht wieder auf den Weg in die Kohlenhandlung machte, drall, lächelnd und überaus zufrieden.

Sonntag morgens putzte sie ihr Zimmer und ließ dabei die Tür weit offenstehen, so daß wir im Vorbeigehen einen Blick in dieses trostlose kleine Gefängnis werfen konnten, das selbst im Sommer dämmrig war, da die kahle Mauer des Nachbarhauses viel zu nah vor ihrem Fenster stand.

Sonntag nachmittags machte sie die Tür wieder zu und ward dann bis Montag morgens um zehn nach acht, wenn sie wieder zur Arbeit ging, nicht mehr gesehen.

Wir waren lauter Kunststudenten, rund ein Dutzend, das sich über das ganze Haus verteilte, und wir waren alle sehr laut, sehr jung und traditionell arm. Miss Amber gehörte für uns einfach zum Inventar.

Ich war aus unserer Bande die erste, die sie als menschliches Wesen wahrnahm. Eine Reihe spätnachmittäglicher Lehrveranstaltungen brachte es mit sich, daß ich an zwei Wochentagen eine Stunde später als sonst aus der U-Bahn stieg und mein Heimweg mich genau in dem Moment an dem Gemischtwarenladen vorbeiführte, in dem Miss Amber mit der letzten ihrer beiden weißen Tüten dort herauskam.

Natürlich gingen wir dann zusammen weiter, und sie plauderte auf dem ganzen Weg mit ihrer sanften hohen Stimme, bei der ich immer das ungute Gefühl hatte, sie werde allzu selten benutzt.

Sie war weder abweisend wortkarg noch peinlich offenherzig, zwei bei den Einsamen dieser Welt ziemlich häufig anzutreffende Eigenschaften, wie ich seither herausgefunden habe. Sie sprach sehr ruhig und ohne jede Affektiertheit über normale Alltagsdinge und verriet ein erstaunliches Wissen auf allen möglichen Gebieten.

Ich fand ihre Gesellschaft überaus angenehm und wohltuend. Sie war eine weise Frau, aufgeklärt und doch nicht verweltlicht, intelligent, ausgeglichen und informiert. Allmählich hielt ich schon mit Vorfreude Ausschau nach ihrer adretten Gestalt.

Hin und wieder ließ ich mich verleiten, ihr das eine oder andere meiner drückenderen Probleme anzuvertrauen, und fand nicht nur eine mitfühlende Zuhörerin in ihr, sondern eine, die mir auch mit vernünftigem Rat helfen konnte, was nach meinen jungen Erfahrungen eine Seltenheit war.

Wir waren schon ein paar Monate zweimal wöchentlich gemeinsam nach Hause gegangen, ehe es mir einfiel, mich über ihre merkwürdige Zufriedenheit zu wundern, diese sonderbare, weil grundlose Erfülltheit.

Erst als sie eines Tages beiläufig erwähnte, daß sie keine Freunde oder Verwandten habe, wurde mir klar, daß sie ja nicht einmal Bekannte oder Arbeitskollegen hatte, offenbar auch nie welche gehabt hatte, und die Frau erschien mir als ein Phänomen.

Kaum war mir das bewußt geworden, ließ sie mir keine Ruhe mehr, wie alles Unerwartete mir keine Ruhe läßt, denn es weckt in mir eine heftige Neugier, die ich noch nie zu zügeln wußte.

Miss Amber redete, dachte und fühlte wie eine Frau, die ein interessantes Familienleben führte, samt Freunden, Zerstreuungen und Liebhabereien, die sie beschäftigten und ausfüllten. Dabei wußte ich, daß sie nichts von alledem hatte, auch nie gehabt hatte, soweit ich das feststellen konnte. Nun begann ich sie schamlos auszuhorchen.

Sie gab sich nicht direkt verschwiegen, aber sie war schüchtern. Eine erste kleine Ahnung dämmerte mir, als sie einmal gesprächsweise auf irgendeinen, schon drei Monate zurückliegenden Klatsch Bezug nahm. Es handelte sich da um ein ziemlich verbreitetes Gerücht, aber in den Zeitungen war darüber nicht viel erschienen, und da ich mir sehr schmeichelte, zu den informierten Kreisen zu gehören, erstaunte es mich doch ein bißchen, daß sie mehr darüber wußte als ich.

»Interessant«, sagte ich. »Woher wissen Sie das?«

Sie zögerte und runzelte die Stirn.

»Da bin ich mir nicht mehr ganz sicher«, sagte sie. »Könnte es im Radio gekommen sein?«

»Wohl kaum«, erwiderte ich lachend. Aber dieses Wort hatte mir einen Anhaltspunkt gegeben. »Hören Sie denn viel Radio? Ich habe in Ihrem Zimmer noch nie eins gehört.«

Ihr Gesicht begann zu strahlen.

»O ja, ständig«, sagte sie. »Ich habe Kopfhörer. Die sind sehr praktisch. Immer nach dem Abendessen gehe ich gleich zu Bett, setze sie mir auf und höre Radio bis zum Einschlafen. Ich wüßte gar nicht, was ich ohne mein Radio täte. Es ist so wunderbar. Dadurch bin ich jetzt nie mehr einsam.«

»Waren Sie denn vorher einsam?« fragte ich mit der brutalen Wißbegier der Sammlerin.

»O ja«, seufzte sie. »Ja, bis vor drei Jahren, als ich mein Radio bekam. Sehr einsam war ich da. Ich hatte keinen Menschen zum Reden. Nie bekam ich einmal eine andere Meinung zu hören. Das war so schlimm wie aus einem Haus ausgesperrt zu sein, verstehen Sie?«

»Und da hören Sie nun Musik und Gespräche und so weiter?« bohrte ich.

Sie mußte überlegen.

»Nicht soviel Musik«, räumte sie schließlich ein. »Von Musik verstehe ich nicht viel. Natürlich höre ich die alten Schlager. Aber Gespräche höre ich gern, und am liebsten ist mir der Ansager, der einem so allerhand erzählt.«

Ich versuchte Näheres aus ihr herauszubekommen, weil ich annahm, sie verwechsle wohl den Ansager mit irgendeinem geschwätzigen Kommentator zum Zeitgeschehen. Inzwischen waren wir am Haus angekommen, und sie hatte es eilig, ins Bett und zu ihren Kopfhörern zu kommen.

Bei unserer nächsten Begegnung setzte ich mein Verhör jedoch schamlos fort. Diesmal traf ich sie in einer mitteilsameren Stimmung an.

»Gestern abend war er so unglaublich interessant; überhaupt alle«, sagte sie. »Wirklich, das war, wie wenn man nach Hause kommt. Auch die Kinder. Kinder haben sie ja nicht oft dabei, aber diese Kinder waren so reizend. Sie haben gesungen und Gedichte aufgesagt, und hinterher konnte ich sie noch spielen hören.«

Ich glaubte zu verstehen und war sogar ein wenig gerührt, wenn ich mir vorstellte, wie diese einsame alte Frau einer Kindersendung lauschte. Dieses Bild verstärkte sie noch unwissentlich, indem sie zufrieden hinzufügte: »Und dann war es auch noch mein Konfektabend. Wie ich das genossen habe!«

Ich muß ein richtig erschrockenes Gesicht gemacht haben, denn sie errötete und mußte lachen.

»Jeden Abend gönne ich mir beim Radiohören irgend etwas Gutes«, sagte sie. »Mal eine Tasse Kakao, mal ein Konfekt, mal eine Zigarette. O ja, ich lasse es mir gutgehen. Ich genieße meine Zeit. Das sagen die einem ja auch.«

Ich sah sie verständnislos an.

»Wer?«

Sie zuckte die Achseln.

»Die Leute im Rundfunk. Nicht alle natürlich, aber manchmal sagt einer irgend so etwas Nettes dazwischen. Und kleine Rezepte geben sie einem auch. Wie man Eier auf verschiedene Arten zubereitet und dergleichen.«

Mein Eindruck von Miss Amber begann sich zu wandeln. Allmählich glaubte ich die schwache Stelle in ihrer sonst so vernünftigen und ausgeglichenen Persönlichkeit zu erkennen. Offenbar nahm sie diese Sendungen persönlich, verstand jede Bemerkung, die ein Komiker fallenließ, jeden Scherz, den ein Kommentator machte, als eine ihr allein geltende Nettigkeit. In meiner jugendlichen Unwissenheit fand ich das furchtbar traurig.

Nachdem sie einmal angefangen hatte, mit mir über ihr einziges wahres Interesse im Leben zu reden, sprach sie kaum noch von etwas anderem.

Der geheimnisvolle geschwätzige Kommentator, den sie unbeirrt »Ansager« nannte, war mit Abstand ihr Liebling. Sie schwärmte so naiv für ihn, daß es ihr selbst anscheinend etwas peinlich war, denn sie war weder eine Närrin noch eine ungebührlich rührselige alte Frau.

»So einen Sohn hätte ich mir gewünscht«, sagte sie eines Tages. »Daran hätte ich wahrlich meine Freude gehabt.«

Einmal erzählte sie mir in wenigen Worten ihre Lebensgeschichte, und die kalte, leere Tragik, die darin lag, rührte mich, erschütterte mich sogar, denn ich war jung genug, das alles zu dramatisieren.

»Ich war vierzehn Jahre verlobt«, erzählte sie. »Wir hatten nie das Geld zum Heiraten. Er war so ein lieber, guter Mann. Er hatte Angehörige zu unterstützen und wollte mich erst heiraten, wenn wir uns ein Haus leisten könnten und ein Kind. Wir wollten nämlich beide gern ein Kind haben, einen Sohn.

Als ich fünfunddreißig war, starb seine Mutter, und wir dachten, jetzt könnte es gehen, aber da kam eine Grippeepidemie, und er steckte sich an und starb auch. Also mußte ich weiter arbeiten gehen. Jahrelang habe ich mich danach so einsam gefühlt. Ich war eine Zeitlang richtig niedergedrückt. Da hatte ich so allerlei dumme Gedanken, etwa den Gashahn aufzudrehen oder etwas in der Art. Aber dann bekam ich mein Radio. Ich mußte alles dafür bezahlen, was ich besaß, drei Pfund, aber es hat mich nie im Stich gelassen, und seitdem bin ich richtig glücklich.«

Sie lächelte mich an, und ihr rundes Gesicht strahlte zufrieden, woran ich sah, daß sie die reine Wahrheit sagte.

»Das war doch ausgesprochen billig«, versicherte ich rasch. »Wo haben Sie es bekommen?«

»Ich habe es einem Mann abgekauft, der zu uns in die Kohlenhandlung kam«, sagte sie. »Er sah ja recht abenteuerlich aus. Zuerst dachte ich schon, er hätte mich betrogen, weil es überhaupt nicht funktionieren wollte, aber das kam nur daher, daß ich die Knöpfe nicht richtig eingestellt hatte. Plötzlich ging es dann, und seitdem ist es immer gegangen.«

Ich sprach mit den anderen über Miss Amber, und da wir alle noch sehr grün waren, besaß ihre Tragödie für uns eine große Faszination. Wir waren doch ganz alltägliche junge Tröpfe und machten gerade jene berüchtigte Entwicklungsphase durch, in der sich bewußte Tugend auf das unerträglichste präsentiert.

Bei billigem Chianti aus maßvollen Bechern kamen wir

überein, daß mit dieser alten Frau etwas geschehen müsse. Warum eigentlich, das weiß ich jetzt im Rückblick auch nicht mehr. Miss Amber war gewiß um einiges glücklicher als wir, zumindest war sie es viel konsequenter.

Miss Amber war sich unseres Interesses an ihrer Person glücklicherweise nicht bewußt. Sie brauchte unser Mitleid nicht und merkte auch nichts davon. Sie freute sich des Lebens auf ihre Weise.

Auf dem Höhepunkt unserer Begeisterung wurde die Idee mit dem neuen Radio geboren. Jemand meinte, ein drei oder vier Jahre altes Radio müsse nach modernen Maßstäben doch ziemlich schlecht sein, und so sammelten wir, um Miss Amber ein neues zu kaufen.

Endlich hatten wir das Geld beisammen. Es war ein handlicher Apparat, den man in der Steckdose neben ihrem Bett einstöpseln konnte. Eines Tages kamen wir dann alle früh nach Hause, bestachen die Vermieterin, uns die Tür zu Miss Ambers Zimmer aufzuschließen, und als Miss Amber von der Arbeit kam, war der Apparat angeschlossen und dröhnte durchs Haus wie eine Jahrmarktsorgel.

Ich erinnere mich bis heute an die halb stolze, halb bange Erregung, die zumindest ich empfand, wie wir da alle über dem Treppengeländer hingen und sie unten durch die Diele kommen sahen.

Ich erinnere mich auch an ihr entsetztes Gesicht, als sie merkte, daß dieser gräßliche Lärm aus ihrem kleinen Heiligtum kam. Ich sagte schon, daß sie eine gescheite, vernünftige Person war, und als sie sich umdrehte und unsere ernsten jungen Gesichter sah, unsere runden Augen und verlegenen, aber aufgeregten Blicke, spielte sie ihre Rolle einfach großartig.

»Oh, wie mich das freut!« rief sie. »Wirklich! Ich danke euch ja so sehr! Aber das hättet ihr nicht tun dürfen. Ich weiß doch gar nicht, wie ich euch dafür danken soll!«

Wir saßen den ganzen Abend stolz in unseren Zimmern, lasen unsere Bücher, malten unsere Bilder, flickten unsere Sachen, führten unsere irren Endlosgespräche und glühten vor Tugendhaftigkeit, während Musikfetzen von unten zu uns heraufdrangen.

Am nächsten und übernächsten und überübernächsten Abend ging es genauso, aber am vierten, als die meisten von uns zum Tanz gegangen waren, herrschte auf einmal Stille. Stille auch am nächsten Abend, und wir wurden unruhig. Unser Geschenk hatte wohl den Geist aufgegeben. Schließlich begab sich unser Experte in solchen Dingen, ein fröhlicher, rothaariger junger Mann namens Fry, nach unten, klopfte an und wurde nach einer kleinen Weile eingelassen. Fast augenblicklich ertönte wieder Musik, und er kam lachend heraus.

Die gute Alte habe den Sender verstellt, erklärte er, dann kehrte er in sein Mansardenatelier und zu seinen Radierungen zurück.

Das Radio spielte an diesem Abend bis Sendeschluß, aber am nächsten Abend setzte es wieder aus, und darauf folgte eine leidige Zeit, in der Fry immerzu daran herumwerkeln mußte. Er sagte, alle Frauen stellten sich bei komplizierten technischen Geräten ja ein bißchen dumm an, aber Miss Amber sei der Unverstand in Person.

Nach einer Weile begann sich bei den Hellhörigen unter uns ein unschöner Verdacht zu regen, der eines Abends auch bestätigt wurde, als Fry in mein Zimmer kam, wo wir gerade eine Versammlung abhielten.

»Wißt ihr was, die dumme Kuh mag das Ding einfach nicht«, sagte er wütend. »Sie zieht diese schrecklichen alten Kopfhörer vor. Ich habe ihr sogar angeboten, sie ihr an das neue Radio anzuschließen, aber davon wollte sie gar nichts wissen. Um ein Haar hätte sie noch geheult, die arme Irre!«

Wir machten im Grunde unsere erste Erfahrung mit Undankbarkeit, dem unausweichlichen Los aller unbeirrt Wohlmeinenden, und waren empört, denn es kränkte uns zutiefst. Zu Miss Ambers Glück hatten wir jedoch auch unseren Stolz.

Irgendwie gelangte das neue Radio dann später in Frys Atelier und wurde daraufhin verkauft.

Miss Amber versuchte sich eines Tages recht kläglich bei mir zu entschuldigen, als wir uns auf der Treppe begegneten. »Ich war so sehr an meine Kopfhörer gewöhnt«, sagte sie. »Es war richtig lieb von euch jungen Leuten, aber für mich war es einfach nicht dasselbe. Gar nicht mehr dasselbe.«

Nach dieser Episode ging das Leben im Haus weiter wie zuvor. Das Zusammenleben in unserer aufregenden Gemeinschaft zermürbte und bedrückte, belebte und erbaute uns, während Miss Amber still und stumpf vor sich hin lebte, alle Tage zur Arbeit ging und abends zurückkehrte, um bei Kopfhörern und Konfekt ihre seltsame Befriedigung zu finden.

Und eines Nachts starb sie.

Die Vermieterin fand sie in ihrem Bett. Das ramponierte alte Radio stand neben ihr, und sie hatte die Kopfhörer noch auf. Der herbeigerufene Arzt sagte, sie sei schon lange krank gewesen.

Sie hatte wenig Hab und Gut, keine Schulden und eine kleine Versicherung, die ihre Begräbniskosten deckte. Was sich an allerlei Krimskrams in ihrem Zimmer befand, ging in den Besitz der Vermieterin über.

Ein paar Wochen, nachdem Miss Amber vom Antlitz der Erde verschwunden war, als hätte es sie nie gegeben, und ihr Zimmer wieder einen Mieter hatte, rief Fry mich eines Tages in sein Atelier. Seine braunen Augen blickten schockiert und nur eine Spur belustigt.

»Hör mal«, sagte er, »die Alte war *doch* irre. Sieh dir das mal an.«

Er zeigte auf ein altes Radiogehäuse, das auf seinem unaufgeräumten Tisch stand. Es war kaum größer als eine Schuhschachtel, und die ehemals daran festgeheftete Abdeckung war mit Gewalt entfernt worden, so daß der Inhalt bloßlag. Es war nur ein großer, gewöhnlicher Ziegelstein. Der gemeine, häßliche Betrug des »abenteuerlich aussehenden«

Mannes, der Miss Ambers Kohlenhandlung besucht hatte, war endlich aufgedeckt.

Fry geriet wie immer, wenn er erregt war, regelrecht ins Stottern.

»Miss Dingsda von unten hat mich gebeten, mir das mal anzusehen«, erklärte er. »Sie schwört, Miss Amber hätte da immer ihre Kopfhörer eingestöpselt und alle möglichen Quasselsendungen mit Kochrezepten und weiß der Himmel was gehört, und das wollte sie jetzt auch mal. Ich kriegte aber keinen Ton aus dem Ding, und da hab ich es aufgemacht und das da gefunden. Sieh doch mal, sie kann überhaupt nichts gehört haben! Sie war die ganze Zeit verrückt, total verrückt!«

Ich habe damals nichts darauf gesagt, aber die Geschichte ist mir seitdem im Gedächtnis geblieben, denn Miss Amber, sehen Sie, die war nicht verrückt. Sie war die vernünftigste und glücklichste Frau, die ich je gekannt habe, und in was für eine Welt sie da hineingehorcht und woraus sie ihre durch nichts zu trübende Freude bezogen hat, darüber wage ich erst gar nicht nachzudenken.

Der Mann mit dem Sack

Ein persönlicher Brief befand sich in dem Stapel von Weihnachtskarten, die gewissenhafte Leute eine Woche zu früh auf den Weg gebracht hatten, weil sie den alljährlichen Aufruf des Postministers ein wenig zu ernst nahmen.

Mr. Albert Campion riß den Umschlag auf, und heraus fiel ein Herzensschrei von Sheila Turrett:

Liebster Albert, bitte komm Weihnachten zu uns. Es verspricht tödlich zu werden. Mutter hat so ein paar komische Ideen, und die Welkins sind gräßlich. Mike ist ein Schatz. Ich mag ihn jedenfalls, und Du wirst ihn auch mögen. Es ist Mike Peters, der Sohn von Ripley Peters, der ins Gefängnis mußte, nachdem seine Firma pleite gegangen war. Aber das ist doch nicht Mikes Schuld, oder? Jedenfalls gibt es viele Väter, die ins Gefängnis gehörten, man erwischt sie bloß nicht. Ich meine natürlich um Himmels willen nicht George (Du solltest allein schon seinetwegen kommen. Er ist wie ein Tiefdruckgebiet über den Azoren, der Ärmste, und alles nur wegen der Welkins). Ich bitte Dich ungern, Deine Zeit mit unseren Sorgen zu vertun, aber Ada Welkin ist von oben bis unten mit Diamanten behängt, und Mutter denkt wohl, Mike würde sie ihr womöglich klauen, nur weil sein Vater schon mal im Gefängnis war. Liebster Albert, wenn Du ein halbwegs netter Mensch bist, kommst Du her und stärkst uns den Rücken. Es ist ja auch Weihnachten. Deine (nur wenn Du kommst) Sheila.

PS. Ich bin in Mike verliebt.

Am Heiligabend beschloß das Wetter, sich der Jahreszeit anzupassen. In der Stadt machte ein eisiger Hochnebel den Tag zur Nacht, und die Schaufenster erstrahlten schon am frühen Morgen im traditionellen Festtagsglanz. Es war mehr als nur kalt. Die feuchte Luft drang einem unbarmherzig bis in die Knochen, und Mr. Campions Erinnerung an Pharaoh's Court, das kahl und öde inmitten von hundertzwanzig Hektar gepflügtem Lehm und dürrer Marsch stand, das Ganze so flach wie die Mündungsbucht dahinter, wurde ihm durch die Kälte nicht eben versüßt.

Der Gedanke an Sheila und ihren Vater munterte ihn wieder ein wenig auf und verdrängte fast, aber nicht ganz, die Aussicht, Lady Mae in Unruhe erleben zu müssen. Er hüllte sich in seinen dicksten Mantel und hoffte das Beste.

Auf dem Bahnhof herrschte ein fröhliches Chaos. Jeder, der über die Feiertage nicht selbst an die Ostküste fahren konnte, schickte jedenfalls Geschenke hin, und Mr. Campion, so an diesen Brauch erinnert, musterte sorgenvoll seinen Koffer und fragte sich, ob das Kistchen Zigarren für George vielleicht zu groß oder das Fläschchen Parfüm für Mae zu bescheiden war und ob Sheila noch jung genug für Pralinen war.

Er hatte bequem seinen Zug erreicht, was keine besondere Leistung war, da dieser eine dreiviertel Stunde Verspätung hatte, und nun saß er auf seinem Eckplatz und schaute müßig dem Gedränge und Geschiebe auf dem Bahnsteig zu, als er plötzlich Charlie Spring erblickte. Das Gesicht erkannte er sofort, aber der Name fiel ihm erst nach längerem Überlegen ein.

Das Gefängnis hatte Mr. Spring recht gutgetan, fand Mr. Campion, während er die breiten Schultern und den ausladenden Brustkorb des Mannes begutachtete. Vor sechs Monaten hatte er noch als ein mickriges Kerlchen vor Gericht gestanden, und das Licht von der Decke hatte auf seine flache Stirn herabgeschienen, unter der die dümmsten Augen der Welt hervorblickten.

Im Moment schien Charlie sehr mit sich zufrieden, was ein schlechtes Omen für den Rest der Menschheit war, aber das interessierte Mr. Campion jetzt nicht. Es war Weihnachten, und er hatte seine eigenen Sorgen. Allerdings nahm er aus reiner Macht der Gewohnheit Notiz von dem Mann und beobachtete, wie er ein Stückchen weiter hinten in den Zug stieg. Mr. Campion runzelte die Stirn. Er wußte doch noch irgend etwas über Charlie Spring, was ihm aber jetzt partout nicht einfallen wollte. Er rief sich das letzte und einzige Mal in Erinnerung, als er ihn gesehen hatte. Er selbst hatte da als Zuschauer im Gerichtssaal gesessen und gerade noch gehört, wie Mr. Spring wegen Einbruchdiebstahls verurteilt wurde, bevor dann sein eigener Fall aufgerufen wurde. Er erinnerte sich an den amtlich ruhigen Ton des Kriminalpolizisten, der als Zeuge aussagte. Aber da war noch etwas an dem Mann gewesen, etwas Bestimmtes und ganz Persönliches, was ihm im Hinterkopf herumspukte, aber immer wenn er dessen habhaft zu werden versuchte, entwischte es ihm. Und wie es in solchen Fällen so geht, wollte es ihm auch auf der ganzen Fahrt bis Chelmsworth nicht mehr aus dem Kopf.

Charlie hatte in Ipswich den Zug in Gesellschaft von rund hundertfünfzig Mitreisenden wieder verlassen. Mr. Campion erspähte ihn, als er raschen Schrittes an seinem Fenster vorbeiging, den Kopf gesenkt und in der Hand einen großen neuen Koffer.

Mr. Campion fiel jetzt auf, daß der Mann nicht nach seiner Gewohnheit gekleidet war.

Er glaubte sich an eine heruntergekommene, aber irgendwie auffallende Figur im schmuddeligen karierten Anzug mit rosa Hemd zu erinnern, während der ziemlich neue Mantel, den er jetzt trug, ein Muster an Gediegenheit und Unaufdringlichkeit war. Aber das, was ihm um keinen Preis einfallen wollte, hatte nichts mit modischen Fragen zu tun. Es war eine Besonderheit an dem Mann selbst, irgendein Tick, der etwas leicht Komisches an sich hatte.

Noch immer leicht irritiert, brachte Mr. Campion die restlichen fünfzehn Kilometer bis Chelmsworth hinter sich. Wenige ländliche Eisenbahnstationen bieten wenigstens im Sommer so etwas wie eine rustikale Idylle, aber Chelmsworth tat sich zu jeder Jahreszeit durch windgepeitschte Eintönigkeit hervor. Mr. Campion trat auf das schmale Betonband, das man auf einem künstlichen Damm über Dorfhöhe angelegt hatte, und füllte seine Lungen tief mit der regenschweren, salzigen Luft. Er verdaute gerade seinen ersten Schock darüber, daß ihm das alles gar nicht so reizlos vorkam, als er ein Klappern auf dem Beton vernahm und eine rostbraun gekleidete Gestalt vor ihm erschien. Er sah zwei honigbraune Augen, rote Wangen, weiße Zähne und dann, hervorstehend unter einer verwegenen Tweedmütze, an die ein Stechpalmenzweig geheftet war, eine widerspenstige rote Locke.

»Na endlich!« rief Sheila Turrett begeistert. »Los. Wir kommen Stunden zu spät zum Lunch. Die klappern daheim schon alle mit den Löffeln, wie im Wirtshaus.«

Sie hakte sich bei ihm ein und zog ihn mit sich.

»Toll, daß du kommst, du bist doch ein wahrer Held. Ich bin dir richtig dankbar, und George auch. Vielleicht kann es ja jetzt wirklich Weihnachten werden, denn bisher war es das nicht, trotz dieses Wetters. Ist das nicht herrlich?«

Mr. Campion mußte zugeben, daß eine gewisse Heiterkeit in der Luft lag, ein undefinierbarer Zauber in den graubraunen Schatten, die in endloser Folge über die flache Landschaft dahinjagten.

»Heute nacht gibt es Schnee.« Das junge Mädchen warf einen Blick zum Himmel, der aussah wie ein Federbett. »Ist das nicht einmalig? Zu Weihnachten werde ich immer richtig aufgeregt. Ich habe auch ein Geschenk für dich. Hast du eins für mich?«

»Ich bin euer Gast«, antwortete Mr. Campion würdevoll. »Ich habe eine Tafel Schokolade für dich, aber damit will ich dich am Weihnachtsmorgen überraschen.«

Sheila stieg in den Wagen. »Außer Diamanten wird alles gern genommen«, erklärte sie munter. »Ada Welkin kriegt Diamanten im Wert von zwölftausend Pfund, die sollen einen Hals schmücken, der einem Krokodil Schande machen würde. Klingt leider sehr gehässig, aber seit sie hier ist, kriegen wir diese Diamanten bei jeder Mahlzeit aufgetischt.«

Mr. Campion setzte sich neben sie in den Wagen.

»O je«, meinte er, »und ich hatte mich so auf eine fröhliche Weihnacht gefreut; Friede, Freude und so weiter. Dorfkinder schmettern fromme Lieder, daß ihnen die Lungen und allen anderen die Trommelfelle platzen, und ich sitze da und lausche, den Bauch zum Bersten voll mit unverdaulichen Leckereien.«

Sheila lachte. »Deine lieben Dorfkinderlein sollst du haben«, sagte sie. »Nicht einmal Ada Welkin konnte Mutter die jährliche Weihnachtsfeier auf Pharaoh's Court ausreden. Du wirst gerade noch Zeit haben, deinen Lunch auszuschlafen und ein Täßchen Tee zu schlürfen, dann wird im Musiksalon jede Hand benötigt. Schließlich wollen auch die Mütter unterhalten werden.«

Mr. Campion rückte mit einem leisen Seufzer seine Brille zurecht.

»Stimmt, ich erinnere mich wieder«, brummelte er. »George hat es einmal erwähnt. Alte Tradition, wie?«

»Mehr oder weniger«, antwortete Sheila abwesend. »Mutter hat sie vor ein paar Jahren wieder ausgegraben und ein bißchen modernisiert. Jetzt gibt's Tee unterm Weihnachtsbaum und einen Nikolaus, der die Geschenke verteilt.«

Die Vorstellung schien sie zu bedrücken, denn sie versank in ein mißmutiges Schweigen, während der Wagen über die trockenen, sturmgepeitschten Straßen jagte.

Mr. Campion betrachtete sie heimlich von der Seite. Er fand, daß sie zu einem richtig hübschen Mädchen herangewachsen war, und hoffte, daß der Sohn des Bankrotteurs die Sorgen wert war, die er von ihrer Stirn ablas.

»Wie steht's denn um den jungen Mann mit dem unseligen Vater?« erkundigte er sich vorsichtig. »Ist er zur Zeit auch auf Pharaoh's Court?«

»Mike?« Sie lebte sichtlich auf. »Klar. Er ist schon fast die ganze Woche da. George hat ihn richtig gern, und einen himmlischen Moment lang hatte ich schon gehofft, er könnte auch bei Mutter das Eis brechen, aber das war, bevor die Welkins kamen. Seitdem ist natürlich alles nicht mehr so einfach. Die sind auch noch einen Tag zu früh gekommen, typisch. Zwei Tage sind sie jetzt schon da. Der Sohn ist das größte Ekel, der Alte steht ihm kaum nach, und Ada ist gräßlich.«

»Die Ärmsten«, meinte Mr. Campion nachsichtig.

Sheila aber lächelte nicht.

»Du wirst es sowieso gleich merken, wenn du Ada siehst«, sagte sie, »also kann ich es dir auch gleich sagen. Sie sind sagenhaft reich, und Mutter hat die Ziegenhirtin gespielt, das muß man einfach zugeben.«

»Die Ziegenhirtin?«

Sheila nickte ernst.

»Ja. Das machen doch viele Damen der Gesellschaft. Sicher hast du so etwas auch schon in den Kleinanzeigen gelesen: *Adlige Dame chaperoniert junges Mädchen oder arrangiert Partys für reifere Frau.* Oder: *Lady X bietet Saisonbetreuung.* Was mit anderen Worten heißt, daß Lady X bereit ist, gegen ein sattes Honorar irgendeine Ziege mit gesellschaftlichen Ambitionen durch die Salons zu schleppen. Es ist gräßlich, aber auf diese Weise ist Mutter wohl zunächst an Ada geraten. Sie hat doch irgendwann einmal soviel beim Bridge verloren. George ahnt natürlich nichts davon, der Arme – und er darf es auch nicht erfahren. Es wäre ein Schock für ihn. Wie er sich jetzt die Welkins erklärt, weiß ich auch nicht.«

Mr. Campion sagte nichts. Es sah Mae Turrett ähnlich, ihre Sünden der Familie aufzuladen. Sheila schnatterte weiter.

»Die anderen haben wir vorher nie zu Gesicht bekommen«, berichtete sie atemlos. »Während der Saison hat Mutter zwei Partys für Ada gegeben, und sie haben eine Loge in der Oper abonniert, damit Ada ihre Diamanten zeigen konnte. Warum sie dann plötzlich die Männer mit einbeziehen mußten, habe ich auch nicht begriffen, bevor sie kamen. Aber dann wurde es mir ekelhaft klar.«

Mr. Campion spitzte die Ohren.

»Weil es so schön wäre, wenn die lieben Kinderchen einander kennenlernen könnten?« meinte er.

»So ungefähr.«

Mr. Campion seufzte tief.

Sheila nahm eine rechtwinklige Kurve. Ihre Stirn war gerunzelt, ihr Blick nachdenklich.

»Nur damit du dir schon mal ein Bild von Kenneth Welkin machen kannst«, sagte sie. »Es ist so unbedeutend und lächerlich, daß ich mich fast geniere, es dir zu erzählen, aber es ist eben bezeichnend. Wir mußten uns ganz schön anstrengen, die Welkins bei Laune zu halten. Als Mike und ich dann heute früh letzte Hand an die Dekoration anlegten, haben wir Kenneth gebeten, uns zu helfen. Da gab's dann so eine dumme Geschichte mit dem Mistelzweig. Kenneth hatte unbedingt bestimmen müssen, wo er hängen sollte, und ging uns schon ein bißchen auf die Nerven, aber dann fing er auch noch mit diesem Quatsch an. Ich habe ja nichts gegen einen Kuß unter dem Mistelzweig, aber – es kommt eben auch auf das Wie an, meinst du nicht?«

Um das zu unterstreichen, trat sie so heftig aufs Gaspedal, daß Mr. Campion, sonst kein ängstlicher Mann, sich an der Wagentür festhielt.

»Entschuldigung«, sagte Sheila, dann erzählte sie weiter. »Als ich mich nach einer kleinen Weile befreien wollte und er einfach nicht losließ, hat Mike auf einmal die Wut gekriegt und ihm gesagt, er soll sich gefälligst benehmen, sonst bekommt er eine Tracht Prügel. Es war im Grunde furchtbar lächerlich, aber es hätte doch dann erledigt sein können, vorbei und vergessen, wenn Kenneth nicht eine Szene gemacht hätte. Zuerst sagt er, so läßt er nicht mit sich reden, dann hat er auf Mikes Vater angespielt, was wirklich unverzeihlich war. Ich dachte schon, sie würden sich prügeln. Aber da kam plötzlich Mutter mit einem Nikolauskostüm hereingeflattert, sah Mike an und sagte: ›Sie sollten das mal anprobieren, Lieber, ich möchte doch, daß Sie heute nachmittag echt aussehen.‹ Und bevor er darauf noch etwas antworten konnte, mischte Kenneth sich ein. Er zog ein Gesicht wie ein verwöhnter Balg, wutrot, und sagte: ›Ach, ich wußte gar nicht, daß *Sie* den Weihnachtsmann spielen sollen.‹«

Sheila Turrett holte kurz Luft, ihre Augen waren groß.

»Kannst du dir so etwas Idiotisches vorstellen?« fuhr sie fort. »Mike hatte sich gleich nach seiner Ankunft für die Rolle angeboten, nur weil er sich nützlich machen wollte. Er sah es als lästige Pflicht an, wie jeder andere. Daß sich einer darum reißen könnte, auf die Idee wäre er nie gekommen. Ich glaube, sogar Mutter hat sich gewundert. Aber sie hat nur gelacht und gemeint: ›Machen Sie das untereinander aus‹, und schon war sie wieder draußen und ließ uns drei stehen. Kenneth nahm das Kostüm in die Hand. ›Das ist von Harridge‹, sagte er. ›Meine Mutter war dabei, als Lady Mae es gekauft hat. Und ich meine, sie hätten da verabredet, daß ich es tragen soll.‹«

Mr. Campion lachte. Er kam sich sehr alt vor.

»Ich nehme an, daraufhin hat Master Michael vornehm verzichtet, und nun wird Master Kenneth den Nikolaus spielen?« meinte er.

»Hm, nicht direkt.« Sheilas Stimme klang jetzt ein wenig verlegen. »Weißt du, Mike war doch immer noch wütend, und da hat er sich plötzlich stur gestellt. Meine Mutter habe ihn gebeten, die Rolle zu übernehmen, sagte er, und er werde sie übernehmen. Ich dachte schon, sie würden sich richtig darum streiten, was ja nun wirklich albern gewesen wäre, aber in dem Moment passierte das Idiotischste überhaupt.

Der alte Mr. Welkin, der wie gewöhnlich herumgeschlichen war und die Ohren gespitzt hatte, kam herein und sagte zu Kenneth, er solle Mike ›den Vortritt lassen‹ – wörtlich, genau in dieser Formulierung! Es klingt jetzt völlig verrückt, wenn ich dir das so erzähle, aber eigentlich ist Mike ein Schatz.«

Mr. Campion glaubte eine gewisse Wehmut in diesem letzten Satz zu hören und runzelte die Stirn.

Pharaoh's Court wirkte lieblich und einladend, als sie ein paar Minuten später dort vorfuhren. Das alte Haus hatte den Geist der Jahreszeit erfaßt, und Mr. Campion trat aus einer kalten, grauen Welt hinein in eine Eingangshalle, in der ein Kaminfeuer seinen Schein auf die glänzenden Blätter der Stechpalmen warf, die als Girlanden um die geschnitzten Deckenbalken gewunden waren.

George Turrett, grauhaarig und pausbäckig, erwartete sie. Er schüttelte dem Besucher herzhaft die Hand. »Freut mich so, daß du gekommen bist, Campion«, sagte er leise. »Freut mich teuflisch.«

Es war ihm so sichtlich ernst damit, daß Sheila ihn gleich umarmen mußte.

»Nicht wahr, ein menschliches Antlitz in der Wüste«, meinte sie.

Sir Georges schuldbewußter Widerspruch wurde dadurch abgeschnitten, daß man Mr. Campion auf sein Zimmer führte.

Als er kurz darauf wieder herunterkam, sah er die Uhr. Sie sprang ihn regelrecht an, als er auf dem Flur um eine Ecke bog und er sie dort auf einem Wandtischchen stehen sah. Bei aller Eile mußte er doch erst einmal davor stehenbleiben. Mae Turrett genoß einen gewissen Ruf für stilvolle Einrichtungen, aber große Landhäuser haben es an sich, daß sich in ihnen allerlei Krimskrams ansammelt, mögen die jeweiligen Besitzer noch so rigoros in ihrem Geschmack sein.

Nun war Mr. Campion normalerweise nicht empfindlich gegenüber ästhetischen Ungeheuerlichkeiten, aber vor diesem mittviktorianischen Barockwerk verharrte er in ehrfürchtigem Staunen. Auf einem vergoldeten Baumstamm, dessen eines Ende ein blauweißes Zifferblatt aus Email bildete, saß eine ratlos dreinblickende Bronzedame in einem Nachthemd aus rosa Marmor. Noch während er fassungslos vor dem Monstrum stand, begann dieses laut und aggressiv zu schlagen.

Er ging weiter, und als er ins Speisezimmer trat, hatte er die Uhr schon wieder vergessen. Mae Turrett kam ihm mit affektierten kleinen Freudenschreien entgegengesprungen, die er als Äußerungen des Entzückens verstand.

»*Lieber* Albert!« rief sie atemlos. »Wie wunderschön, daß du hier bist! Sind wir nicht in wahrer Feststimmung? Der Gärtner hat mir versichert, daß es heute nacht schneien wird, er hat es mir geradezu versprochen. Es gibt doch nichts Schöneres als eine echte alte Familienweihnacht, findest du nicht auch? Wir hier ganz unter uns… ach, ist das schön! Und nun muß ich dich mit meiner ganz lieben Freundin bekannt machen: Mrs. Welkin – Mr. Campion.«

Campions Blick fiel auf eine stattliche Matrone mit schlaffer Haut und dummen Augen, die ihn kurz ankicherte und wieder wegsah.

Es war alles andere als ein vergnüglicher Lunch. Sogar Lady Turretts kultiviertes Geplauder kam hin und wieder ins Stocken. Immerhin hatte Mr. Campion ausgiebig Gelegenheit, sich die Fremden anzusehen, über die er schon soviel zu hören bekommen hatte.

Mike Peters war ein kerniger, wortkarger junger Mann mit energischem Kinn und einem kurz angebundenen Lächeln. Man sah ihm an, daß er wußte, was er wollte, und seine Ziele beharrlich verfolgte. Mr. Campion wünschte ihm unwillkürlich Glück dabei.

Nun kann allzuviel Kritik vor dem Kennenlernen ja leicht ihren Zweck verfehlen, und Mr. Campion war durchaus bereit gewesen, die Welkins als nette, aber leider verkannte

Leute zu sehen, runde Bauklötze in einem allzu quadratischen Loch. Aber er irrte. Kenneth Welkin, ein junger Mann mit rosigen Wangen und zornigem Blick, saß neben Sheila und schmollte während der ganzen Mahlzeit. Er richtete nur ein einziges Mal das Wort an Mr. Campion, indem er ihn nach seiner Automarke fragte, und äußerte über die erhaltene Antwort lautes Mißfallen.

Näheres Hinsehen zerstreute auch nicht den ersten Eindruck, den Mr. Campion von Mrs. Welkin gehabt hatte, aber ihr Gatte interessierte ihn. Edward Welkin war ein Mann von imposanter Figur, und man hätte sein Gesicht distinguiert nennen können, wären da nicht die Augen gewesen, die allzu verschlagen dreinblickten, dazu sein allzu grober Mund. Er verhielt sich auffallend anders gegenüber der Gastgeberin als seine Frau, die vor ihr kroch, oder als sein Sohn, der verlegenen Abstand hielt. Vor allem merkte man ihm an, daß er sich hier völlig fremd fühlte. George Turret hielt er offensichtlich für einen Trottel und Lady Turrett für eine Frau, die seiner Gemahlin bisher fürs Geld etwas geboten hatte. Allen anderen begegnete er mit erhabener Gleichgültigkeit.

Sein Tweedanzug war von bester Altherrenqualität, aber das wurde wieder zunichte gemacht durch den befremdlich vielen Schmuck, den er zu tragen beliebte. Er hatte gleich zwei Siegelringe an den Fingern, einen Achat und einen Saphir, dazu trug er eine riesige juwelenbesetzte Krawattennadel, und aus seiner Westentasche ragten ein Füllfederhalter aus Gold und Onyx sowie ein ebensolcher Bleistift hervor, beide in einem grellgrünen Lederetui und jeweils so dick und rund wie sein Zeigefinger. Man hätte sie auf den ersten Blick für die Insignien irgendeines obskuren Ordens gehalten.

Kurz bevor die Tafel aufgehoben wurde, ließ Mrs. Welkin ein Räuspern vernehmen.

»Da Sie doch heute nachmittag so viele Dorfbewohner im Haus haben, Mae, sollte ich es vielleicht lieber nicht tragen, was meinen Sie?« fragte sie kichernd und mit einem Seitenblick zu Mr. Campion.

»Was sollten Sie nicht tragen, meine Liebe?« fragte Lady Turrett abwesend, woraufhin Mrs. Welkin gekränkt schien.

»Das Collier«, sagte sie andächtig.

»Ihre Diamanten? Meine Güte, nein, die passen doch nicht!« Das war ihr unbedacht herausgerutscht, aber im nächsten Augenblick hatte ihre Ladyschaft sich selbst und die Situation wieder im Griff. »Ziehen Sie etwas ganz Schlichtes an«, sagte sie mit aufgesetztem Lächeln. »Ich denke, wir haben alle ein hartes Stück Arbeit vor uns. Mike, Sie wissen genau, was Sie zu tun haben, ja? Kurz vor dem Ende, also unmittelbar bevor die Leute nach Hause gehen, ziehen Sie das Kostüm an und kommen in das kleine Vestibül hinter dem Podium. Sie gehen schnurstracks zum Baum und schneiden die Geschenke ab, und wir übrigen stehen drum herum, um sie in Empfang zu nehmen und an die Kinder zu verteilen.«

Mrs. Welkin schmollte. »Und ich hätte es so gern getragen«, sagte sie weinerlich. »Wenn Sie aber meinen, daß es nicht sicher ist...«

»Mutter hat nichts von Sicherheit gesagt, Mrs. Welkin«, mischte Sheila sich in scharfem Ton ein. »Sie findet es nur unpassend.«

Mrs. Welkin wurde zornrot.

»Sie sind nicht sehr höflich, junge Dame«, sagte sie. »Und wenn schon von ›passend‹ oder ›unpassend‹ die Rede ist, was ist denn bitte ›passend‹ daran, daß Mr. Peters jetzt den Nikolaus spielen soll, nachdem es Kenny versprochen wurde?«

Das Gemisch aus verquerer Logik und kleinlichem Groll schreckte alle auf. Sir George sah hilflos zu seiner Frau, Kenneth Welkin warf seiner Mutter einen wütenden Blick zu, und Edward Welkin beendete den Streit, ohne ihn beizulegen.

»Genug jetzt«, sagte er mit Donnerstimme. »Das ist alles

geregelt, Ada. Ich will von euch beiden nichts mehr zu diesem Thema hören.«

Man verließ erleichtert die Tafel. Sir George zupfte Campion am Ärmel.

»Zigarre – Bibliothek«, murmelte er leise, bevor er sich verdrückte.

Mr. Campion folgte ihm.

Die Bibliothek war weihnachtlich geschmückt, und als Mr. Campion es sich in einem Ohrensessel vor dem Holzfeuer bequem machte, um sich liebevoll der Spitze einer *Romeo y Julieta* zu widmen, fühlte er endlich wieder den Geist der Weihnacht einkehren.

Sir George sorgte sich um das Glück seiner Tochter.

»Der junge Peters gefällt mir«, sagte er ernst. »Für seinen Vater kann er ja nichts.«

Mr. Campion gab ihm recht, und der Ältere fuhr fort.

»Mike ist Ingenieur«, sagte er, »und kommt in seinem Beruf allmählich voran, und Sheila hat ihn anscheinend sehr gern, aber Mae spricht von erblicher Unredlichkeit. Es könnte etwas hängengeblieben sein. Was meinst du dazu?«

Mr. Campion kam nicht mehr dazu, auf diese nicht sehr wahrscheinliche Theorie einzugehen. Vor der Tür gab es Unruhe, und gleich darauf kam Mr. Welkin senior in Begleitung einer aufgeregten Dame herein. George erhob sich und streckte die Hand aus.

»Miss Hare!« rief er. »Wie schön, daß Sie kommen. Sie sind auf Ihrer alljährlichen Barmherzigkeitsrunde?«

Miss Hare lachte. Sie war eine stattliche Dame und neigte zu rauher Herzlichkeit.

»Ich komme mal wieder betteln, wenn Sie das meinen, Sir George«, antwortete sie fröhlich. Dann nickte sie Mr. Campion zu, als wären sie einander soeben vorgestellt worden, und fuhr fort: »Ich komme jedes Jahr zu Weihnachten vorbei, um für meine alten Mütterchen zu sammeln. Vier sind's, die im Altersheim neben der Kirche wohnen. Ich hätte nur gern einen Shilling oder zwei, damit ich ihnen zu Weihnachten eine Kleinigkeit außer der Reihe kaufen kann. Viel brauche ich nicht. Nur einen Shilling oder zwei.«

Sie schlug in ihrem Notizbüchlein nach.

»Letztes Jahr haben Sie zehn Shilling gegeben, Sir George.«

Er zahlte die geforderte Summe, und Mr. Campion griff in seine Tasche.

»Zwei, drei Shilling sind mehr als genug«, sagte Miss Hare aufmunternd. »Oh, das ist sehr lieb von Ihnen. Ich kann Ihnen versichern, daß es nicht zum Fenster hinausgeworfen wird.«

Sie nahm die Münze und wollte sich gerade an Welkin wenden, als dieser schon vortrat.

»Wenn ich so etwas mache, dann richtig«, sagte er. »Hat jemand was zum Schreiben hier?«

Er zückte ein Scheckheft und nahm dabei unaufgefordert an Georges Schreibtisch Platz.

»Aber nein«, protestierte Miss Hare. »Nein, wirklich, Sie dürfen das nicht falsch verstehen. Es soll nur für eine Kleinigkeit außer der Reihe sein. Ich bekomme meist nur lauter Sixpence.«

»Hat jemand was zum Schreiben hier?« wiederholte Mr. Welkin.

Campion blickte auf die protzige Schreibgarnitur in des Mannes eigener Westentasche, aber ehe er ihn darauf hinweisen konnte, hatte George ihm bereits ergeben seinen Füllfederhalter hinübergereicht.

Mr. Welkin stellte einen Scheck aus und gab ihn Miss Hare, ohne ihn vorher auch nur abzulöschen.

»Zehn Pfund?« rief die erschrockene Dame. »Nein, wirklich...!«

»Unsinn. Schnell einstecken und weg damit.« Mr. Welkin gab ihr einen leutseligen Klaps auf die Schulter. »Es ist doch Weihnachten«, sagte er mit einem Seitenblick zu George und

Campion. »Zu Weihnachten soll man auch mal was Gutes tun – wenn man's sich leisten kann.«

Miss Hare sah hilflos in die Runde.

»Das ist – sehr freundlich von Ihnen«, sagte sie, »aber zwei, drei Shilling wären mehr als reichlich gewesen.«

Sie flüchtete, und Welkin warf Georges Füllfederhalter auf den Schreibtisch.

»Das ist so meine Art«, erklärte er.

George hüstelte, und sein Blick bekam etwas sehr Abwesendes.

»Ja – äh – das sehe ich«, sagte er und setzte sich wieder. Welkin ging.

Weder Mr. Campion noch sein Gastgeber sprachen weiter über den Vorfall. Campion runzelte die Stirn. Jetzt hatte er an zwei unbedeutenden Problemen zu kauen. Das eine war die Sache mit Charlie Spring und was er über ihn wußte, aber vergessen hatte, das andere eine Merkwürdigkeit an Mr. Welkin, die ihn vor ein großes Rätsel stellte.

Das Kinderfest auf Pharaoh's Court dauerte für Mr. Campions Gefühl schon fast zwei Wochen. Es war inzwischen halb acht, die Überreste eines gewaltigen Teegelages waren abgeräumt, und übrig blieb ein Musiksalon voll gesättigter, aber immer noch energiegeladener Kinder samt ihren Müttern, die mit Hingabe tanzten und sich allerlei Spielen widmeten.

Mr. Campion hatte getanzt, gebutlert, sogar ein paar Zaubertricks vorgeführt, und besann sich soeben auf seine Lieblingszigaretten, von denen er eine Schachtel oben in seinem Koffer hatte, weshalb er sich nun mit winzig kleinen Gewissensbissen, weil er den heldenhaft weiterwerkelnden George allein ließ, davonschlich und auf sein Zimmer eilte.

Der größte Teil des Hauses war menschenleer. Sogar die Welkins machten sich im Musiksalon nützlich, und das Personal hatte sich zum Abwasch in der Küche versammelt.

Mr. Campion fand seine Zigaretten, zündete sich eine an,

trödelte noch ein Weilchen herum und dachte bei sich, daß die Weihnachten seiner Kindheit eigentlich genauso verlaufen waren wie die heutigen, nur daß sie sich nicht so von Stunde zu Stunde hinschleppten. Er kam sich sehr tugendhaft vor, glücklich und geradezu triefend von gutem Willen. Der versprochene Schnee fiel tatsächlich; leise platschten die großen weichen Flocken gegen sein Fenster.

Als sein Gewissen endlich mahnte, daß er nicht länger durch Abwesenheit glänzen dürfe, knipste er das Licht aus, ging auf den Flur – und sah sich Auge in Auge mit dem Weihnachtsmann. Der heilige Mann sah so müde aus, wie er selbst es gewesen war, und ging tief gebeugt unter der Last des großen Sacks auf seiner Schulter. Mr. Campion bewunderte das Kostüm von Harridge. Die Stiefel glänzten, der Mantel mit den wollenen Säumen war vom richtigen Rot, und die gütige Maske mit dem Wattebart wirkte fast lebensecht.

Campion trat beiseite, um die ehrwürdige Gestalt vorbeizulassen, und weil es wohl der rechte Augenblick für einen Scherz war, fragte er obenhin: »Na, Chef, was haben wir denn in dem Sack?«

Wären seine schlichten Worte ein Zauberspruch von großer Mächtigkeit gewesen, die Wirkung hätte kaum erstaunlicher sein können. Die Gestalt stieß einen unartikulierten Schrei aus, ließ den Sack fallen, der mit lautem Krach vor Mr. Campions Füßen landete, und entfloh wie ein Schatten.

Einen Augenblick stand Mr. Campion vor Verblüffung wie gelähmt. Bevor er sich wieder gefangen hatte, war die scharlachrote Gestalt schon die Treppe hinunter verschwunden. Campion bückte sich und steckte die Hand in den Sack. Seine Finger fühlten etwas Hartes, Schweres, und er holte es hervor. Es war die Ormulu-Uhr aus Bronze und rosa Marmor.

Wie er so dastand und seinen Fund betrachtete, entrang sich ihm ein Seufzer der Befriedigung. Eines der Probleme, die ihn schon den ganzen Tag beschäftigt hatten, war gelöst.

Es war schon zwanzig Minuten später, als er wieder im

Musikzimmer erschien. Niemand sah ihn eintreten, denn aller Augen waren auf das Podium gerichtet. Dort stand wiederum der Weihnachtsmann, umringt von eifrigen Helfern, und schnitt in aller Ruhe die Geschenke vom Baum ab.

Campion besah ihn sich sehr genau. Das Kostüm war das gleiche, das stand fest; die gleichen hohen Stiefel, gleicher Mantel, gleiche Maske. Er versuchte sich die fliehende Gestalt oben auf dem Flur ins Gedächtnis zu rufen, aber das Kostüm war so irreführend, daß es ihm schwerfiel.

Nach einer Weile fand er einen abseits stehenden Stuhl und setzte sich, um der Dinge zu harren. Sie kamen.

Als die letzten Besucher gegangen waren und Lady Turrett sich mit einem Seufzer glücklicher Erschöpfung in einen Sessel fallen ließ, kam Pouter, der Butler auf Pharaoh's Court, leise ins Zimmer und flüsterte seinem Herrn ein paar Worte ins Ohr. Von seinem Platz aus vernahm Mr. Campion ein verwundertes »Das gibt's doch nicht!« von George, woraufhin er sofort aufstand und zu ihm ging. Doch obwohl er schnell ging, war Mr. Welkin vor ihm da, und als Campion zu den beiden stieß, erscholl seine Stimme schon laut durchs Zimmer.

»Einbruch? Während wir hier herumgealbert haben? Was wurde gestohlen, Mann? Was ist weg?«

Pouter, dem diese Form der Anrede nicht behagte, bedachte den Gast seines Herrn mit einem kühlen Blick.

»Eine Uhr, unten aus dem Westflügel, ein versilbertes Tablett, ein kupferner Umtrunkbecher aus der Halle, ein Bronze-Buddha und eine vergoldete Ambrakugel vom ersten Treppenabsatz, soweit wir bisher feststellen konnten, Sir«, sagte er.

»Das gibt's doch nicht!« rief George wieder. »Einfach nicht zu fassen!«

»Von wegen nicht zu fassen!« schrie Welkin. »Unsere Wertsachen! Ada!«

»Das Collier?« kreischte Mrs. Welkin, tiefste Bestürzung im Blick. »Mein Collier!«

Während sie aus dem Zimmer stürzte, kam Sheila mit dem Weihnachtsmann, der seine Maske abgenommen und die Kapuze zurückgeschoben hatte, unter denen wieder Mike Peters' Gesicht zum Vorschein kam.

Lady Turrett saß reglos in ihrem Sessel. Kenneth Welkin stand mit bleichem Gesicht vor ihr und starrte sie entgeistert an.

»Ein Einbruch«, sagte er. »Hier in diesem Haus!«

Mae Turrett lächelte ihn nichtssagend an. »George und Pouter werden sich darum kümmern«, sagte sie. »Ich bin müde.«

»Müde!« donnerte Edward Welkin. »Wenn die Diamanten meiner Frau…«

Er kam nicht weiter. Ada Welkin kam ins Zimmer gewankt, eine leere stählerne Kassette in den zitternden Händen.

»Fort!« rief sie mit hysterisch überkippender Stimme. »Sie sind fort. Meine Diamanten… mein ganzes Zimmer völlig durchwühlt. Gestohlen. Das Collier ist gestohlen.«

Es war Mike, der die Geistesgegenwart hatte, sie zu einem Sessel zu führen, bevor sie zusammenbrach. Ihr Mann schickte ihr einen verschlagenen, gedankenverlorenen Blick nach, schrie seinen Sohn an: »Kümmere dich um deine Mutter, Junge!« und nahm den Fall in die Hand.

»Sie, Pigeon, holen sämtliche Dienstboten hierher, jeden, der sich im Haus befindet, aber im Laufschritt, verstanden? Man hat mich bestohlen.«

Pouter sah stumm flehend zu seinem Herrn, und George hüstelte.

»Gleich, Mr. Welkin«, sagte er, »gleich. Versuchen wir zuerst herauszufinden, was wir können. Pouter, gehen Sie doch bitte einmal herumfragen, ob heute abend ein Fremder im Haus oder auf dem Anwesen gesehen wurde.«

Der Butler ging unverzüglich, und Welkin begann zu toben.

»Sie glauben vielleicht zu wissen, was Sie tun«, sagte er, »aber meine Methode war besser. Sie lassen dem Dieb nur Zeit, sich davonzumachen, und Zeit ist kostbar, lassen Sie sich das sagen. Ich muß die Polizei rufen.«

»Polizei?« Sheila war entsetzt.

Er sah sie mit offenem Mund an. »Selbstverständlich, junge Dame. Glauben Sie, ich finde mich mit dem Verlust von zwölftausend Pfund ab? Die Steine waren natürlich versichert, aber welche Versicherung zahlt schon, wenn ich die Polizei nicht einschalte? Ich rufe jetzt sofort an.«

»Einen Moment noch, bitte.« In Georges ruhigem Ton lag nur eine winzige Spur von Verärgerung. »Da kommt Pouter. Nun?«

Der Butler wirkte zutiefst verstört.

»Zwei der Mädchen«, antwortete er, »wollen einen Mann gesehen haben, der die Zufahrt hinunterlief, Sir, kurz bevor der Weihnachtsbaum in Angriff genommen wurde.« Er zögerte. »Sie – die Mädchen – sagen, er sei als Weihnachtsmann verkleidet gewesen, Sir. Beide sagen das.«

Alle sahen Mike an, und Sheilas Wangen flammten auf.

»Und?« rief sie.

Mr. Welkin lachte. »Aha, so wurde das also gemacht«, rief er. »Sehr schlau von dem jungen Mann, aber er ist gesehen worden.«

Mike trat einen Schritt vor. Sein Gesicht war blaß, und seine Augen funkelten gefährlich. George legte ihm eine Hand auf den Arm.

»Augenblick«, befahl er. »Mr. Welkin, Sie werden sich erklären müssen.«

Mr. Welkin blieb ruhig. Er wirkte fast belustigt.

»Das dürfte doch wohl ganz einfach sein, wie?« meinte er. »Der Bursche läuft schon den ganzen Abend in dieser Verkleidung herum. Hier durfte er ja nicht hereinkommen, weil Lady Turrett die Kinder mit ihm überraschen wollte, aber sonst konnte er sich frei im Haus bewegen. Und das hat er getan und alles an sich genommen, was ihm gefiel, unter anderem meine Diamanten. Und falls ihm einer begegnet wäre? Es hätte sich niemand etwas dabei gedacht. Der Weihnachtsmann hat schließlich immer einen Sack bei sich. Dann ist er hinausgegangen, hat seinem Komplizen, der am Ende der Zufahrt auf ihn wartete, die Sachen übergeben und ist wieder hereingekommen.«

Mike wollte etwas sagen, aber Mr. Campion hielt die Zeit zum Eingreifen für gekommen.

»George«, sagte er, »wenn du und Mr. Welkin ganz kurz einmal mit mir in die Bibliothek kommen könntet, hätte ich einen Vorschlag zu machen.«

Welkin schwankte. »Ich bin ja gern bereit, Ihnen zuzuhören, Campion, aber ich will meine Diamanten wiederhaben, und ich brauche die Polizei. Fünf Minuten gebe ich Ihnen, mehr nicht.«

Die Bibliothek war dunkel, als die drei Männer eintraten, und Campion wartete, bis sie alle im Zimmer waren, bevor er das Deckenlicht anknipste. Im ersten Moment herrschte ratlose Stille. Eine Ecke des Zimmers war hergerichtet wie eine Jahrmarktsbude. Der ganze Inhalt des Sacks, der so unerwartet in Mr. Campions Besitz gelangt war, lag dort säuberlich ausgebreitet. Georges pausbäckiges Gesicht verdüsterte sich.

»Was ist denn das?« fragte er streng. »Ein Dummejungenstreich?«

Mr. Campion schüttelte den Kopf. »Leider nein. Diese Sachen habe ich vorhin einem phantasievoll kostümierten Herrn abgenommen, dem ich oben auf dem Flur begegnet bin«, sagte er. »Was meinen Sie dazu, Mr. Welkin?«

Der Mann glotzte ihn störrisch an. »Wo sind meine Diamanten? Das ist alles, was mich interessiert. Dieser Plunder geht mich nichts an.«

Mr. Campion lächelte milde. »Weißt du, George, er hat ja recht«, sagte er. »Plunder ist das richtige Wort. Es ist mir wieder eingefallen, als ich das sah. Der arme Charlie Spring – ich habe ihn erkannt, Mr. Welkin – hat in seinem ganzen Leben noch nie einen großen Coup gelandet, weil er eine Schwäche fürs Bunte hat und immer nur Plunder stiehlt.«

Edward Welkin stand stocksteif neben dem Schreibtisch.

»Ich verstehe kein Wort«, sagte er. »Meine Diamanten sind gestohlen worden, und ich rufe jetzt die Polizei.«

Mr. Campion nahm seine Brille ab. »Das täte ich an Ihrer Stelle nicht«, sagte er. »Nein, lassen Sie das!«

Bei den letzten Worten sprang Mr. Campion vor, und es gab ein kurzes Gerangel. Nachdem dieses vorüber war, lag Mr. Welkin neben der Ormulu-Uhr auf dem Boden, und Mr. Campion hielt seinen goldenen Füllfederhalter samt goldenem Bleistift in der Hand, beide in dem Lederetui, das bis vor einer Sekunde noch in der Westentasche des Mannes gesteckt hatte.

Welkin kam wieder auf die Beine. Sein Gesicht war puterrot, sein Blick ein wenig erschrocken. Er versuchte es mit Großmäuligkeit. »Sie werden sich wegen tätlichen Angriffs vor Gericht wiederfinden«, sagte er. »Geben Sie mir mein Eigentum zurück.«

»Selbstverständlich. Stück für Stück«, erklärte Mr. Campion liebenswürdig. »Ihre Füllfederhalterattrappe, Ihre Bleistiftattrappe, und hier in dem Behältnis, das darunter verborgen ist, die Diamanten Ihrer Frau Gemahlin.«

Mit diesen Worten zog er das Etui auseinander, und eine glitzernde Kette fiel in seine Hand.

Es entstand eine lange, sehr lange Pause.

Mr. Welkin stand verdrossen in der Zimmermitte.

»Und?« fragte er schließlich. »Was wollen Sie beide nun unternehmen?«

Mr. Campion sah zu George, der neben dem Schreibtisch stand, einen Ausdruck von Ungläubigkeit, beinahe schon Fassungslosigkeit in seinem gütigen Gesicht.

»Wenn ich einen Vorschlag machen dürfte«, sagte er leise, »dann meine ich, er sollte jetzt seine Familie zusammenholen und woanders eine fröhliche Weihnacht mit ihr verbringen, findest du nicht? Es würde einigen Ärger ersparen.«

Welkin streckte die Hand aus.

»Na schön. Meine Diamanten, bitte.«

Mr. Campion schüttelte den Kopf. »Da Sie jetzt das Haus verlassen werden«, sagte er mit sanftem Lächeln, »möchte ich nicht, daß sie noch einmal – verlorengehen.«

Welkin zuckte die Achseln. »Sie haben gesiegt«, sagte er knapp. »Ich gehe jetzt und sage Ada, daß sie packen soll.«

Er verließ das Zimmer, und als die Tür hinter ihm zuging, mußte George sich erst einmal hinsetzen.

»Das begreife, wer will…«, begann er. »Kenneth, sein eigener Sohn, sollte doch den Nikolaus spielen, zumindest hatte er damit gerechnet.«

Campion nickte. »Ich weiß«, sagte er. »Wenn Kenneth ihn gespielt hätte und dasselbe passiert wäre, hätten wir für den jungen Mann wahrscheinlich ein perfektes Alibi präsentiert bekommen. Du mußt bedenken, daß der Dieb ja nicht gesehen werden sollte. Man hatte ihn nur für alle Fälle in dieses Kostüm gesteckt.«

Sein Gastgeber nahm die Diamanten und drehte sie in der Hand. Er war ein wenig langsam von Begriff.

»Warum stiehlt einer seine eigenen Sachen?« fragte er.

Mr. Campion seufzte. »Du bist von so reiner Denkungsart, George, daß die Bosheit einiger deiner Mitmenschen dir eine ständige Quelle des Staunens sein muß.« Er schwieg einen Moment. »Hast du unseren Freund Welkin nicht sagen hören, daß die Diamanten versichert sind?«

George riß die Augen auf. »Zum Donnerwetter aber auch!« rief er. »Was ist das für ein Mensch! Und das in unserem Haus«, fügte er wie im nachhinein hinzu. »Wie bist du ihm auf die Schliche gekommen, Campion?«

Mr. Campion erklärte es ihm. »Ich wußte, daß Charlie Spring eine Eigenheit hatte, ich kam nur nicht mehr darauf, was es war, bis ich dann diese Uhr aus dem Sack holte. Da ist mir seine Vorliebe fürs Barocke wieder eingefallen, und daß er die betrübliche Angewohnheit hat, es mit Wertvollem zu verwechseln. Damit schieden die Diamanten aus. Sie wären für Charlie nicht groß genug gewesen. Als mir das wieder einfiel, habe ich mich auch an seinen zweiten Fehler erinnert. Er arbeitet nie allein. Wenn Mr. Spring irgendwo seine Aufwartung macht, bedeutet das immer, daß er einen Komplizen im Haus hat. Nachdem mir beides wieder bewußt war, lag der Rest ziemlich klar auf der Hand.«

»Und daß dieser Füllfederhalter eine Attrappe war, das hast du heute nachmittag gemerkt, als Miss Hare hier war?«

Mr. Campion grinste. »Es war doch merkwürdig, daß der Mann nicht sein eigenes Schreibgerät benutzte, oder?« antwortete er. »Als er es gar nicht erst in die Hand nahm, habe ich mir meinen Reim darauf gemacht. Diese Art Verstecke sind ziemlich verbreitet, besonders in Amerika. Sie sind zur Aufbewahrung von Wertsachen bestimmt und meist aus billigem Plastik, das normalerweise niemand stehlen würde. Aber an Mr. Welkin war sonst nichts Billiges – von seinem Benehmen abgesehen.«

George schenkte zwei Gläser ein. »Schwieriger Mensch«, stellte er fest. »Mochte ihn von Anfang an nicht. Kann über nichts mitreden. Ich erzähle von der Jagd, und er ist nicht interessiert, ich erzähle vom Reiten, und er guckt mich nur groß an, ich spreche vom Angeln, und er gähnt. Ich wußte mich über nichts mit ihm zu unterhalten. Konnte bei gar nichts mitreden.«

Das Geheimnis

Der Schlüssel ruckte nervös im Schloß, knirschte und verstummte. Dann ging die Tür leise auf und ließ einen Schwall kalter Luft aus dem Treppenhaus in die Wohnung.

Der Mann, der ohne Hut und sonderbar außer Atem war, trat ein, streckte die Hand aus und tastete nach dem vertrauten Lichtschalter.

Einen Augenblick später stand er in seinem nassen Regenmantel da und sah sich um, zuerst erstaunt, dann mit der kalten Verzweiflung einer wahr gewordenen Angst.

Nachdem er sich ein paar Minuten schweigend umgesehen hatte, gab er sich einen Ruck, betrachtete den Schlüssel in seiner Hand und ging auf Zehenspitzen über den farbenfrohen Teppich zu einem Beistelltischchen in der Ecke.

Er legte den Schlüssel gut sichtbar auf die polierte Tischplatte, sah sich noch einmal in dem Zimmer um, wandte sich dann schaudernd ab und ging wieder zur Tür.

Er war noch ein junger Mann, aber die Anspannungen der letzten Monate hatten ihre Spuren an ihm hinterlassen, und die bittere Erfahrung der letzten Minuten hatte daran nichts gebessert.

Seine braunen Augen waren dunkler, als sie früher gewesen waren, und sein Gesicht war eingefallen.

Seine Finger lagen schon wieder auf dem Lichtschalter, als er sich noch einmal umdrehte und sie sah. Sie hatte sich aus den Polstern des großen Chesterfieldsofas erhoben, das vor dem Kamin stand, und selbst in diesem dramatischen Augenblick wunderte er sich, daß sie hier so ganz allein im Dunkeln saß, ohne Feuer in einer frostigen Nacht, während draußen der Regen in kalter Wut herabströmte.

Die junge Frau war sehr zart, fast noch ein Kind. Das glänzende braune Haar hing ihr lose um den wohlgeformten Kopf. Zerbrechlich war sie, und immer noch hatte man das Gefühl, daß der leiseste Windhauch sie fortwehen könnte.

Diese fast ätherische Zerbrechlichkeit hatte sich, wie er sah, noch gesteigert.

Demnach hatte auch sie es nicht so leicht gehabt.

Sie sagte nichts, sie stand nur da und sah ihn an, mit hellen, scheuen Augen und fragenden Lippen.

Und nun, als der Augenblick gekommen war, fehlten ihm die Worte. Er hatte sich dieses Wiedersehen so oft ausgemalt, daß er jetzt dastand wie ein ausgebrannter Schauspieler auf der Bühne, dem sein Text entfallen war.

»Ich dachte schon, du wärst hier ausgezogen«, gab er hilflos von sich. »Gerade wollte ich wieder gehen.«

Sie sagte noch immer nichts, und plötzlich war es aus mit seiner Beherrschung. Alle Erklärungen, die er sich so sorgsam zurechtgelegt hatte, alle seine wohldurchdachten Argumente waren von seinem übermächtigen Verlangen wie weggefegt. Er taumelte auf sie zu.

»Ich bin wiedergekommen«, sagte er. »Jenny, ich bin wiedergekommen.«

Sie wich vor ihm zurück, nicht böse, sondern sanft, fast widerstrebend, wie es scheinen wollte.

Er sah es und blieb von neuem reglos stehen.

»Ich weiß ... es tut mir leid«, sagte er dumpf und setzte sich niedergeschlagen auf die Sofalehne.

Nachdem er jetzt still dasaß, kam sie näher und setzte sich auf die andere Lehne, die Füße auf dem Sofa und die Arme um die Knie geschlungen.

So saßen sie lange und schwiegen, und im Zimmer war es sehr kalt.

Endlich sah er auf und begegnete ihrem Blick.

»Ich bin nicht schlecht, Jenny«, sagte er. »Nur ein ganz gewöhnlicher Mensch.«

Sie machte schon eine Bewegung auf ihn zu, zuckte aber wieder zurück.

»Bist du gerade erst nach London zurückgekommen?« fragte sie, und ihre Stimme klang ruhig und leise und sehr sanft, wie sie stets geklungen hatte.

Er nickte. »Gestern abend. Ich habe ein paar Stunden in einem Hotel geschlafen, dann bin ich den ganzen Tag herumgelaufen und mußte mich zwingen, nicht gleich wieder abzureisen. Daß ich nicht damit rechnen konnte, von dir mit offenen Armen empfangen zu werden, wußte ich ja, aber ich dachte, vielleicht könnte ich dich wenigstens sehen und erfahren, ob die allerkleinste Chance besteht, alles wieder ins Lot zu bringen. Besteht sie?«

»Du möchtest zurück?« fragte sie, und es lag etwas in ihrem Ton, was er nicht verstand.

Er sah sie forschend an. »Du bist nicht böse, nein?«

»Böse? O nein«, antwortete sie und blickte auf ihre Füße.

Wieder streckte er die Hand nach ihr aus, aber sie entzog sich, scheute vor seiner Berührung zurück, als hätte sie Angst davor, doch er hatte das merkwürdige Gefühl, daß nicht er es war, vor dem sie sich fürchtete.

Er glaubte zu verstehen, und schon war er mitten in der Geschichte, die herausmußte.

»Sie hat mich verlassen«, begann er stockend. »Auf dem Schiff war einer mit mehr Geld als ich. Ich war froh. Ich wußte doch da schon, daß ich einen Fehler gemacht hatte. Danach habe ich meine Reiseroute geändert und bin ins Landesinnere gefahren. Da war ich seitdem. Zuerst glaubte ich darüber hinwegzukommen. Ich wollte nicht zu dir zurückgeschlichen kommen und dir sagen müssen, daß ich mich zum Narren gemacht hatte. Aber das habe ich dann bald überwunden. Ich liebe dich, Jenny. Ich kann nicht ohne dich leben.«

Er blickte zu ihr hinüber und sah, daß sie an seinen Lippen hing, und in ihren Augen stand tiefes Mitleid. Er redete weiter. Es machte alles leichter, wenn er redete.

»Zwei Monate lang war ich da oben allein. Nicht einmal eine Zeitung habe ich zu Gesicht bekommen. Und endlich habe ich mich zur Rückkehr entschlossen. Ich glaubte, wenn ich einfach hier aufkreuzte, hätte ich eine größere Chance bei dir. Ich hätte dich heiraten sollen, Jenny. Zu meinem eigenen Besten hätte ich dich heiraten sollen. Ich hätte dich nie verlassen, wenn wir verheiratet gewesen wären. Es war dieses irritierende Gefühl, frei und trotzdem halb gebunden zu sein. Wir waren jung, beide; ich möchte dich jetzt heiraten. Sagst du ja?«

Sie schüttelte den Kopf. In ihren Augen standen Tränen, und ihr ganzer Körper war in sich zusammengesunken, wie niedergedrückt von einer schrecklichen, geheimen Tragödie.

»Nein«, sagte sie. »Es geht nicht. Jetzt nicht mehr. Niemals… nie. Sprich nicht davon. Sprich von irgend etwas. Wie bist du hier hereingekommen?«

»Mit meinem Schlüssel. Den hatte ich die ganze Zeit noch. Aber ich will nicht über irgend etwas reden. Ich möchte, daß wir heiraten. Ich möchte noch einmal von vorn anfangen.«

Er war aufgestanden und ging mit ausgebreiteten Armen auf sie zu.

»Jenny, sieh mich nicht so an. Was ist denn? Laß dich in die Arme nehmen, so wie früher. Weißt du noch?«

Sie wich ihm erschrocken aus.

»Faß mich nicht an«, flüsterte sie. »Tu, was du willst, aber faß mich nicht an. Du darfst mich nicht lieben, George. Du mußt fortgehen.«

Das Sofa war jetzt zwischen ihnen, und er kniete sich darauf und sah sie flehend an.

»Ich kann nicht fortgehen. Du liebst mich noch, Jenny. Du hast nie einen anderen geliebt als mich. Weißt du noch, wie ich dich draußen in den Marschen gefunden habe? Und wie ich an diesem sonnigen Tag gekommen bin, um mich deinen Eltern vorzustellen? Dein Vater wollte mit mir über Politik reden, aber du hast mich nach draußen geführt und mir den

Garten gezeigt. Und ich habe dich geküßt, unten auf dem langen grünen Pfad, hinter dem Rittersporn, wo uns niemand sehen konnte. Sieh mich nicht so an, Jenny. Was ist denn?«

Ihr Blick war starr, und über ihre Wange rollte eine Träne.

»Nichts«, sagte sie, dann nahm sie den Faden seiner Geschichte wieder auf.

»Und dann hast du mich an diesem Sonntagabend hierhergebracht. Weißt du noch? Es waren keine Bettdecken da, ich hatte nur deinen Mantel und einen Bettvorleger. Es war für mich der Beginn eines neuen Lebens.«

Er schloß die Augen. »Nicht, Jenny, bitte. Mach's mir nicht schwer. Du hast deine Eltern nicht wiedergesehen, nachdem... ich fort war?«

»Nein«, sagte sie.

»Hast du es versucht?«

»Nein.«

Von Selbstvorwürfen gequält, wandte er sich von ihr ab.

»Meine arme kleine Jenny. Das habe ich wirklich nicht gewollt. Es war nur so, daß *sie* sich mir so an den Hals geworfen und für einen Augenblick die ganze Welt für mich verändert hat. Das konnte nicht von Dauer sein. Ich hätte es wissen müssen. Und ich habe nicht bedacht, wie es für dich sein würde. Liebste Jenny, du mußt zu mir zurückkommen. Wir werden so schnell wie möglich heiraten, und dann brechen wir auf und machen diese Reise, die wir so oft geplant haben... nehmen uns in Calais einen Wagen und fahren damit nach Paris, und von dort weiter nach Süden, nur du und ich.«

Das Mädchen schüttelte den Kopf. Nein. Wir können nicht zusammen hier fort. Du darfst das nicht wollen. »Nein, mein Liebster, du darfst das nicht wollen.«

Sie sprach mit einer solchen Eindringlichkeit, daß die Erkenntnis, es liege etwas sehr im argen, sich ihm geradezu aufzwang, etwas Neues, etwas, worauf er nicht vorbereitet gewesen war.

»Warum nicht?« fragte er.

Sie stand jetzt keinen halben Meter mehr von ihm entfernt, den Blick beschwörend auf sein Gesicht geheftet.

»Geoff«, sagte sie, »du mußt allein von hier fortgehen. Ich kann nicht mitkommen. Du mußt mich vergessen, darfst nie mehr an mich denken. Es ist dann für dich viel weniger schwer, Liebster.«

»Nein!« rief er ungestüm. »Nein. Ich liebe dich. Schick mich nicht fort… bitte… bitte schick mich nicht fort.«

»Geh weg«, wiederholte sie. »Geh schnell weg. Denk nicht mehr an mich. Du darfst mich nicht haben wollen. Wenn dir mein Name in den Sinn kommt, verjag ihn sofort. Denk nicht mehr an mich. Ich werde nie mit dir kommen können.«

»Das hast du schon gesagt«, erwiderte er langsam. »Warum nicht, was hindert dich?«

»Ich kann es dir nicht sagen«, antwortete sie, noch immer mit dieser gedämpften, angstvollen Stimme, wobei sie wieder vor ihm zurückwich. »Versuch es nicht herauszubekommen.«

»Hat es einen Grund, daß du nicht mitkommen kannst? Gibt es ein Geheimnis?«

Sie nickte, und das Bangen, das in dem kalten kleinen Zimmer hing, drang ihm ins Herz.

»Aber Liebling«, sagte er, »wenn wir uns lieben, kann es doch nichts geben, was stark genug wäre, um zwischen uns zu stehen. Sag mir, was es ist.«

Sie war bis in die Mitte des Zimmers zurückgewichen und sah ihn wehmütig an, im Gesicht einen Ausdruck tiefster Ergriffenheit.

»Ich kann nicht mitkommen«, sagte sie mit versagender Stimme. »Nein, Liebster, ich kann nicht. Du wirst es bald wissen, aber nicht jetzt… bitte nicht jetzt. Versuch es jetzt nicht zu erzwingen.«

»Aber ich muß es wissen«, beharrte er. »Verstehst du nicht, es geht um unser ganzes Leben. O Gott, nein, ich kann dich nicht wieder von mir fortlassen!«

Hilflos brach ihm die Stimme bei diesem letzten Wort, und sie kam ein Stückchen auf ihn zugewankt, das Gesicht verzerrt vor Schmerz.

»Ich liebe dich«, sagte sie. »Ich habe dich immer geliebt. Du *warst* für mich die Liebe. Glaub mir das. Aber ich kann jetzt nicht mit dir kommen, Liebster. Ich kann nicht.«

»Warum nicht? Warum machst du so ein Geheimnis daraus?« Er bekam jetzt Angst. »Sag es mir. Ich kann es ertragen, egal was es ist. Sag es mir.«

»Nicht jetzt«, flehte sie. »Nicht jetzt. Bitte, bitte nicht jetzt!«

Der Mann sah sich im Zimmer um, und eine Erkenntnis dämmerte in seinem Blick.

»Die Sachen hier sind natürlich alle neu«, sagte er. »Ich habe unser hübsches Zimmer kaum wiedererkannt. Lebst du mit jemandem zusammen?«

»Nein«, antwortete sie matt. »Nein, frag mich nicht. Versuch es nicht zu erfahren.«

Er betrachtete sie mit starrem Blick. Die Kälte im Zimmer fraß sich ihm bis in die Knochen.

»Ich verstehe das nicht. Mein Anwalt hat dir doch regelmäßig Geld geschickt, ja? Du warst nicht arm, oder? Ich erinnere mich an das Kleid, das du da anhast. Es ist jetzt aus der Mode. Bist du verheiratet?«

»Nein.«

»Also bist du frei?«

Sie nickte müde. »Frei. O ja, so furchtbar frei.«

»Dann kannst du mich also heiraten?«

»Nein, Geoff, niemals.« Sie wich erneut vor ihm zurück. »Es ist zu spät. Heiraten können wir nie mehr. Und vergiß nicht, vergiß es nicht – du darfst hiernach auch nie mehr an mich denken.«

Sie war jetzt durch das ganze Zimmer zurückgewichen und stand am Fenster, den Rücken zu den schweren Vorhängen, die davor hingen. Er ging ihr nach.

»Ich will jetzt von dem allen nichts mehr hören«, sagte er. »Ich liebe dich, und du liebst mich. Ich werde dich jetzt küssen. Liebste, wir gehören doch zusammen. Es gibt nichts, was zwischen uns stehen könnte.«

Sie streckte die Hand aus, wie um ihn abzuwehren, und ihre leise Stimme klang sanft und atemlos.

»Nicht... tu's nicht. Es steht etwas zwischen uns, etwas Ungeheures. Ich kann nicht mit dir kommen, Geoff, verstehst du denn nicht? Ich kann nicht mitkommen.«

Er sah sie mit aufgerissenen Augen an, und ein Stück Wahrheit dämmerte in ihm.

»Jenny!« sagte er heiser. »Wem gehört jetzt die Wohnung?«

Sie stand mit dem Rücken zum Vorhang, und ihr Flüstern, so leise es war, schien das ganze Zimmer zu füllen.

»Fremden Leuten.«

»Jenny!« Der Mann wurde hysterisch. »Was ist das für ein Geheimnis?«

Ein Windhauch teilte den Vorhang, und sie trat zwischen die Falten zurück. Ihre Stimme war von Leid erfüllt, aus ihrem Ton klang tiefste Tragik.

»Verstehst du denn nicht... Liebster... Ich habe mich umgebracht.«

Der Vorhang schlug vor ihr zusammen, und er sprang hin und riß ihn weit auseinander.

Dahinter war nur das hohe weiße Fenster, gegen dessen Scheiben der dunkle Regen peitschte.

Draußen vor der Tür ließen sich lachende Stimmen vernehmen, während der Wohnungseigentümer einen Schlüssel ins Schloß steckte.

Eine Viertelmillion

Sergeant Richardsons scharfe Augen erfaßten das Äußere des Mannes in allen Details.

»Da ist er. Sieht schon ein bißchen komisch aus, wie? Daß einer mit so einem Gesicht es schafft, sich mit einer halben Million Pfund aus dem Staub zu machen, sollte man nicht glauben.« Er sprach leise und ohne den Kopf zu wenden, und sein unauffälliger Begleiter grinste.

»Der sieht ja nicht mal aus, als ob er so weit überhaupt zählen könnte«, fand Sergeant Murdoch.

»Kann er wahrscheinlich auch nicht«, antwortete Richardson trocken, und die beiden Männer von Scotland Yard blieben weiter an der Mole stehen und beobachteten den Strom der Passagiere, die den Kanaldampfer über die Gangway verließen.

Der Mann, den sie dabei im Auge behielten, kam langsam vom Schiff herunter, als beträte er nur ungern englischen Boden. Er sah fremdartig aus – an die sechzig Jahre alt, schwerer Körperbau, kleine Augen. Er war gut gekleidet, aber die Sachen hingen ihm lose um den Leib, was dafür sprach, daß er sehr rasch vom Fleisch gefallen war. Er ging leicht vornübergebeugt und hatte etwas Verstohlenes im Blick.

Es handelte sich um Mr. Joseph Thurtle, den Mann, der vor drei Monaten noch an der Spitze eines großen amerikanischen Baumwollkartells gestanden hatte. Der spektakuläre Zusammenbruch dieses Unternehmens und die damit verbundene Offenlegung seiner Geschäfte hatten Mr. Thurtle vom Millionär zum gejagten Flüchtling gemacht.

Die sensationelle Geschichte seiner Flucht aus Amerika, immerhin mit übertragbaren Wertpapieren im Wert von mindestens einer halben Million Pfund Sterling im Gepäck, hatte die Schlagzeilen beherrscht. Auslieferungsgesuche waren ihm von Land zu Land gefolgt. Er war von Frankreich nach Italien geflüchtet, von Italien nach Griechenland und Nordafrika, und als er jetzt den Fuß auf englischen Boden setzte, tat er dies in dem Bewußtsein, daß die Polizei gewiß schon einen gebührenden Empfang für ihn vorbereitet hatte.

Beim Verlassen des Schiffs hatte er sich vorsichtig umgesehen. Den beiden Männern, die ihn beobachteten, war klar, daß er jeden Moment eine Hand auf seiner Schulter erwartete.

»Komm. Wir folgen ihm durch den Zoll.«

Richardson sprach ganz ruhig. Aber ein Anflug von Unwillen huschte über sein rotes Gesicht.

»Mir gefallen Parkers Methoden nicht«, fuhr er fort. »Warum den Mann nicht auf der Stelle festnehmen und von seinem Elend erlösen? In der Victoria Station auf ihn zu warten, um ihn dort spektakulär vor den bewundernden Blicken der versammelten Presse zu verhaften, ist für meinen Geschmack ein bißchen billig.«

»So billig wie Kriminalinspektor Parker selbst«, meinte Murdoch. »Wir beide sind doch nun schon zehn Jahre in diesem Beruf, und ich frage mich soeben, ob es im ganzen Yard schon einmal einen gab, der einen Ruf genoß wie Parker. Bei allen unbeliebt und immer nur auf sein Renommee bedacht! Komm! Wir behalten den armen Teufel im Auge, bis er in der Victoria aus dem Zug steigt, sich endlich in Sicherheit glaubt und prompt vor einer Batterie von Kameras diesem Scheusal von Parker in die Arme läuft.«

Sie mischten sich ins Gewühl und schoben sich mit der Lässigkeit langer Übung durch die drängelnden Gruppen der Passagiere, bis sie unmittelbar hinter dem Mann waren, den sie beschatteten.

Zahlreiche Freunde und Verwandte erwarteten die Passagiere in der Hafenstation Folkestone, aber in dem Gedränge befand sich auch ein junger Mann, auf den keine dieser Bezeichnungen zutraf. Er war relativ klein und hatte ein rundes Gesicht, blonde Haare, einen einfältigen Gesichtsausdruck und leere, treuherzige blaue Augen.

Er beobachtete Thurtle und kam wie zufällig herangeschlendert, als dieser über den Bahnsteig eilte. Als ihn nur noch ein paar Armlängen von ihm trennten, erspähte er jedoch die beiden Beamten, die dem Finanzmann folgten, und er ging rasch an ihm vorbei und stieg in ein anderes Abteil. Nach allem äußeren Anschein war an seinem Verhalten nichts Besonderes gewesen, und doch hatte in ebendieser Sekunde eine nicht unbedeutende Figur einen ganz bestimmten Plan aufgegeben und sich auf einen anderen verlegt.

Der blonde junge Mann setzte sich in eine Ecke, schlug den Mantelkragen hoch, zog sich den Hut über die Augen und schickte sich an, ein Schläfchen zu halten.

Mr. Joseph Thurtle und seine Schutzgeister machten es sich in einem anderen Abteil weiter hinten im Zug bequem. Es war kalt, der Bahnhof muffig und häßlich, und während der Zug auf der Fahrt nach London durch die kalkweißen Tunnel glitt, schien die Trostlosigkeit des Tages sich allen Reisenden aufs Gemüt zu legen.

Thurtle hatte Angst. Und er wunderte sich. Er hatte geglaubt, seine Ankunft in England komme einer Auslieferung an die Polizei gleich, und schon auf der Überfahrt hatte er sich darauf gefaßt gemacht, gleich auf der Mole verhaftet zu werden.

Aber die Verhaftung war ausgeblieben. Das verstand er nicht. Er drückte sich tiefer in die Polster und betrachtete mit müdem, bangem Blick die aufgeweichte Landschaft draußen. Er hatte ein gefährliches Spiel getrieben und verloren. Ob das Leben im Gefängnis wirklich so schlimm oder sogar noch schlimmer war, als es in umlaufenden Berichten geschildert wurde?

Die ahnungslose alte Dame ihm gegenüber fand, daß er

sehr müde aussah, und überlegte, ob ihm die Überfahrt ebenso zugesetzt hatte wie ihr.

In der Victoria Station schritt derweil Inspektor Parker auf
dem Bahnsteig auf und ab und befingerte liebevoll die Handschellen in seiner Manteltasche. Es war eine Situation nach
seinem Geschmack. So war er eben. Seine ganze bisherige
Laufbahn setzte sich aus lauter solch anstößigen kleinen
Triumphen zusammen, die ihn langsam, aber sicher dahin gebracht hatten, wo er jetzt war.

Draußen vor dem Bahnhof warteten die Fotografen, und er
freute sich schon darauf, sein Foto in den Abendzeitungen zu
sehen, mit Handschellen gefesselt an den berühmten Flüchtling. Es war gegen jede Vorschrift, das wußte er. Der Superintendent würde nicht davon erbaut sein, aber im stillen fand
Inspektor Parker das öffentliche Aufsehen den Rüffel wert.
Während er auf den Zug wartete, formulierte er für sich
schon genüßlich die passenden Texte unter dem Bild.

Parker war sehr mit sich zufrieden. Gleich nachdem Richardson aus Folkestone angerufen und gemeldet hatte, daß
Thurtle sich im Zug befand, war er zum Bahnhof geeilt und
hatte nicht einmal die überflüssige Ausgabe gescheut, ein
Taxi draußen warten zu lassen, um mit seinem Gefangenen
schnurstracks einsteigen zu können.

Sowie der Zug gemeldet wurde, begab er sich zur Sperre,
um dort auf seinen Mann zu warten. Der Zug fuhr ein, und
sofort belebte sich der halbleere Bahnsteig, als Wagentüren
aufflogen und müde, aufgeregte Reisende sich herausdräng-
ten und nach ihrem Gepäck riefen, ihre Kinder aus den Augen verloren und wild durcheinanderliefen, wie es so ihre Art
war.

Richardson traf als erster an der Sperre ein. »Er kommt
gleich, Sir«, sagte er. »Sie können ihn nicht verfehlen.
Schwarzer Mantel, karierter Schal, weicher Reisehut.«

»Schon gut, schon gut. Überlassen Sie das nur mir, Richardson.«

Aus Parkers gereiztem Ton hätte man schließen können, der Mann habe ihn belästigt, statt ihm eine Information zu geben.

Richardson gab seine Fahrkarte ab und ging zum Zeitungskiosk, um dort auf Murdoch zu warten. Der leicht verächtliche Ausdruck, den sein Gesicht immer bekam, wenn er gerade mit seinem Vorgesetzten zu tun gehabt hatte, war nicht zu übersehen.

Thurtle kam mit schweren Schritten den Bahnsteig entlang und näherte sich der Sperre. Alle Energie, die ihn einst zu einer so gefährlichen Macht in der Geschäftswelt hatte aufsteigen lassen, war seit langem in ihm erloschen. Er war alt, müde und am Ende seiner Kräfte.

Kriminalinspektor Parker stürzte sich auf ihn, kaum daß er durch die Sperre war.

»Joseph Thurtle!« sagte er.

Der Mann fuhr herum, und als er sich seinem Häscher gegenübersah, konnte man den Ausdruck in seinen Augen schon fast Erleichterung nennen. Endlich war es also doch soweit. Die zermürbende Ungewißheit war vorüber. »Ja«, sagte er rasch. »Ja. Und Sie sind von der Polizei, nicht wahr? Gut. Ich komme mit, aber machen Sie hier bitte keine Szene.«

Kriminalinspektor Parker war ein Mann, der seinen Beruf stolz vor sich her trug. Deutlich und unnötig laut zitierte er die Festnahmeformel, nahm dann die Handschellen aus der Tasche und ließ den Reif um das rechte Handgelenk des alten Herrn zuschnappen.

»Das ist doch wohl nicht nötig, oder? Ich sagte schon, daß ich mitkomme.«

Der Mann, der sein Leben lang öffentliches Aufsehen gescheut hatte, warf einen nervösen Blick in die Runde der Schaulustigen, die sich soeben einfanden.

»Bedaure!« sagte der Inspektor knapp. Der andere Teil der Handschelle schnappte jetzt über seinem eigenen Handgelenk zu, und zusammen gingen sie, gefolgt von einem kleinen Teil der Gaffer, den Bahnsteig hinunter.

Oben auf der Treppe angekommen, wo man durch einen Bogen auf die Bahnhofszufahrt gelangt, blieb Kriminalinspektor Parker einen Augenblick stehen, sah sich um, scheinbar nach Murdoch. Es war nur eine Sekunde, aber sie gab den Fotografen Zeit. Ein zufriedenes Lächeln machte sich auf dem Gesicht des Inspektors breit, während er zu seinem wartenden Taxi eilte.

Wäre er etwas weniger von sich angetan gewesen, so hätte er vielleicht den raschen Blick zwischen dem Taxifahrer und einem pausbäckigen, blonden jungen Mann hin und her wechseln sehen, der durch eine andere Tür aus dem Bahnhof gekommen war. Möglicherweise wäre es dem geübten Auge des Inspektors auch nicht entgangen, daß der Taxifahrer, trotz bemerkenswerter Ähnlichkeit, eben doch nicht derselbe war, der ihn vor knapp zwanzig Minuten erst vom Yard hierhergefahren hatte.

»Sie bringen« mich jetzt auf Ihr Revier, nehme ich an?«

Der Gefangene, der wie ein Häuflein Elend in die Lederpolsterung des Taxis sank, sah den sehnigen Mann an seiner Seite fragend an. Die zusammengeschlossenen Handgelenke lagen zwischen ihnen auf dem Sitz.

Inspektor Parker ließ sich zu keiner Antwort herab. Das Taxi passierte die Westminster Abbey. Als sie auf die Embankment am Themseufer kamen, wurde wegen der breiteren Straße der Verkehr dünner, und das Taxi nahm Fahrt auf. Der Inspektor saß stocksteif da. Er war mit den Gedanken weit fort und ging im Geiste seinen Bericht an Superintendent Wetherby durch. Es war eine so leichte Aufgabe gewesen, daß er nur schwer ein Selbstlob darin unterbringen konnte.

Er kaute noch immer an diesem Problem herum, als sich etwas ereignete, was Inspektor Parkers weitere Karriere nachhaltig verändern sollte.

Am Straßenrand stand ein großer Möbelwagen mit weit

geöffneten Hecktüren und heruntergeklappter Rampe. Der Abend dämmerte schon, und bis auf einen Bus und noch ein paar andere Taxis herrschte kaum Verkehr. Der Inspektor sah starr zum Fenster hinaus, als das ganz und gar Unglaubliche geschah. Der Taxifahrer bremste, schaltete in den ersten Gang zurück, duckte sich über sein Lenkrad, scherte plötzlich zur Seite aus und fuhr mit Vollgas auf das Heck des Möbelwagens zu.

Es gab einen Ruck, als die Vorderräder auf die Rampe prallten, dann heulte der Motor auf, als das Taxi sich die schräge Ebene hinaufquälte, und Sekunden später rollten sie in den Laderaum des Möbelwagens und befanden sich in völliger Dunkelheit. Die Türen klappten hinter ihnen zu, eine Gestalt kam durch die Finsternis ans Fenster, und der Inspektor fühlte etwas Hartes, Rundes an seinen Rippen.

»Keine Bewegung!«

Die fremde Stimme klang ruhig, fast umgänglich. »Wenn Sie schreien, schieße ich!«

Der Inspektor riß die Hand seines Gefangenen hoch. »Sie halten sich wohl für sehr schlau, Thurtle«, sagte er. »Aber das bringt Ihnen noch zehn Jahre mehr ein.«

»Ich verstehe überhaupt nichts.« Aus der Stimme des Mannes klang echte Angst. »Ich kann mich doch selbst nicht rühren.«

Erst jetzt sah der Inspektor, daß noch ein zweiter Angreifer sich durch das andere Taxifenster hereinlehnte. Inzwischen hatte der Möbelwagen sich in Bewegung gesetzt. Parker fühlte die Drehung der Räder unter ihnen. Das Ganze war so reibungslos vonstatten gegangen, daß kaum jemand, der den Vorfall beobachtet haben mochte, auf den Gedanken gekommen wäre, da könnte etwas alles andere als in Ordnung sein.

Inspektor Parker brauchte ein paar Sekunden, um die Ungeheuerlichkeit der Situation zu begreifen. Dann wurde er wütend. Nur die Mündung an seinen Rippen hinderte ihn daran, gewalttätig zu werden. Er war jedoch kein ängstlicher Mann, und so lehnte er sich nun ins Polster zurück, um wenigstens äußerlich Gelassenheit zu demonstrieren.

»Sie wissen hoffentlich, was auf so etwas steht«, sagte er.

Der Mann, der ihm die Waffe an die Rippen hielt, lachte.

»Es ist ein großer Fehler von euch Bullen, daß ihr euch für unverwundbar haltet«, sagte er. »Sie hätten sich nicht an Ihren Gefangenen fesseln sollen. Jetzt müssen Sie den bitteren Weg leider bis zum Ende mitgehen. Und irgend etwas, Inspektor Parker –« die Stimme klang sanft, fast liebevoll, »irgend etwas sagt mir, daß Sie das noch sehr ungesund finden werden.«

»Ich weiß nicht, wer Sie sind«, meldete sich eine andere Stimme aus der Dunkelheit, die der Inspektor als die seines Gefangenen erkannte, »aber Sie erweisen mir einen ausgesprochenen Bärendienst. Lassen Sie den Mann doch in Ruhe seine Pflicht tun und mich verhaften.«

Wieder tönte dem Inspektor dieses leise, abgehackte Lachen in die Ohren, das ihm schon auf die Nerven ging.

»Du lieber Himmel!« sagte der zweite Mann. »Wofür halten Sie uns wohl? Für einen Wohltätigkeitsverein? Wenn Sie aus Amerika kommen, Mr. Thurtle, müßten Sie doch schon begriffen haben, daß Sie entführt worden sind. Soll ich Ihnen das vielleicht mal übersetzen, Inspektor? Sie sind sozusagen die eine Firma, Mr. Thurtle ist die zweite. Und die fixen Kerlchen, die Sie jetzt zu dieser Spritztour eingeladen haben, bilden eine dritte interessierte Partei. Haben Sie das kapiert?«

Der Möbelwagen bog um eine Ecke, und in seinem Inneren ließ der Inspektor sich mit einem leisen Fluch ins Polster sinken, während die Mündung sich weiter in seine Rippen bohrte.

Im Polizeipräsidium sprach Kriminalchefinspektor Guthrie von der Abteilung C mit einem seiner hoffnungsvolleren jungen Männer. »Also, Fisher, das Taxi haben wir gefunden.

Zum Glück hatte Murdoch sich die Nummer gemerkt. Und den Möbelwagen haben wir auch. Aber die beiden Männer, Thurtle und Parker, sind verschwunden. Das sieht böse für uns aus. Wenn ein weltbekannter Finanzmann von einem Inspektor des Yard in der Victoria Station verhaftet wird und beide mitsamt dem Taxi, in dem sie saßen, vom Erdboden verschwinden, stehen uns Pressekampagnen und parlamentarische Anfragen ins Haus.«

Der junge Mann sah von dem Stadtplan auf, der fast den ganzen Schreibtisch bedeckte. Er war groß und blond und hatte intelligente graue Augen.

Der Chefinspektor fuhr fort: »Dieser Bezirk WX-15, wo wir das Taxi gefunden haben, ist ein Strudel – ein Strudel für Diebsgesindel. Die brauchen sich da nur hinzustellen, schon verschluckt er sie. Das ist jetzt schon öfter als einmal passiert. Nur daß sie, anders als bei einem richtigen Strudel, wieder auftauchen – woanders.«

Er kam durchs Zimmer und sah Fisher über die Schulter.

»Das da«, sagte er, wobei er mit dem Finger ein Gebiet umkreiste, das auf der Karte rot markiert war. »Perry Street, Perry Square, Winton Street und Winton Mews, und drum herum die Oxford Street, Tottenham Court Road, Charlotte Street und Goodge Street. Und da, genau in der Mitte, ist dieser interessante kleine Fleck, scheinbar so harmlos wie die Bank von England – aber das ist genau die Stelle. Wenn ein Verbrecher da erst hinkommt, ist er weg.«

Fisher strich sich mit den Fingern durch die blonden Haare. »Ich möchte gern noch einmal genau wissen, Sir, was bisher unternommen wurde.«

»Steht alles in den Akten. Was in den letzten neun Monaten geschehen ist, finden Sie dort alles, aber ich fasse es Ihnen noch einmal rasch zusammen. Vor einem knappen Jahr ist mir an dieser Gegend zum erstenmal etwas merkwürdig vorgekommen. Damals war ein Juwelierladen in der Oxford Street aufgebrochen worden. Scheinbar ein ganz normaler

Bruch, durchgeführt von einem gut eingespielten Team. Die beiden Burschen, die den Großteil der Beute bei sich hatten, flüchteten in einem Auto und wurden verfolgt. Sie fuhren die St. Francis Passage hinunter und kamen in die Tottenham Court Road.«

Guthrie holte kurz Luft. »Das Komische war, Fisher, daß der Überfall in der Nacht stattfand. Wir hatten den Bezirk hermetisch abgeriegelt, weil wir es auf die Hendridge-Entführer abgesehen hatten. Es war nach Mitternacht, und jedes Auto wurde angehalten. In der ganzen Gegend wimmelte es von Polizei. Die Juwelendiebe wurden beobachtet, wie sie an der Ecke Goodge Street ihren Wagen verließen und auf den Perry Square rannten. Und von dem Moment an waren sie verschwunden.

Nun werden Sie darin noch nichts allzu Ungewöhnliches sehen, ich selbst damals auch nicht. Ich sah nur schlechte Polizeiarbeit und dachte, unsere Leute wären eben doch nicht so schlau gewesen, wie man sich's gewünscht hätte.

Aber das war ja erst der Anfang. Seitdem ist ein besonders intelligenter Zweig des organisierten Verbrechens im Westend auf dem Vormarsch. Immer wieder wählen die Schurken diese Fluchtmethode, und mit der Entführung von gestern abend ist die Serie von Vorfällen, die mit dieser Gegend verknüpft sind, von neuem ins Blickfeld geraten.

Wir müssen den ganzen Bezirk aufgraben und das Rattenloch zustopfen. Ich will Erfolge sehen. Und darum übernehmen jetzt Sie den Fall. Wenn ich Ihnen raten darf, dann konzentrieren Sie sich auf WX-15. Dort liegt des Rätsels Lösung. Wir können diesen Bezirk nicht abriegeln, und das wissen die Burschen genau.«

Bob Fisher beugte sich über den Plan. »Wenn ich es richtig sehe, Sir«, begann er zögernd, »gilt unser Hauptinteresse den Winton Mews, wo das Taxi und der Möbelwagen gefunden wurden. Beide Fahrzeuge wurden gestern morgen gestohlen. Finden Sie es nicht auch etwas merkwürdig, daß die Mews, die ja einmal Stallungen waren, mitten in so einem Geviert stehen?«

»Eigentlich nicht. Die beiden Seiten zum Platz hin sind neueren Datums. Wohnungen und Schneiderwerkstätten. Die beiden anderen Seiten sind älter und bestehen aus den ursprünglichen Häusern, zu denen früher die Stallungen gehörten. Einige haben Läden im Erdgeschoß. Dann steht auf der anderen Straßenseite ein Luxuswohnblock, die Southwold Mansions, und daneben gelangt man über einen Hof zu einem Lager.«

Er beugte sich über die Schulter des anderen und zeigte ihm auf der Karte die genannten Gebäude.

Fisher nickte verständig. »Und das ist alles schon durchsucht worden?«

»Durchsucht!« Guthrie breitete dramatisch die Arme aus. »Fragen Sie Ames, wenn Sie Genaueres wissen wollen. Aber zuerst noch ein paar Hintergrundinformationen. Hier, das ist Joes Imbiß. Joe ist eine ehrliche Haut; tut angeblich Erbsmehl in den Kaffee, aber mehr liegt nicht gegen ihn vor. Dann die Wäscherei daneben. Ein Ehepaar betreibt sie. Vermietet auch Zimmer. Über die beiden wissen wir genau Bescheid. Der Zigarettenladen nebenan ist sauber, und das Musikgeschäft und die Sandwich-Bar haben auch nichts zu verbergen. Jetzt kommen wir zu den Mews selbst. Die meisten Garagen gehören Privatbenutzern, alle gut beleumundet. Wir haben sie uns angesehen. Die meisten sind nicht einmal unterkellert.

Nur zwei dienen als Wohnungen. Diese hier dient als Lagerraum für die Wäscherei. Darüber schläft das Ehepaar. Und nebenan haben wir auch noch die alte Mrs. Wheeler, ein echtes Londoner Original. Angeblich wird sie an ihrem nächsten Geburtstag hundertfünf. Bettlägerig, versteht sich, und lebt allein, abgesehen von den Wohlfahrtsleuten, die sich um sie kümmern, und den Touristen, die sie besichtigen kommen. Eine Zeitlang hatten wir sie im Verdacht, sich ein bißchen als Wahrsagerin zu betätigen, aber sonst nichts Schlimmeres.«

Fisher nickte.

»Und was liegt dort alles unter der Erde?«

»Einmal die U-Bahn, dann der Abwasserkanal Y-40 und der alte Posttunnel, den jetzt die Westbridge Stores für den Warenverkehr zwischen ihren beiden Zweigstellen benutzen, um den Verkehr am Oxford Circus zu meiden. Soweit wir feststellen können, gibt es von WX-15 keinen Zugang zu einem dieser Untergrundsysteme. Aber als erstes haben Sie jetzt die Aufgabe, Thurtle wieder einzufangen. Ich glaube übrigens nicht, daß Freunde von ihm die Finger im Spiel haben. Nach meiner Vermutung handeln da irgendwelche anderen Ganoven auf eigene Faust. Wir müssen Parker herausboxen, und Sie müssen den Kerl erwischen, der diesen Bezirk unter Kontrolle hat – den Kopf, der das Fluchtsystem organisiert.«

Das Telefon klingelte, und der Ältere nahm ab.

»Für Sie, Fisher«, sagte er. »Hört sich nach einem Privatanruf an.«

Fisher übernahm mit allen Zeichen der Verlegenheit den Hörer.

»Bob, hab ich dich endlich? Hör mal zu, ich bin hier in einer Wohnung – einer möblierten Wohnung. Nein, nicht eingebrochen – ich habe sie gemietet. Für meine Tante, genauer gesagt. Sie kommt morgen, und jetzt glaube ich eigentlich nicht mehr, daß ihr diese Wohnung zusagen wird. Du mußt unbedingt mal herkommen und sie dir ansehen, dann wirst du mir wahrscheinlich recht geben.«

Bei aller Entrüstung mußte Fisher lächeln. So ein Ansinnen war typisch für George Box, diesen Nichtstuer, den er Anfang des Jahres im Urlaub kennengelernt und seitdem ein paarmal im Westend wiedergetroffen hatte.

»Moment«, sagte er. »Tut mir leid, aber das geht nicht. Ich bin furchtbar beschäftigt. Ja, beschäftigt. Und reden kann ich jetzt auch nicht mit dir.«

»Aber hör doch mal, Bob!« Es klang richtig beleidigt. »Ich

will dir doch etwas Interessantes zeigen. Es ist wichtig. Komm unbedingt her. Du wirst es dein Leben lang bereuen, wenn du nicht kommst. Hör zu, Bob!« Jetzt ließ er geheimnisvoll die Stimme sinken. »Ich kann dir am Telefon nicht viel sagen, aber ich glaube, die Wohnung wird dich sehr interessieren.«

Fisher sah mit halbem Auge Guthries ärgerliches Gesicht und sagte nachdrücklich: »Tut mir leid, Box, aber ich habe zu tun. Sag mir die Adresse, dann werde ich später mal zusehen, was ich machen kann.« Er zog einen Notizblock zu sich. »Hallo, ja – Southwold Mansions 3A, Perry Street.«

Er starrte auf die Adresse, die er gerade hingeschrieben hatte, dann nahm er wieder das Telefon ans Ohr und fragte sehr viel interessierter als vorher: »Southwold, sagst du?«

»Ja – Southwold Mansions. Komm unbedingt her!«

»Gut. Ich komme. Bis dann.«

Als Fisher auflegte, sah Guthrie ihn an.

»Komischer Zufall«, meinte Guthrie.

»Sehr komisch«, pflichtete Fisher ihm bei.

»Ist Ihr Freund reich?« fragte der Ältere. »Diese Wohnungen sind teuer. In einer wohnt Dacre, der Schauspieler. Im Erdgeschoß wohnt ein Chirurg, darüber ein Börsenmakler.«

Fisher lächelte.

»Box hat sie für seine Tante gemietet. Ich glaube, daß sie recht wohlhabend ist. Da werde ich im Laufe des Abends wohl doch mal reinschauen.«

»Es erscheint mir ratsam«, meinte Guthrie. »Nanu, Davidson, was gibt's?«

Der junge Mann, der soeben mit Leichenbittermiene eingetreten war, sagte ohne Einleitung: »Inspektor Parker ist tot aufgefunden worden, Sir. Eine Schulklasse hat ihn bei einer Biologie-Exkursion entdeckt, Schuß in den Hinterkopf. Die Polizei am Ort hat die Kinder weggeschickt, nur den Jungen, der auf die Leiche gestoßen ist, behält sie noch da, bis wir hinkommen. Wie es aussieht, wurde Parker mit einem Wagen dorthin gebracht, denn es gibt deutliche Spuren, die man bis zur Hauptstraße zurückverfolgt hat, wo eine Parkbucht ist. Von Thurtle gibt's bisher keine Spur.«

Chefinspektor Guthrie zog geräuschvoll Luft durch die zusammengebissenen Zähne ein.

»Mord, an einem von unseren Leuten«, sagte er voll Ingrimm. »Packen Sie das an, Sie beide. Ich will Festnahmen sehen. Fisher, ich überlasse Ihnen Davidson für vierundzwanzig Stunden, danach brauche ich ihn wieder hier.«

Als die Tür zum Zimmer ihres Chefs hinter den beiden jungen Männern zuging, gestattete Davidson sich einen Nachruf auf den verblichenen Kollegen: »Armer Parker. Jetzt wird er nie mehr einem Taxifahrer zuwenig Trinkgeld geben.«

Die Inspektoren Davidson und Fisher waren gerade von der Durchsuchung des Waldstücks zurück, in dem die Leiche gefunden worden war. Ihre Mission war erfolglos geblieben, und sie hatten sich ein wenig bedrückt aufs Revier begeben, um Parkers Kleidungsstücke zu durchsuchen.

»Alles, was in den Taschen war, liegt da auf dem Tisch«, sagte der Revierleiter.

Fisher betrachtete die übliche Kollektion von Dingen, die Inspektor Parker mit sich herumzutragen pflegte – Uhr, Nagelfeile, Brieftasche, ein paar Schreibstifte und einen Schlüsselbund.

Davidson seufzte. »Nichts dabei, was uns weiterhilft«, meinte er düster. »Nehmen wir uns die Klamotten vor.«

Sie durchsuchten zusammen die zerknüllten, blutbesudelten Sachen, die einmal den eitlen Inspektor bekleidet hatten. Es war eine traurige Pflicht. Fisher hatte so etwas in seinem Berufsleben zwar schon öfter machen müssen, konnte aber einen gewissen Widerwillen gegen solche Arbeit noch immer nicht überwinden. Plötzlich entfuhr ihm ein lauter Ausruf, und Davidson und der Revierleiter sahen auf. Fisher hielt ein schmutziges Stück Papier in der Hand, das er aus Parkers linkem Schuh gezogen hatte. Er strich es auf dem Tisch glatt, und sie beugten sich zu dritt darüber.

Der Fund maß etwa acht mal acht Zentimeter, war stark verschmutzt und trug den deutlichen Abdruck eines Schuhabsatzes. Offenbar stammte er von einem Formularblock. Unterhalb der perforierten Oberkante stand ewas darauf gedruckt: »Hotel Formby«, stand da, und: »Vom Benutzer aufzubewahren.« Darunter war die Zahl 178 gekritzelt.

Davidson runzelte die Stirn, und der Revierleiter machte ein verwundertes Gesicht.

»Wofür halten Sie das, Fisher?« fragte Davidson ruhig. »In seinem Schuh war das? Was ist das überhaupt? Irgendwas fürs Schuheputzen im Hotel?«

Fisher schüttelte den Kopf. »Glaube ich nicht. Warum ›Vom Benutzer aufzubewahren‹? Haben Sie im Hotel schon mal eine Quittung für Ihre Schuhe bekommen?«

Davidson rieb sich das Kinn. »Stimmt auch wieder. Wofür halten Sie es denn?«

»Zunächst nehme ich einmal an«, antwortete Fisher, »daß es nicht versehentlich in diesen Schuh gekommen ist. Jemand muß es da mit einer bestimmten Absicht hineingesteckt haben, wahrscheinlich Parker selbst. Ich vermute, daß Parker irgendwo festgehalten wurde und nach irgend etwas gesucht hat, was ihm einen Hinweis auf seinen Aufenthaltsort gab, und dabei hat er das hier vom Fußboden aufgelesen. Denken Sie an den schmutzigen Schuhabdruck. Unsere nächste Station dürfte also das Hotel Formby sein. Sie kennen es, ja? In der Euston Road – angesehenes Etablissement.«

Da sich in den Sachen des Toten nichts weiter fand, machten die beiden Inspektoren sich auf den Weg. Dabei ging Davidson noch einmal durch, was sie bisher wußten.

»Also«, sagte er, »feststehen dürfte, daß Parker erschossen wurde, bevor man ihn in den Wald schaffte.«

»Und ich glaube nicht, daß er kaltblütig erschossen wurde«, sagte Fisher, ohne aufzusehen.

»Sie meinen, wegen des Einschußwinkels? Da könnten Sie recht haben. Er wurde auch nicht aus nächster Nähe erschossen. Wahrscheinlich hat der arme Kerl einen Fluchtversuch unternommen.«

Der Hoteldirektor empfing sie nicht ohne Vorbehalte. Er war ein rundlicher älterer Herr mit flinken dunklen Augen und schwarzem Knebelbärtchen. Daß zwei Polizisten in seinem gutgeführten Hotel erschienen, war ein Vorgang ohne Beispiel, und entsprechend nervös beäugte er sie. Nachdem sie in seinem Büro Platz genommen hatten, zückte Fisher sein Notizbuch, nahm das schmuddelige Blatt heraus und reichte es dem Direktor.

»Können Sie uns vielleicht sagen, was das ist, Mr. Weller?«

Der verwöhnte Mann nahm das Blatt zwischen Daumen und Zeigefinger. Zuerst schien er geneigt, jede Verbindung zwischen so einem abstoßenden Objekt und seinem vornehmen Hotel Formby überhaupt zu bestreiten, aber nach näherem Hinsehen legte sich langsam seine Stirn in Falten.

»Hm, ja«, sagte er. »Daran ist nichts Ungewöhnliches. Hoffe ich zumindest.«

Er sah die beiden Inspektoren fragend an, aber sie verzogen beide keine Miene und warteten schweigend, daß er fortfuhr.

»Nein, es ist sogar sehr einfach«, sagte er. »Sehen Sie, wir sind hier ein wenig beengt, das Hotel hat keine eigene Garage. Um unseren Gästen entgegenzukommen, haben wir deshalb einen Vertrag mit einer großen Garage hier unten an der Straße, wonach unsere Gäste dort ihre Autos abstellen können, aber die Gebühr wird von uns bezahlt und dem Gast wie alles andere auf die Rechnung gesetzt.

Manchmal greifen wir, wenn diese Garage voll ist, auch noch auf zwei, drei kleinere Garagen in der Umgebung zurück, und dann geben wir dem Wagenbesitzer üblicherweise so einen Schein. Das Duplikat gibt er in der Garage ab. Ohne diesen Schein kann niemand seinen Wagen abholen.«

»Aha, dann ist das also ein Parkschein?«

Mr. Weller geruhte einen zweiten Blick auf das anstößige Dokument zu werfen. »So ist es«, sagte er. »Ein Parkschein für einen Gast, der in Zimmer hundertachtundsiebzig gewohnt hat.«

Fisher konnte sich ein kurzes Lächeln nur mit knapper Not verkneifen, als er seinem Kollegen einen verstohlenen Blick zuwarf. Inspektor Davidson grinste unverhohlen.

»Könnten Sie möglicherweise auch feststellen, wem dieser Schein ausgehändigt wurde?« fragte Fisher. »Es ist doch das Original, nicht wahr? Vielleicht haben Sie noch den Durchschlag in Ihren Unterlagen.«

Mit einem übertrieben ungehaltenen Seufzer drückte der Direktor des Hotels Formby auf einen Klingelknopf und rief seine Sekretärin herbei. Sekunden später lag der Formularblock vor den beiden Kriminalbeamten auf dem Tisch. Fisher blätterte ihn durch, und schon entfuhr ihm ein zufriedenes Grunzen.

»Da haben wir ihn«, sagte er. »Ja, das ist er. Und hier steht auch ein Datum – zwölfter Februar. Also, Mr. Weller, wer hat an diesem Tag Ihr Zimmer Nummer hundertachtundsiebzig bewohnt?«

Der Portier wurde gerufen und kam sofort, ein blasser, blonder junger Mann mit dem Meldeblock unter dem Arm. Der Besitzer des Parkscheins wurde ermittelt.

»Mr. Richard Holt«, sagte der Portier. »Einer unserer ältesten Stammgäste.«

»Ich kenne Mr. Holt seit Jahren«, sagte der Direktor. »Ein Fabrikant aus Walsall, der auf seinen Reisen nach London immer hier absteigt.«

»Leider müssen wir Sie auch noch um seine Adresse bitten«, sagte Fisher. Dann wandte er sich an den Portier. »Wissen Sie etwas über diesen Parkschein?«

Der junge Mann besah sich den Zettel mit etwas größerem Interesse als sein Chef.

»Ich glaube, ja«, sagte er. »Ich erinnere mich, daß Mr. Holt eines Abends ziemlich spät zu mir kam und fragte, wo er seinen Wagen abstellen könnte. Ich habe wie üblich die Garage hier an der Straße angerufen, aber die war voll, und ich mußte etwas anderes für ihn organisieren.«

Fisher war angenehm berührt. Endlich ein Zeuge, der ein gutes Gedächtnis hatte und wirklich gewillt war, ihnen zu helfen. »Können Sie mir die Garage nennen, in der das Auto dann untergestellt wurde?«

»Da bin ich nicht sicher. Drei kommen in Frage. Wir haben einen Chauffeur im Haus, der die Autos für die Gäste aus den Garagen holt. Vielleicht weiß er es noch.«

Sie mußten eine Weile warten, bis der Mann herbeigerufen war, und Fisher nutzte die Zeit, um sich Mr. Richard Holts Adresse geben zu lassen. Der Chauffeur war ein vielgeplagter, offensichtlich überarbeiteter Mensch, der nicht nur die Autos der Gäste abzuholen hatte, sondern im Hotel Formby auch noch die undankbare Aufgabe eines Mädchens für alles wahrnahm. Er konnte sich jedoch an Mr. Holts Wagen erinnern.

»Ein Sunbeam Rapier«, sagte er. »Kein neues Modell. Ich habe ihn in eine der drei Garagen gebracht, die wir in Anspruch nehmen, wenn die große voll ist, aber welche das war, könnte ich jetzt nicht mehr sagen. Ich hatte alle Hände voll zu tun, und es ist ja auch schon eine Weile her. Aber dort werden sie es wohl noch wissen.«

»Ich gebe Ihnen die Adressen«, erbot sich der hilfsbereite Portier, und während er sie ihm auf einen Zettel schrieb, wandte der Hoteldirektor sich mit einer Bitte an Fisher.

»Ich weiß natürlich nicht, womit Sie gerade befaßt sind, Inspektor«, sagte er, »aber Mr. Holt ist bei uns ein langjähriger Gast, und Sie werden verstehen, daß ich Ihnen seine Adresse nur ungern gegeben habe. Wenn es Ihnen also möglich wäre, Ihre – äh – Auskünfte einzuholen, ohne sich auf mich zu berufen, wäre ich Ihnen überaus dankbar.«

»Keine Sorge, Sir. Wir sagen nie mehr, als wir unbedingt müssen.«

Wenig später standen sie wieder auf der Straße, und Fisher besah sich die Garagenliste.

»Burchell, Albany Street; Fairlop, Fitzroy Street; und Knapp, Grafton Street. Das ist doch interessant, Davidson.«

»Grafton Street?«

Sie stiegen ins Auto, und Fisher schaltete die Armaturenbeleuchtung ein und zog eine grobe Planskizze aus der Jackentasche.

»Sehen Sie mal her«, sagte er. »Hier sind die unterirdischen Anlagen im Bezirk WX-15 eingezeichnet. Das hier ist der Abwasserkanal Y-40, hier ist die U-Bahn, und hier der alte Posttunnel, den jetzt die Kaufhäuser benutzen. Sehen Sie, was ich meine? Dieser Tunnel verläuft genau durch den Bezirk und endet an der Tottenham Court Road, wo das Kaufhaus Westbridge seine andere Zweigstelle hat. Dazwischen unterquert er die Grafton Street. Mal überlegen. Jedenfalls fahren wir da zuerst hin.«

Knapps Garage war ein ausgedienter Pferdestall, und man erreichte sie über einen schmalen Backsteinweg zwischen einem Antiquitätenladen und einem Zweigbüro des Elektrizitätswerks. Sie war düster und wenig einladend und machte nicht gerade den Eindruck eines blühenden Unternehmens. Als sie in das halbleere Gebäude einfuhren, kam ihnen eine heruntergekommene Gestalt entgegen, ein kleiner Mann mit Rattengesicht, dessen Klamotten jahrelang in Altöl gelegen zu haben schienen. Sein einziges Zugeständnis an modischen Schick war eine große flache Mütze, die er verwegen schief auf dem Kopf trug.

»Ich möchte den Geschäftsführer sprechen.«

»Der Geschäftsführer bin ich. Und der Besitzer auch. Da über der Tür steht mein Name – Thomas Knapp –, und dafür muß ich mich nicht schämen.«

»Beachtlich«, antwortete Fisher freundlich. »Also, Mr. Knapp, ich bin Inspektor Fisher, und das hier ist Inspektor Davidson.«

»Das hätten Sie mir nicht erst sagen müssen«, versetzte Mr. Knapp. »Habe nicht gedacht, daß Sie vom Maskenball kommen.«

Fisher überhörte die Stichelei und fuhr fort: »Stellen Sie hier manchmal Wagen vom Hotel Formby ein?«

»Dafür muß man sich ja hoffentlich nicht schämen. Ist doch ein gutes Hotel. Im Formby würde ich ohne weiteres selbst mal übernachten.«

Fisher nahm den Parkschein aus der Tasche und hielt ihn dem Mann vors Gesicht, ohne ihn aber aus der Hand zu geben. »Haben Sie das schon mal gesehen?«

Mr. Knapp schniefte laut. »Kann schon sein«, meinte er ausweichend. »So was kann ja jeder schon mal gesehen haben.«

»Na gut. Sie erkennen aber, was das ist?«

»Ja«, sagte Mr. Knapp nach einer Pause, die das Resultat einer gewaltigen geistigen Anstrengung, vielleicht aber auch nur Vorsicht war. »Eine Einstellquittung für einen Wagen vom Hotel Formy.«

»Richtig. Und dieser Schein wurde am zwölften Februar dieses Jahres für einen Sunbeam Rapier ausgestellt. Wilkinson, der Chauffeur vom Formby, meint, er hätte den Wagen vielleicht hierher gebracht.«

»Gut möglich«, sagte Mr. Knapp.

»Und?« fragte Davidson. »Haben Sie hier am Abend des zwölften Februar einen Sunbeam Rapier vom Hotel Formby angenommen? Und ist das der Parkschein, mit dem der Wagen ausgelöst wurde?«

»Kann sein.« Man sah Mr. Knapps unschönem Gesicht nicht an, ob er alles sagte, was er wußte, oder ob ihn die Sache einfach nicht weiter interessierte.

»Denken Sie lieber mal genau nach, mein Junge«, sagte Fisher mit schneidender Stimme. »Die Sache ist ernst. Sie wissen ja, wer wir sind. Wir stellen unsere Fragen nicht zum Spaß.«

»Ach nee«, meinte Mr. Knapp verächtlich. »Also, dann muß ich wohl mal scharf nachdenken, wie?«

»Wäre keine schlechte Idee.«

Die beiden Kriminalbeamten warteten, während Mr. Knapp sich dieser ungewohnten Tätigkeit widmete. »Nein«, sagte er endlich, »glaub ich nicht. Ganz sicher kann ich das natürlich nicht sagen, aber ich glaube nicht.«

Fisher kniff die Augen zusammen. »Der Wagen ist nicht als gestohlen gemeldet«, sagte er. »Da liegt nichts vor. Wenn er hier war, können Sie es also ruhig zugeben.«

»He, das sind mir ja schöne Unterstellungen!« rief Mr. Knapp entrüstet. »Ich gebe mir doch nun wirklich alle Mühe, Ihnen zu helfen, oder? Und ich sage, ich glaube nicht, daß er hier war.«

»Führen Sie denn keine Aufzeichnungen? Woher wissen Sie, wieviel Geld Sie vom Formby zu bekommen haben?«

»Ich stelle keine Rechnungen. Bei mir wird bar auf die Kralle bezahlt. Natürlich führe ich Aufzeichnungen, damit die Schnüffler vom Finanzamt was nachzugucken haben. Ich schreibe die Nummern der Autos auf, die ich für die Nacht unterstelle, und wenn die Macker ihn dann abholen wollen und mir einen Zettel geben, rücke ich ihn wieder raus. Hat alles seine Ordnung.«

Fisher antwortete darauf nicht sofort. Sein Blick erfaßte alle Einzelheiten der zugigen Garage und war soeben auf etwas gefallen, was zwischen dem Unrat auf dem ungefegten Fußboden lag. Er bückte sich und hob es auf. Es war ebenfalls ein Parkschein, der gleiche wie der, den er in der Hand hielt, bis auf die andere Nummer. Mr. Knapp grinste, aber sein verschlagener Blick wurde ein wenig unsicher.

»Suchen Sie was Bestimmtes?« fragte er.

Fisher zeigte den Zettel Davidson. »Genau wie Sie sagen«, wandte er sich dann wieder an Knapp, »alles hat seine Ordnung. Bewahren Sie Ihre Quittungen immer auf dem Fußboden auf?«

»Ich hab keine Zeit, hinter jedem Kunden aufzuwischen«, sagte Mr. Knapp. »Wenn einer mir einen Parkschein für einen Wagen gibt, den er am Abend vorher hier untergestellt hat, kriegt er seinen Wagen. Und wenn der Parkschein auf den Boden fällt, lasse ich ihn da liegen. Ich hab was Besseres zu tun, als zu putzen.«

»Wie man sieht«, sagte Fisher.

Mr. Knapp zögerte. »Wenn Sie sich schon so für meine Geschäfte interessieren, möchten Sie sich vielleicht auch mal hier umsehen?« meinte er. »Hübscher kleiner Laden. Ich weiß doch, wie gern ihr eure Nasen in alles reinsteckt.«

Er führte sie ins Büro an der Rückseite der Garage und von dort auf den kleinen Hof dahinter. Überall war es sehr unordentlich und schmutzig, aber bei aller Aufmerksamkeit entdeckten die beiden Kriminalisten nichts Ungewöhnliches. Über einer Abschmiergrube stand ein Kleinlastwagen. Fisher warf einen Blick in das Fahrzeug, aber es war leer.

»Meine Mutter und ich wohnen hier drüber in der Mansarde«, vertraute Mr. Knapp ihnen an. »Ich halte keine Haustiere und bin voll gegen Feuer versichert. Wollen Sie sonst noch was wissen, wenn Sie schon mal hier sind? Fragen Sie ruhig. Nehmen Sie keine Rücksicht auf mich.«

»Gibt's hier einen Keller?«

Mr. Knapp, der sich gerade weggedreht hatte, um auf den Luftdruckmesser an einem Reifen zu sehen, bückte sich noch ein wenig tiefer über das Instrument, aber als er sprach, klang seine Stimme so selbstbewußt wie immer. »Nein«, sagte er. »Nur die Kanalisation, und die ist nicht gut. Möchten Sie noch einen Blick ins Familienalbum werfen?«

Fisher grinste. »Das haben wir wahrscheinlich schon beim Yard vorliegen«, meinte er. Die beiden Kriminalisten nickten dem Mann zu und gingen wieder hinaus zu ihrem Auto.

»Na, was halten Sie davon?« fragte Davidson. »Der Mann hat garantiert ein Vorstrafenregister, aber ich konnte nichts Verdächtiges entdecken.«

»Ich weiß nicht«, antwortete Fisher bedächtig. »Solche Garagen sind für Ganoven sehr praktisch. Und diese hier befindet sich gerade in der richtigen Gegend. Ich glaube, ich lasse das Ding mal beobachten.«

Die Garagen Burchell und Fairlop standen beide unter der tüchtigen Leitung ehemaliger Soldaten, die über jedes Auto, das sie vom Hotel Formby bekamen, exakt Rechenschaft ablegen konnten. Sie wußten genau, daß am Abend des zwölften Februar kein Sunbeam Rapier bei ihnen eingestellt worden war.

»Damit wären wir wieder bei Mr. Knapp«, sagte Davidson. »Vielleicht wurde Parker ja von Thurtle erschossen?«

Fisher schüttelte den Kopf. »Nie im Leben«, sagte er. »Hinter der Sache steckt ganz wer anderes. Thurtle ist ein Gauner, hat einmal viel riskiert und ist dabei böse auf die Nase gefallen, aber hier ist einer am Werk, der immer viel riskiert.«

Es war schon Mitternacht vorbei, als Fisher endlich die Zeit fand, sich zu Southwold Mansions 3A zu begeben. Die Lichter in der sauberen, gepflegten Eingangshalle waren auf halbe Stärke gedämpft, trotzdem wirkte die leuchtendgrüne Tür teuer und einladend.

Auf sein Klingeln ging diese Tür auf, und Box schob sein rosiges Gesicht um die Ecke.

»Na, da bist du ja endlich!« rief er. »Komm rein. Ich dachte langsam schon, du wolltest dich drücken. Komm, trink einen Schluck.«

Er war im Pyjama und trug darüber einen Morgenmantel in den buntesten Farben, die gut zu seinem hellblonden Haar paßten. Fisher folgte ihm ins Wohnzimmer der Suite. Es war eine große, überladene Wohnung, aber teuer eingerichtet und gemütlich. Box ging zu einem Beistelltisch und mixte einen Drink für sich und seinen Gast, und dabei redete er ununterbrochen.

»Ich dachte schon, du hättest mich nicht ernst genommen. Es war schon sehr schwierig, dich beim Yard überhaupt zu erreichen. Ihr von der Polizei solltet doch eigentlich immer auf dem Sprung sein – jederzeit Augen und Ohren offen für die kleinen Informationskrümel, die euch zu den großen Brocken führen. Zigarette? Das Kästchen da drüben ist voll. Dem Mann, von dem ich die Wohnung gemietet habe, scheint an meinem Wohlergehen zu liegen. Er hat sie so hinterlassen, daß man gleich darin weiterwohnen kann.«

Fisher ging ans Fenster, zog die schweren Vorhänge zurück und sah nach unten. Die Perry Street mit ihrem düsteren Hof lag unmittelbar unter ihm. Gegenüber war die schmale Gasse, die zu dem zweifelhaft beleumundeten Winton Square mit seinen kleinen Läden und den zwielichtigen Mews führte. Überhaupt hatte man von diesem Fenster aus einen bemerkenswert vollständigen Überblick über WX-15. Box, der ihm soeben ein Glas in die Hand drückte, riß ihn aus seinen Gedanken.

»Na, was hältst du von der Wohnung?« fragte er. »Sieht auf den ersten Blick doch völlig in Ordnung aus, wie? Wenn du für deine Tante eine möblierte Wohnung suchen müßtest, würdest du nicht auch sagen, daß sie genau richtig ist?«

Fisher, der nur eine mittellose alte Jungfer mit sehr abstinenzlerischen Grundsätzen zur Tante hatte, mußte grinsen.

»Vielleicht«, räumte er ein. »Aber nun mal ernst, George, wenn du mich nur hierhergelockt hast, damit ich dir zu deiner Wohnungssuche gratuliere, war das nicht sehr schlau von dir.«

»Halt, nicht so voreilig! Ich wollte dir nur erst mal was zu trinken geben, um dich zu kräftigen.« Box' rundes Gesicht wurde schlagartig ernst. »Es kommt schon noch was nach. Fürs erste könntest du mir mal hierher folgen.«

Er führte Fisher ins angrenzende Schlafzimmer. Es wirkte

wie ein gewöhnliches Zimmer, für Fishers Geschmack ein wenig zu vollkommen, aber sonst ganz normal. Box zitterte jedoch förmlich vor Aufregung.

»Als ich mich heute abend hier umziehen wollte, ist mir ein Manschettenknopf runtergefallen«, sagte er. »Und wie ich auf dem Boden herumkroch, um ihn zu suchen, entdeckte ich das hier. Ein bißchen seltsam, nicht?«

Er schob das Bett zur Seite und zeigte auf einen in die Dielen eingelassenen Ring.

»Und jetzt paß mal auf«, befahl er. Damit zog er an dem Ring und legte ein kleines viereckiges Loch im Boden frei, in dem zu Fishers Verblüffung drei Revolver lagen. Box richtete sich wieder auf.

»Na bitte«, sagte er. »Das wäre Punkt eins. Offenbar möchte mein Vermieter jederzeit auf Einbrecher vorbereitet sein. Beim ersten Alarm kann er aus dem Bett hüpfen und sie mit je einem Schießeisen in beiden Händen und einem dritten zwischen den Zähnen in Empfang nehmen. Ein eindrucksvoller Auftritt, würde ich meinen.«

Fisher zuckte die Achseln, aber sein Blick war ernst.

»Vielleicht nur ein Tick von ihm«, meinte er. »Aber komisch ist es schon, daß einer so etwas in einer möblierten Wohnung zurückläßt.«

»Komisch?« fragte sein Gastgeber. »Und wie komisch! Warte mal ab. Unsere nächste Station ist die Küche. Da haben wir einen Warenaufzug.«

In der blaugekachelten kleinen Küche war eine Ecke diagonal abgeteilt, und in dem Schacht dahinter befand sich ein mit Seilzügen betätigter, für eine solche Einrichtung aber ungewöhnlich stabiler kleiner Aufzug.

»Der bringt dich unmittelbar auf den Hinterhof des Wohnblocks«, sagte Box. »Interessant, nicht? Natürlich führt er durch die Wohnung unter uns, aber dort hat er keine Luke.«

»Woher weißt du das?« fragte Fisher.

»Weil ich es mir angesehen habe. Ich bin in dem Ding zweimal rauf und runter gefahren. Für dich dürfte das etwas schwieriger sein, weil du nicht meine eleganten Proportionen hast, aber bei mir ging's ganz leicht. Sieh mal!«

Er stieg durch die Luke, setzte sich im Schneidersitz hin und lächelte zu seinem Besucher hinaus. »Bitte sehr«, sagte er. »Und die Seilzüge braucht man nur zu berühren.«

Er faßte den Seilzug neben ihm an und bewegte sich mit Leichtigkeit ein Stückchen auf- und wieder abwärts. »Das ist aber noch nicht alles«, fuhr er hastig fort. »Sieh mal.«

Er streckte die Hand aus und betätigte einen Schalter in der Innenverkleidung des Schachts. Augenblicklich befanden sie sich im Dunkeln.

»Siehst du das?« Box' Stimme klang triumphierend. »Damit schaltet man sämtliche Lichter in der Wohnung aus. Und zudem kann man sie nicht wieder anknipsen, solange dieser Schalter hier nicht wieder in der richtigen Stellung ist. Versuch's nur mal.«

Fisher machte das Experiment unter Zuhilfenahme seiner Taschenlampe. Erst nachdem der Schalter im Aufzugschacht wieder in seiner ursprünglichen Stellung war, hatte die Wohnung wieder Licht.

»Na, bist du nun froh, daß du gekommen bist?« fragte Box. Fisher lächelte.

»Und ob. Du mußt ja den ganzen Abend lang ganz schön mit diesen Sächelchen herumgespielt haben. Gibt's noch mehr davon?«

»Ich weiß nur noch von einem.« Box freute sich wie ein Kind über ein neues Spielzeug. »Komm, stell dich mal ins Wohnzimmer.«

Sie gingen wieder in das Zimmer, das Fisher als erstes gesehen hatte, und Box zeigte auf den überreich verzierten Kamin, dessen Verkleidung bis zur Decke reichte und aus lackiertem Holz bestand, geschmückt mit eingelegtem Perlmutt in der Form eines Kirschbaums in voller Blüte. Der Kamin selbst war tief in die Wand eingelassen und hatte beiderseits eingebaute Kaminecken.

»Wie findest du das?« fragte Box.

»Häßlich«, antwortete Fisher wahrheitsgemäß. »Das Design paßt nicht zur Einrichtung.«

Box grinste. »Bleib einfach mal da stehen, und behalte das Ding im Auge.«

Er ging aus dem Zimmer und ließ die Tür offen, und Fisher konnte von seinem Standplatz aus die Gestalt im Morgenmantel über den Flur gehen, die Wohnungstür aufschließen und durch diese verschwinden sehen.

»Jetzt!« rief Box übermütig. »Siehst du den Kamin?«

Fisher sah auf. Die Kirschblüten erstrahlten allesamt in rubinrotem Licht. Die Wirkung war schaurig-schön.

Box kam vergnügt wieder herein.

»Na, hast du's gesehen? Hübsch, nicht? Ich hab's entdeckt, als der Mann den Strom ablesen kam. Funktioniert ganz einfach. Sobald sich jemand auf die Türmatte stellt, schließt er einen Kontakt, der diese Lichterpracht einschaltet. Ist das nicht eine ulkige Wohnung? Für Tantchen doch genau das Richtige.«

Fisher setzte sich in einen der tiefen Sessel vor dem Kamin.

»Sag mal, Box«, begann er, »wie bist du an diese Wohnung gekommen, und wie lange bist du schon darin?«

»Heute nachmittag um vier bin ich eingezogen, und gemietet habe ich sie heute vormittag um elf von einem hochangesehenen Makler. Sein Klient ist anscheinend wegen eines Filmvertrags ins Ausland gegangen. Er ist nämlich Schauspieler. Den Namen weiß ich nicht mehr. Ziemlich plötzlich abgereist, hat nur noch den Schlüssel beim Makler abgegeben und ihm gesagt, er soll sie vermieten. Da sie verhältnismäßig preiswert ist, habe ich zugegriffen. Natürlich weiß ich nicht, ob ich so sicher gewesen wäre, daß sie genau das ist, was Tantchen sucht, wenn ich da schon diesen ganzen Hokuspokus gekannt hätte, aber den habe ich erst heute abend entdeckt.

Ich habe sofort den Makler angerufen, aber der hatte schon Feierabend. Und da brauchte ich natürlich jemanden, der mal herkommt und sich diesen ganzen Zauber ansieht, darum habe ich dann dich angerufen. Möchtest du jetzt meine Lebensgeschichte hören? Vielleicht könnten wir aber auch ein paar Leute zusammentrommeln und eine Party feiern. Wir kennen doch beide sicher welche, die noch nicht zu Bett gegangen sind.«

Fisher ging nicht sofort darauf ein. Er war mit den Gedanken noch bei den merkwürdigen Entdeckungen, die er soeben gemacht hatte. Natürlich gab es die entfernte Möglichkeit, daß diese raffinierten Installationen nur das Werk eines einbrecherscheuen Wohnungsbesitzers waren, dem der jüngste Anstieg der Kriminalität angst machte, aber allzu wahrscheinlich kam ihm das nicht vor.

Box riß ihn aus seinen Überlegungen.

»Hier gegenüber ist noch ein Schlafzimmer, das du haben kannst«, sagte er. »Oder braucht die Polizei keinen Schlaf? Ich bin ja, wie du weißt, keine ängstliche Natur, aber irgend etwas an dieser Wohnung ist mir unheimlich. Empfindest du das nicht auch so? Hier herrscht so eine – wie soll ich es nennen? – erwartungsvolle Atmosphäre. Jedenfalls höchst ungewöhnlich.«

Fisher antwortete nicht. Gerade wollte er den Mund aufmachen und etwas sagen, da geschah etwas so Unerwartetes, daß die beiden jungen Männer gleichzeitig aufsprangen. Fisher fühlte ein Kribbeln im Rücken.

Aus dem Kamin hatte jemand gesprochen. Die Stimme hatte den seltsam metallischen und zugleich hohlen Klang eines schlechten Lautsprechers.

»Licht aus!« sagte die Stimme. »Licht aus. Wir kommen rauf!«

Fisher fing sich als erster wieder. Mit einem Satz war er bei der breiten Öffnung des Kamins und spähte unter die Verkleidung. Er fand die Erklärung mit einem Blick. Es *war* ein

Lautsprecher. Also noch so eine von den vielen wunderlichen Apparaturen, die sich in dieser Wohnung versteckten. Während er das Ding noch anstarrte, sprach es schon wieder.

»Licht aus! Schnell!«

Fisher bedeutete Box, ihm zu folgen, rannte in die Küche und drückte auf den Hauptschalter. Er war überzeugt, daß sich an günstigerer Stelle in der Wohnung noch ein zweiter befand, aber jetzt war keine Zeit, ihn zu suchen. Dann schlich er, Box weiter im Schlepptau, wieder ins Wohnzimmer. Während sie dort im Dunkeln standen und warteten, hörten sie von der Straße her leise Verkehrsgeräusche, sonst aber keinen Ton. Die Wohnung selbst schien den Atem anzuhalten.

Plötzlich griff Box nach Fishers Arm, und der Kriminalinspektor, der unverwandt in die Richtung gestarrt hatte, in der er die Wohnungstür vermutete, sah den Kirschzweig über dem Kamin in blutrotem Licht erstrahlen. Es war eine dramatische Warnung: Jemand stand draußen vor der grünen Wohnungstür.

Nach einer Weile, die ihnen wie eine volle Minute vorkam, vernahmen sie ein leises Klicken am Ende des Flurs, dann ein Rascheln. Fisher legte warnend die Hand auf Box' Arm. Er war erfahren genug, um sich hier nicht in einen Kampf zu stürzen, bevor er wußte, womit er es zu tun hatte.

Die Stille war nervenaufreibend. Die Dunkelheit schien belebt von sonderbaren Gestalten, aber kein Laut war zu vernehmen, kein Atemgeräusch verriet ihnen, ob sie allein waren oder nicht.

Erst die roten Warnlichter über dem Kamin, die abermals an- und wieder ausgingen, waren das erste echte Anzeichen dafür, daß ihr Besuch wieder ging. Dreimal blinkten die Lämpchen, dann herrschte ringsum Dunkel.

Fisher nahm seine Taschenlampe und leuchtete das Zimmer ab. Nichts war verändert. Sie schienen allein zu sein. Box ging in die Küche, und Sekunden später flammten die Lichter wieder auf.

Es war Fisher, der zuerst das Bündel am Ende des Flurs entdeckte, unmittelbar hinter der Wohnungstür. Mit einem unterdrückten Ausruf eilte er hin, Box auf den Fersen. Als sie noch sechs Schritte entfernt waren, blieben sie wie angewurzelt stehen und standen mit großen Augen vor dieser neuesten und bisher erstaunlichsten Überraschung, die ihnen die Wohnung zu bieten hatte.

Auf einem stabilen Stuhl saß – vielmehr lag halb, denn der Kopf hing nach hinten, die Augen waren geschlossen, die schlanken Hand- und Fußgelenke waren mit Schnüren gefesselt – eine junge Frau.

Fisher beugte sich über sie. »Mein Gott!« sagte er. »Was kommt jetzt noch alles? Schnell, Box, hol ihr ein Glas Wasser, während ich sie losbinde.«

Während er das sagte, wandte er den Kopf und sah für einen Sekundenbruchteil den Ausdruck im Gesicht des anderen. Fisher sah ihn nur ganz kurz und hatte ihn im nächsten Moment auch schon vergessen, als Box' Miene wieder ihre normale Farbe und wonnige Zufriedenheit annahm.

»Ja, klar, gute Idee. Oder einen Brandy? Nein, vielleicht besser nicht. Wirklich eine ulkige Wohnung. Morgen muß ich dem Mann gleich sagen, daß sie meiner Tante nicht zusagt. Wenn da so plötzlich fremde Frauen hereinschneien! Sie hält sich ja nicht für altmodisch, aber das würde ihr nicht gefallen. Da ist sie ganz eigen.«

Er trabte in die Küche, während Fisher die Schnüre aufband, mit der die Frau an Händen und Füßen gefesselt war. Schön war sie. Das lange rotbraune Haar floß ihr weich um das weiße Gesicht, dessen Blässe durch die schweren dunklen Wimpern noch betont wurde. Plötzlich schlug sie die Augen auf und sah ihn an. In ihrem Gesicht stand zuerst Überraschung, die schnell in panischen Schrecken umschlug.

Ehe Fisher etwas sagen konnte, rief Box' unernste Stimme aus der Küche: »He, Bob! Kleinen Moment. Komm mal ganz schnell her, hörst du?«

Es klang fast beschwörend, und Fisher drehte sich instinktiv um. Er sah Box halb im Aufzug hängen.

»Horch mal!« sagte Box. »Kannst du was hören?«

Fisher steckte den Kopf in den Schacht.

»Da ist nichts«, sagte er nach einer Weile. »Was glaubst du denn gehört zu haben?«

»Da hat jemand geschrien.« Box flüsterte so leise, daß es schon lächerlich wirkte. Fisher wurde fast ärgerlich. Er nahm ein Glas vom Regal und ließ es voll Wasser laufen.

»Komm schon«, sagte er. »Vergiß die Frau nicht. Sie kann uns das Ganze wahrscheinlich erklären.«

Als er wieder auf den Flur kam, hörte er ein Geräusch, das ihm einen Fluch entlockte. Dann sah er den leeren Stuhl und wußte, was passiert war. Die Schnüre, mit denen die Frau gefesselt gewesen war, lagen auf dem Boden, und die Wohnungstür stand sperrangelweit offen. Die Frau war fort.

Fisher fuhr herum und drückte Box das Glas in die Hand.

»Hier, nimm!« kommandierte er.

»He, wo willst du hin? Warte doch auf mich!«

Fisher, schon an der Tür, rief nur über die Schulter zurück: »Vielleicht erwische ich sie noch. Bis später.«

Box folgte ihm bis zur Tür, dann blieb er stehen, runzelte die Stirn, drückte die Tür wieder zu und ging langsam in die Wohnung zurück. Einen Augenblick stand er dort und überlegte, dann stellte er achselzuckend das Glas Wasser auf den Dielentisch, ging ins Schlafzimmer und zog sich flink an.

Als er wieder aus dem Schlafzimmer herauskam, war sein Gesicht so gutmütig wie eh und je, aber sein Blick hatte sich verändert. Er war nicht mehr offen. Vielmehr lag etwas Berechnendes darin. Er ging durch die Wohnung, um alle Lichter auszuschalten, und tastete sich dann in die Küche. Dort stieg er in den Aufzug wie einer, der das nicht zum erstenmal macht, und ließ sich schnell auf den Hof hinunter.

Durch den dunklen Mantel, der seine schlanke Figur umhüllte, war er gänzlich unauffällig. Er blieb kurz stehen und sah sich um. Als er sicher war, daß ihn niemand beobachtete, schickte er den Aufzug wieder nach oben. Dann zog er sich den Hut über die Augen, ging mit raschen Schritten über die Betonfläche und verschwand in einem Durchgang, der allem Anschein nach in einen Kohlenkeller führte.

Der Gang war leer. Er stammte aus der Zeit, als der Wohnblock noch ein Privathaus gewesen war. Der Mann schien sich hier auszukennen, denn er brauchte keine Taschenlampe, und eine Straßenbeleuchtung gab es hier auch nicht. Leise schlich er an der Wand entlang, bis er die Tür fand, die er suchte, ging hindurch und trat in einen zweiten Kellerraum.

Durch diesen kam er wieder in einen Durchgang, ähnlich dem, durch den er den Keller betreten hatte, ging ein paar Stufen hinauf und kam in einer engen Biegung genau gegenüber dem Wohnblock wieder auf die Straße.

Hier blieb er wieder lauschend stehen, aber aus dem Summen des Verkehrs war nichts Ungewöhnliches herauszuhören. Sekunden später setzte er sich in Bewegung und bog in die Winton Mews ein.

Auf dem engen, unheimlichen Hof war es still. Kein Lichtschimmer fiel aus den Fenstern über dem Garagentor. Box ging weiter, näherte sich dem dritten Tor auf der linken Seite und klopfte zweimal: erst laut, dann leise. Augenblicklich ging das Tor auf, und er trat in die Dunkelheit dahinter.

»Wenn du doch bloß mal was sagen würdest! Du gehst mir auf die Nerven, wenn du da nur so herumsitzt, Glotzauge!«

Mr. Knapp stand in dem dumpfen, schlecht beleuchteten Keller am Kopfende eines Holztischs und sah den Mann an, der am anderen Ende saß, den Kopf auf die Hände gestützt und einen abgestumpften Ausdruck im bleichen Gesicht.

Joseph Thurtle hatte schon müde ausgesehen, als er vor gut vierundzwanzig Stunden in der Victoria Station aus dem Schiffszug gestiegen war, aber inzwischen wirkte er verstörter und ausgelaugter, als man sich überhaupt vorstellen konnte. Er nahm von den Eröffnungsworten des Garagenbesitzers keine Notiz und starrte nur weiter vor sich hin ins Leere.

»Kannst du ihn nicht mal in Ruhe lassen, Thos?« Der Sprecher, ein Schwergewicht mit rotem Gesicht, lag hingefläzt auf einer mit Zeitungen gepolsterten Packkiste in der Kellerecke. »Überlaß ihn doch dem Boss.«

Die beiden anderen Anwesenden, die auf einer zweiten Kiste um Geld karteten, nickten zustimmend. Der eine war ein schlanker, dunkelhaariger junger Mann, der andere ein Hüne von imposanten Körpermaßen, der zäh aussah und einen honigfarbenen Dreitagebart im Gesicht hatte.

Mr. Knapp schniefte einmal und ging zu den beiden Kartenspielern.

»Ich verstehe dich nicht, Jack«, sagte er, wobei er den dunkelhaarigen jungen Mann abschätzig musterte. »Du sitzt hier den lieben langen Tag nur herum und spielst mit Bill Karten. Hängt dir das nicht irgendwann zum Hals heraus?«

»Hau ab, Thos, du störst!« Jack Simmons' Stimme klang erstaunlich kultiviert. »Bill und ich haben für heute schon genug getan. Wir amüsieren uns eben anders als du, dazu brauchen wir den Gefangenen nicht zu quälen.«

»Stimmt«, sagte der mit »Bill« Angesprochene mit hartem skandinavischem Akzent. »Geh doch zur Abwechslung mal Tim auf die Nerven.« Er zeigte auf den dicken Mann in der Ecke.

»Wenn er sich hier blicken läßt«, erklärte dieser edle Recke, »dreh ich ihm den mageren Hals um.«

»Schon gut. Kein böses Blut, will ich hoffen.« Mr. Knapp setzte sich auf die Tischkante wie ein Huhn auf die Stange und betrachtete wieder Joseph Thurtle.

Plötzlich ließ ein Rumpeln den Raum erzittern, in dem sie saßen, aber keiner der Männer zuckte auch nur mit der Wimper. Sie waren es gewohnt, daß die U-Bahn nur wenige Handbreit an ihnen vorbeidonnerte. Joseph Thurtle hob müde den

Kopf, aber der Ausdruck der Hilflosigkeit wich nicht aus seinem Blick.

Als nächstes läutete eine elektrische Klingel, und die ganze Kellergesellschaft sah auf. Mr. Knapp sprang von der Tischkante und nahm Aufstellung. Eine rohe Holztür am anderen Ende des Kellerraums flog auf, und ein junger Mann trat ein. Er hatte den Kragen seines dunklen Mantels hochgeschlagen und den Hut tief ins Gesicht gezogen. Er blieb einen Augenblick stehen und sah in die Runde, wobei sein rundes Gesicht völlig leer und undurchschaubar blieb.

George Box, im einen Nebenberuf Theaterkritiker, im anderen Halunke, der nur bisher der Polizei nicht aufgefallen war, musterte seine Gehilfen und den Gefangenen.

»Wo ist Casson?« fragte er.

»Im Büro.« Mr. Knapp wies auf eine andere Tür in der gegenüberliegenden Kellerwand. »Levine und Jamieson sind auch da.«

Box nickte. Der Raum, in den er jetzt trat, war zwar auch nur ein Keller, bot aber ein völlig anderes Bild. Er hatte einen Teppichboden, und die Wände waren gestrichen. Er war auch komfortabel eingerichtet.

Die drei Männer, die vor einem elektrischen Heizöfchen auf der Couch saßen, unterschieden sich sehr von ihren Kollegen draußen. Hier war der Kern jener mächtigen Organisation versammelt, die Scotland Yard soviel Kummer bereitete. Der eine war Casson, ein drahtiger kleiner Mann mit Oberlippenbärtchen, der zweite Jamieson, ein unauffälliger Geschäftsmann mit grauem Gesicht, der dritte Levine, vielleicht der intelligenteste von den dreien. Er war ein geschniegelter, nicht mehr ganz junger Franzose und untadelig nach der neuesten Mode gekleidet.

Box zog Hut und Mantel aus und warf beides auf einen Sessel.

»Ich muß schon sagen, Casson«, sagte er mit ruhiger Stimme, »es wäre mir lieb, Sie würden Ihre Freundinnen nicht in meiner Wohnung abladen, ohne mich vorzuwarnen. Ich hatte gerade Besuch, und die Situation war ganz schön peinlich. Wohlgemerkt, ich habe nichts gegen die Dame, nur gegen die Art ihres Auftritts. Sie gestatten mir diese Bemerkung, ja?«

Casson fuhr erschrocken auf.

»Besuch? Wer denn? Ich wußte einfach nicht, was ich mit ihr anstellen sollte. Hierher konnte ich sie ja nicht gut mitbringen. Da schien mir die Wohnung noch am sichersten.«

Box setzte sich auf die Armlehne der Couch.

»Wir sollten das lieber sofort klären«, sagte er. »Wer um alles in der Welt ist diese Frau?«

Casson und Levine wechselten einen Blick. Bei aller Unbekümmertheit lag in Box' Ton etwas Drohendes, eine verkappte Kritik, die sie auf Anhieb verstanden.

»Wir haben sie im Tunnel aufgegriffen, wo sie herumschlich. Sie konnte nicht erklären, was sie da zu suchen hatte, und da habe ich mir gedacht, sie könnte gefährlich sein.«

Der Sprecher war Levine. Sein leichter französischer Akzent ließ das Gesagte etwas abgehackt klingen.

Box lächelte. »Aha. Und dann habt ihr sie zusammengeschnürt, in meiner Wohnung deponiert und das weitere mir überlassen. Ich habe Ihre Stimme im Lautsprecher erkannt, Casson, und kann nur hoffen, daß Inspektor Fisher sie sich nicht gemerkt hat.«

»Inspektor Fisher?«

Alle drei starrten ihn an.

»In der Wohnung? Dann weiß er darüber Bescheid?«

»Alles«, sagte Box selbstgefällig. »Er hat ein paar von den Spielsachen gesehen und war gebührend beeindruckt. Ich muß zugeben, daß der dramatische Auftritt des Mädchens ein wenig über das hinausging, was ich mir eigentlich vorgestellt hatte.«

»Aber wie ist er da hingekommen? Wie hat er die Wohnung gefunden?«

»Ich habe ihn eingeladen und sie ihm gezeigt.« Box'
Lächeln wurde immer breiter.

Jamieson stand auf und sah fragend in das lächelnde runde
Gesicht.

»Was treiben Sie da für ein Spiel, Box?«

»Setzen Sie sich. Nur keine Aufregung. Lassen Sie mich erklären. Ich finde, daß die Aktivitäten der Polizei im Bezirk
WX-15 allmählich störend wirken. Anders ausgedrückt,
Jamieson, hier wird's zu heiß. Ich habe darüber nachgedacht
und beschlossen, daß man den Leuten am besten etwas hin-
wirft, woran sie sich festbeißen können. Wie Sie wissen,
hofiere ich Fisher schon seit einiger Zeit. Er vertritt die interessante Theorie, ich sei ein einfältiger Nichtstuer.«

Box hielt kurz inne und lächelte, als wäre er von seiner eigenen Schläue sehr angetan.

»Dieses Unternehmen ist unser letztes. Ich möchte die Polizei beschäftigt wissen, solange wir uns auf verschiedenen
Wegen davonmachen. Da wir die Wohnung nicht länger
benötigen, habe ich ihm erzählt, ich hätte sie für meine Tante
gemietet, aber jetzt komme sie mir irgendwie komisch vor.
Zuerst interessierte er sich nicht dafür, aber als ich die Adresse
nannte, spitzte er auf einmal die Ohren, und kam dann auch
bald. Ich habe ihn überall herumgeführt und wollte ihm gerade Zeit geben, seine eigenen Schlüsse zu ziehen, als plötzlich diese Frau so dramatisch auftrat. Um es kurz zu machen,
Casson, die Frau ist getürmt, und Fisher hinterher. Wenn er
sie einfängt, wieviel kann sie ihm erzählen?«

»Nicht viel«, sagte Casson rasch. »Zum Glück nicht viel.
Hier haben wir sie gar nicht erst hereingeführt. Wir haben ihr
noch im Tunnel die Augen verbunden und sie durch die Garage nach oben gebracht. Sie würde nie etwas wiedererken-
nen.«

»Wo könnte sie herkommen? Von der Polizei?«

»Das glaube ich nicht. Zu jung dafür. Ich kann mir nicht
denken, was sie da gemacht hat.«

Box kniff die Augen zusammen. »Das hätten Sie aus ihr herauskitzeln sollen.«

Die drei anderen schwiegen, und ihr Anführer stand jetzt wieder auf und ging im Zimmer umher.

»Was die Wohnung angeht, habe ich unsere Spuren getarnt. Blakeney hat sie heute früh einem Makler übergeben, und eine Stunde später habe ich sie gemietet. Sollte in dieser Richtung nachgeforscht werden, sind wir gedeckt.« Er holte kurz Luft. »Aber nun an die Arbeit. Nachdem unser Freund von nebenan jetzt zwölf Stunden zum Nachdenken hatte, wird er unserem Vorschlag vielleicht ein wenig mehr Interesse entgegenbringen. Ich finde, wir sollten ihn mal wieder hereinkommen lassen.«

Ein häßliches Funkeln glomm in Jamiesons Augen auf.

»Der Mann ist ein Idiot«, sagte er. »Ich bin dafür, jetzt mal ein bißchen Gewalt anzuwenden. Man sollte meinen, er ist geradezu darauf versessen, seine Strafe abzusitzen.«

Box sah seinen Kollegen mit mildem Tadel an.

»Mein lieber Freund, warum so grob?« meinte er. »Vergessen Sie nicht, daß wir Geschäftsleute sind, mögen unsere Methoden auch ein wenig unorthodox sein. Aber Sie sind immer noch ein Jünger der Knüppel-auf-den-Kopf-Theorie, das mißfällt mir.«

»Alles schön und gut, Box«, wandte jetzt Casson ein, »aber wir haben den Kerl hier, und solange er hier ist, bedeutet er für uns eine potentielle Gefahr. Wenn er gefunden wird, kann es sehr ungemütlich werden. Denken Sie an Parker!«

Ein bekümmerter Ausdruck legte sich auf Box' rundes, freundliches Gesicht.

»Das war bedauerlich, zugegeben«, sagte er. »Aber der Mann war schon halb aus dem Garagenfenster. Ich gebe Bill völlig recht, daß es das einzige war, was er tun konnte. Außerdem wußte er zuviel. Und nun sollten wir uns, glaube ich, auf das anstehende Geschäft konzentrieren. Nehmen wir um den Tisch herum Platz. Casson, wären Sie so freundlich, unseren widerspenstigen Gast von nebenan hereinzubitten?«

Box setzte sich ans Kopfende des Tisches, und Joseph Thurtle mußte ihm gegenüber Platz nehmen. Seine Lider waren schwer, aber er hatte noch immer einen trotzigen Zug um den Mund und hielt die Fäuste geballt.

Die anderen drei Männer zeigten ihr Verhältnis zur Situation auf unterschiedliche Weise. Jamieson war spürbar nervös. Der Mord an Inspektor Parker hatte ihn aufgerüttelt, und jetzt hatte er Angst. Die Angst machte ihn wütend, und er funkelte den Gefangenen an, als könnte er nur mit Mühe die Finger von ihm lassen.

Levine gab sich ungerührt, sah man davon ab, daß seine stechenden schwarzen Augen unverwandt auf Thurtles eingefallenes Gesicht starrten. Casson beobachtete Box mit einem Lächeln auf den Lippen, das widerstrebende Bewunderung ausdrückte. Box schien als einziger von allen die Ruhe in Person zu sein.

»Nun, Mr. Thurtle«, begann Mr. Box, »Sie sehen müde aus. Ich hoffe, Sie fanden Ihre Gefährten in dem anderen Zimmer nicht allzu langweilig. Es ist verblüffend, wie sehr einem doch der intellektuell Unterlegene auf die Nerven gehen kann, wenn man mit ihm zusammenleben muß. Ich schlage vor, wir setzen das Gespräch an der Stelle fort, wo wir es gestern unterbrochen haben.«

»Ich verhandle nicht mit Ihnen. Sie können mich der Polizei übergeben, wenn Sie wollen. Ich bin mit den Kräften am Ende. Ich bin erledigt.«

»Nanu!« fuhr Box fort. »Und ich hatte Sie immer für einen ehrgeizigen Menschen gehalten. Also bitte, Mr. Thurtle! So geht man nicht mit Freunden um, die es auf sich genommen haben, einen allzu aufdringlichen Polizeibeamten zu beseitigen und Sie zu retten. Kommen wir zur Sache. Sie haben einen Sohn in London, Mr. Thurtle.«

Zum erstenmal im Laufe dieses Gesprächs kam ein wenig

Leben in die stumpfen Augen des Finanzmannes. »Er kann noch nicht hier sein«, sagte er, ehe er sich besinnen konnte.

Box lächelte.

»Ich freue mich, Ihnen die frohe Botschaft überbringen zu können«, sagte er. »Ihr Sohn ist gestern am späten Abend auf der *Elephantine* in Southampton eingetroffen. Natürlich haben die Behörden gegen ihn nichts vorliegen und lassen ihn, von einer recht oberflächlichen Beschattung abgesehen, ziemlich in Ruhe. Ich denke aber, daß die Polizei sich wesentlich stärker für ihn interessieren würde, wenn sie wüßte, daß er eine halbe Million im Gepäck hat – die halbe Million, die Sie, Mr. Thurtle, klugerweise aus dem Zusammenbruch gerettet haben.«

»Das ist gelogen!«

Der Mann war aufgesprungen und starrte seine Feinde an. Seine Augen flammten, und sein Körper bebte von verzweifeltem Kampfeswillen wie bei einem in die Enge getriebenen Tier.

»Na, na, warum so trotzig? Sie sollten nicht so vorschnell protestieren. Das bringt einen nur auf Gedanken. Wie ich vorhin sagte, bevor Sie mich unterbrachen: Ich bin sicher, daß die Behörden sich stärker für Mr. Thurtle junior interessieren werden, wenn sie die Information erhalten, die ich ihnen zu geben in der Lage bin. Überhaupt würde es mich kein bißchen wundern, wenn ihre Sichtweise sich dadurch völlig ändern sollte und Mr. Rupert Thurtle plötzlich neben Ihnen auf der Anklagebank säße.«

»Aber er ist unschuldig«, beteuerte der alte Herr. »Er hatte keine Ahnung, was er tat, und ich habe ihn nicht darüber aufgeklärt. Die Schuld liegt bei mir, bei mir allein, und ich bin bereit, dafür zu bezahlen.«

»Dann wollen wir nur hoffen, daß die Behörden das auch so sehen«, sagte Box liebenswürdig. »Allerdings habe ich schon oft festgestellt«, fuhr er in lässigem Plauderton fort, »daß es sehr, sehr schwer ist, die Behörden von so etwas zu überzeugen. Da ist ihnen eine gewisse Sturheit zu eigen. Bürokraten, Sie verstehen – der Untergang des Landes.«

Schweißperlen erschienen auf der Stirn des Finanzmannes. »Sie sind ein Teufel«, sagte er. »Was verlangen Sie von mir?«

Jamieson grunzte. Das war bei ihm ein Ausdruck der Erleichterung. Box lächelte noch freundlicher als zuvor, sofern das überhaupt möglich war.

»Ich muß sagen, mit dieser Einstellung gefallen Sie mir besser, Mr. Thurtle«, sagte er. »Sie bringt die weichere Seite Ihres Charakters zur Geltung, wenn ich so sagen darf. Gut, dann sollte ich Ihnen jetzt vielleicht unseren schlichten Vorschlag kurz umreißen.

Zum ersten: Meine Freunde und ich sind nicht raffgierig. Diesen Eindruck möchten wir nicht auf Sie machen. Wir sind bereit, mit Ihnen zu teilen – halbe-halbe. Schreiben Sie einen Brief an Ihren Sohn, in dem Sie ihn anweisen, uns die Hälfte des Geldes zu geben, das er für Sie aufbewahrt, dann lassen wir Sie frei. Wir übergeben Sie ihm an einem Ort, den er selbst bestimmen darf, sofern wir nur sicher sein können, daß es keine Polizeifalle ist. Das ist doch nun wirklich fair, oder nicht?«

Der Finanzmann setzte sich wieder.

»Nein!« sagte er. »Das tue ich nicht. Machen Sie, was Sie wollen, aber diesen Brief schreibe ich auf keinen Fall.«

Box zuckte die Achseln. »Wie schade«, sagte er. »Ich kann es Ihnen natürlich nachfühlen. Ich verstehe Ihren Standpunkt und habe eine gewisse Sympathie dafür, aber sehen Sie doch bitte, in welche Lage mich das bringt. Ich bin ein Mann von Gewissen. Ich habe sogar ein sehr ausgeprägtes und aktives Gewissen. Um es zu chloroformieren, brauche ich, um eine Zahl zu nennen, eine viertel Million Pfund. Wenn sich diese nun nicht findet und mein vermaledeites Gewissen weiter aktiv bleibt, werde ich in meiner Eigenschaft als loyaler Bürger zur Polizei gehen und ihr sagen müssen, was ich weiß. Ihr Sohn ist noch ziemlich jung, nicht wahr? Es wäre schade um ihn. Wenn ihm zu diesem Zeitpunkt zwanzig Jahre seines Lebens genommen würden, oder auch nur zehn oder fünfzehn, wäre das sein Verderben. Richtig schade um ihn!«

Die geballten Fäuste des Mannes am anderen Tischende zuckten unwillkürlich, und auf seinen aschfahlen Wangen erschienen zwei leuchtendrote Flecken.

»Ich weiß nicht, wer Sie sind, aber Sie gehören an den Galgen.«

»Das ist sehr unhöflich von Ihnen, und außerdem sind Sie nicht auf dem laufenden. In England kommt man heutzutage nicht mehr an den Galgen. Wir sind ein zivilisiertes Volk, nichts mehr mit Auge um Auge, Zahn um Zahn. Wir sperren die Leute nur jeweils in eine kleine Zelle mit allem Komfort«, sagte Box freundlich. »So, und wenn Sie sich nun wieder in das andere Zimmer bemühen möchten? Ich muß zur Polizei.«

Der Ältere blieb sitzen, wo er saß. In seinem Gesicht arbeitete es. Zu guter Letzt entrang sich ihm ein Schrei, und er ließ den Kopf auf den Tisch sinken.

»Ja, gut«, sagte er. »Gut. Ich bin geschlagen. Ich tu's.«

Mit einem unterdrückten Triumphschrei beugte Jamieson sich weit nach vorn über den Tisch, aber Box legte ihm begütigend eine Hand auf den Arm.

»Sehr klug von Ihnen, Mr. Thurtle«, sagte er sanft. »Wirklich sehr klug. Ich habe Ihnen ja nur meine Sicht der Dinge dargelegt. Meine Freunde hier verfügen über andere Mittel der Überredung.«

Er zog einen Füllfederhalter aus der Tasche und reichte ihn zuvorkommend dem Gepeinigten. Von einem Schreibtisch in der Ecke brachte Casson Papier und einen Umschlag.

»Augenblick noch.« Box setzte eine sehr ernste Miene auf. »Ich möchte Sie noch darauf hinweisen, Mr. Thurtle«, sagte er jetzt gar nicht mehr in diesem übermütigen Ton, in dem er bisher gesprochen hatte, »daß wir nicht scherzen. Und wir sind keine Tölpel. Sollten Sie in irgendeiner Weise versuchen, uns hereinzulegen, etwa durch eine versteckte Warnung an Ihren Sohn, werden wir uns rächen. Das ist sehr einfach, und wir werden keine Sekunde zögern.«

Der andere hob den Kopf und sah ihm in die Augen.

»Verstehe«, sagte er steif. »Sie und ich können einander aufs Wort vertrauen. Ganovenehre!« Er lachte bitter bei diesem letzten Wort, und während Levine zornig errötete, wurde Box' Lächeln noch breiter.

»Sehr richtig«, sagte er.

Thurtle schrieb schnell, und als er fertig war, reichte er das Blatt seinem Entführer. Box las vor:

Ich bin entführt worden und werde als Geisel festgehalten. Gehorche um Himmels willen den Anweisungen dieser Leute, denn mein Leben hängt davon ab. Gib ihnen die Hälfte dessen, was Du in Verwahrung hast. Mehr wage ich nicht zu schreiben, aber tu das bitte für mich.

Dein Vater.

»Nun, ich glaube, das genügt.« Box zog ein Blatt Papier aus der Tasche und legte es auf den Tisch. »Hier ist eine Handschriftenprobe von Ihnen«, sagte er. »Ich habe sie uns vorsichtshalber besorgt, damit es nicht schon zu Beginn Schwierigkeiten gibt. Doch, das genügt. Mr. Thurtle, ich gratuliere Ihnen zu Ihrer Klugheit.

Und da wir jetzt Partner sind, möchten Sie Ihre Zeit vielleicht lieber in diesem Zimmer verbringen? Hier ist es wärmer und gemütlicher. Leider wird immer einer von uns bei Ihnen bleiben müssen, aber ich versichere Ihnen, daß jeder der Herren Ihnen ausgezeichnete Gesellschaft leisten wird – anders als dieser Knapp, der zugegebenermaßen alle Merkmale einer gesellschaftlichen Niete aufweist.«

Er steckte die beiden Schriftstücke sorgsam in die Tasche und ging zur Tür.

»Bill!« rief er. »Ich muß fort. Sehen Sie nach, ob die Luft rein ist.«

Die Worte erstarben ihm auf den Lippen, denn in ebendieser Sekunde kam Mr. Knapp hereingestürzt.

»Verdammt!« rief er. »Ich dachte, ich hätte die Polizei abgewimmelt, aber jetzt treibt sich eine ganze Kompanie in der Garage herum.«

Box streckte die Hand aus und packte ihn an der Schulter.

»Was ist los?« fragte er streng.

Für einen Mann von seiner Statur legte er eine unerwartete Körperkraft an den Tag, als er den Garagenbesitzer zu sich herumriß. Mr. Knapp erzählte ihm ein wenig verworren von Fishers früherem Besuch in der Garage.

»Hör'n Sie mal, Chef«, schloß er. »Sie zerquetschen mir ja überhaupt nicht die Schulter. Womit verwechseln Sie mich? Mit einer Ratte oder was?«

»Ich will Sie nicht in Verlegenheit bringen und Ihnen das vor all den Leuten sagen«, antwortete Box. Seine Gutmütigkeit war wie weggeblasen, aus seiner Stimme war sogar ein Quentchen Besorgnis herauszuhören. »Ich hatte die Garage für sicher gehalten. Sie liegt außerhalb des Bezirks, und bisher hat man sich ja auch noch nicht darum gekümmert. Sie sagen, ein Parkschein vom Hotel Formby hat die Polizei darauf gebracht? Wie kann denn das zugegangen sein?«

Er dachte ein paar Sekunden nach, dann huschte ein plötzlicher Schrecken über sein Gesicht.

»Parker!« sagte er. »Parker war etwa fünf Minuten lang allein in Ihrem Büro. Knapp, Sie sollten wirklich mal Ihren Laden aufräumen. Dieser Saustall und Ihre ekelhaften Geschäftsmethoden sind noch mal unser aller Verderben.« Er stieß den Mann von sich und blickte in die Runde. Die Gesichter der Umstehenden waren blaß, in ihren Augen stand fast panische Angst.

Und wie von Zauberhand kehrte Box' fröhliche Unbekümmertheit zurück.

»Wenn es nicht Fisher wäre, hätten wir jetzt allen Grund zur Sorge«, sagte er wegwerfend. »Aber ich versichere Ihnen, wenn Sie den Mann kennten, würden Sie sich nicht aufregen. Er ist harmlos und hat nicht mehr Gehirn als ein überfütterter Pekinese. Na schön, dann müssen wir eben durch den Tunnel.«

Casson kam zu ihm. »Sehen Sie sich am Ausgang zu den Mews vor«, sagte er leise. »Da geht ungefähr alle zwanzig Minuten eine Streife vorbei.«

Box nickte. »Die habe ich beim Herkommen knapp verpaßt«, sagte er. »Aber keine Sorge. Unter den gegebenen Umständen werde ich wohl unsere Not-U-Bahn benutzen. Bill und Knapp können mitkommen, nur für alle Fälle.«

Casson zog eine Augenbraue hoch.

»Durchs Kaufhaus?« fragte er leise. »Nicht ganz ungefährlich, oder?«

Box klopfte ihm auf die Schulter.

»Mein lieber Freund!« sagte er. »Sie sind doch ein richtiges Juwel. Ich weiß nicht, ob Ihnen schon einmal der Gedanke gekommen ist, aber unsere ganze Lebensweise ist nicht gerade für ihre Ungefährlichkeit berühmt.«

Casson sah ihm nach, als er zur Tür hinausging. Bei aller Bewunderung, die er für Box hegte, gab es Momente, in denen er es mit der Angst bekam.

»Mir ist bei dieser Spritztour jedenfalls mulmig.«

Durch die stickige Finsternis ertönte Mr. Knapps unmelodische Stimme. »Stellen Sie sich vor, irgendwer schickt da plötzlich so einen Paketwagen auf die Reise«, sagte er. »Der kommt angerauscht wie ein Donnerwetter, und was dann aus uns wird, das würde mich mal interessieren.«

»Wir liegen dann wohlbehalten darunter und sind für immer aus dem Geschäft«, meinte Box vergnügt.

Die drei Männer gingen durch den Posttunnel, den jetzt die beiden Zweigstellen des Kaufhauses Westbridge benutzten. Box ging mit einer Taschenlampe voran. Mr. Knapp trottete neben ihm her, und Bill, der Schwede, bildete die Nachhut. Sie mußten tief gebückt gehen, um die Stromkabel an der Decke nicht zu berühren, die den schnellen Paketwagen auf der Fahrt von einem Laden zum anderen ihren Schwung gaben.

Hier und da sah man an der Strecke noch die alten »Stationen«, wo die längst ausgedienten Postämter sich befunden hatten. Eine davon war Mr. Knapps Garage, eine zweite befand sich unter dem modernen Wohnblock in der Minton Street. An diesen beiden waren die drei Männer aber schon längst vorbei, und sie näherten sich jetzt einer Kurve, hinter der eine einzelne Glühbirne ihren matten Schein verbreitete.

Dies war das Ende der jetzt noch benutzten Strecke – die Versandabteilung der Westbridge-Zweigstelle am Oxford Circus.

Box knipste die Taschenlampe aus und sagte leise: »Bleibt hinter mir! Auf dem Gelände läuft ein bewaffneter Wachmann herum, und heute nacht ist es besonders wichtig, daß wir nicht geschnappt werden.«

»Daß wir nicht geschnappt werden, ist hoffentlich immer besonders wichtig«, versetzte Mr. Knapp kratzbürstig, während er sich dichter an die staubverkrusteten Tunnelwände drückte.

Die Versandabteilung war ebenfalls eine ausgediente »Station«. Eine niedrige Betonplattform verlief neben dem Gleis, an dessen Ende ein halbes Dutzend Paketwagen bereitstand. Die Glühbirne, die Tag und Nacht brannte, beleuchtete gespenstisch die einsame Szene.

Box winkte den anderen, ihm zu folgen. Dann schlich er die Plattform entlang und probierte die Türen, die in den hinteren Keller des Kaufhauses führten. Die Türen waren unverschlossen, da sie ja nur über den Privattunnel des Kaufhauses zugänglich waren. Lautlos trat er hindurch, gefolgt von dem ungehalten schniefenden Mr. Knapp, und als letzter kam Bill mit einem Totschläger in der mächtigen Faust.

Hinter der Tür war es pechfinster und unheimlich still. Box nahm wieder seine Taschenlampe und leuchtete um sich. Sie befanden sich in einem großen Kellerraum, der als Packerei diente, aber die Tür zu der Betontreppe stand offen, und sie gingen darauf zu.

Sie schlichen auf leisen Gummisohlen die Treppe hinauf. Auf dem ersten Absatz hielten sie an. Hätten sie die Absicht gehabt, hier einzubrechen, nichts wäre leichter gewesen, aber da sie kein anderes Ziel hatten, als hier herauszukommen, stellte sich ihnen paradoxerweise ein sehr viel kniffligeres Problem.

Die Personaleingänge waren mit Stahlriegeln gesichert, die Lärm machen würden, wenn man sie bewegte. Außerdem waren sie wahrscheinlich mit einer Alarmanlage verbunden.

Box schien jedoch über die unheimliche Gabe zu verfügen, sich überall zurechtzufinden. Er führte die anderen einen Korridor entlang, vorbei an großen Ausstellungsräumen, in denen die Waren mit Staubtüchern abgedeckt waren, und fand endlich, was er gesucht hatte: einen Nebenausgang zur Straße.

In diesem Augenblick sog Mr. Knapp geräuschvoll die Luft ein, und Box warf einen Blick über die Schulter und sah den flackernden Schein einer Taschenlampe, der über den Korridor auf sie zukam. Es war der Nachtwächter.

»Er ist bewaffnet«, flüsterte Box. »Kümmern Sie sich um ihn, Bill.« Dann beugte er sich mit aller Kaltblütigkeit der Welt über das Schloß, das die Tür zuhielt.

Mr. Knapp, zu dessen Ehre gesagt sei, daß er mehr Mut hatte, als man ihm ansah, sprang mitten auf den Korridor und rannte davon wie ein Karnickel. Der Nachtwächter richtete den Strahl seiner Taschenlampe auf ihn, und seine überraschte Stimme zerriß die Stille.

»Hände hoch, Jungchen! Oder ich schieße!«

Mr. Knapp drehte sich am Ende der Sackgasse um, und der Wachmann ging auf ihn zu, den vollen Strahl der Taschenlampe sowie seine Pistole auf ihn gerichtet. Dabei kam er auf Armeslänge an Bill vorbei. Eine Sekunde lang hing der Totschläger in der Luft, dann landete er mit einem dumpfen Schlag unmittelbar über dem linken Ohr des Mannes, der ohne einen Laut zu Boden ging, während Taschenlampe und Pistole in hohem Bogen wegflogen.

Mr. Knapp kam grinsend zurück.

Box fummelte noch immer am Türschloß herum. Man hatte bei Westbridge vor kurzem neue Schlösser eingebaut, und seine Aufgabe war nicht so leicht, wie er gehofft hatte.

In diesem Augenblick geschah etwas sehr Verwirrendes. Im ganzen Gebäude flammten die Lichter auf. Die Wirkung war beängstigend, und Box sprang mit einem Fluch von der Tür weg. Er dachte zuerst, er habe wohl den Mechanismus einer neuen Alarmanlage ausgelöst, doch gleich darauf sah er sich im Irrtum. Er hörte Stimmen und Füßegetrappel.

Er fuhr zu seinen erschrockenen Gefährten herum.

»Ab in den Tunnel! Macht, was ihr wollt, aber laßt euch nicht erwischen. Los! Haut ab!«

Sie ließen sich nicht zweimal bitten. Der Schwede trottete mit schweren Schritten den Weg zurück, den sie gekommen waren, während Mr. Knapp sich schon beim ersten Wort in Luft aufgelöst zu haben schien.

Box selbst huschte in einen der verlassenen Verkaufsräume, sprang behende über einen Tresen und duckte sich dahinter. Er hörte Leute umhergehen, dann vernahm er aus dem Gang, aus dem er gerade gekommen war, die barsche Stimme eines Polizisten.

»He, was ist denn das? Schnell! Da liegt ein Wachmann!«

Wieder Füßegetrappel, ein kurzes Stimmengewirr, dann Stille.

Box war nicht feige, aber dumm war er auch nicht. Ihm war klar, daß jetzt das ganze Gebäude durchsucht würde. Er kroch weiter, den Kopf immer schön unterhalb des Tresens, und arbeitete sich so bis ans Ende des Verkaufsraums weiter, wo ihn nur noch knapp zwei Meter von der Treppe trennten.

Vorsichtig richtete er sich auf und sah sich um. Zuerst glaubte er, es sei niemand da, aber ein leises Geräusch über ihm ließ ihn aufblicken. Oben verlief ein schmaler Balkon um den ganzen Verkaufsraum herum, und große Doppeltüren führten von dort in andere Abteilungen. Auf dem Balkon standen zwei Leute und unterhielten sich angeregt. Da sie ihm den Rücken zuwandten, wußte er sich unentdeckt. Eines aber erschreckte ihn und jagte ihm einen kalten Schauer den Rücken hinunter: Er erkannte sie beide.

Auf dem Balkon stand niemand anderer als Bob Fisher, neben ihm eine junge Frau. Selbst auf die Entfernung wußte Box sofort, wer sie war: die Frau, die man vor knapp zwei Stunden gefesselt in seiner Wohnung abgeladen hatte. Box schlich zum Tunnel davon.

Derweil setzte Fisher auf dem Balkon sein Gespräch mit der kastanienbraunen jungen Frau fort.

»Aber sie waren hier«, sagte sie erregt. »Irgend jemand war hier!«

»Schon gut«, sagte er. »Wir haben das Gebäude umstellt, und sollte noch jemand im Kaufhaus sein, kriegen wir ihn bestimmt. Ein Glück, daß ich Sie in der Perry Street noch eingeholt habe, Miss Bellew!«

Jean Bellew sah zu ihm auf. »Es war dumm von mir, daß ich weggerannt bin«, sagte sie, »aber ich hatte solche Angst. Kaum daß ich von den Fesseln los war, habe ich nur noch die Beine in die Hand genommen. Ich wußte nicht, wo ich mich befand, und hatte nur eine verschwommene Ahnung, wie ich da hingekommen war.«

Der Inspektor nickte.

»Ich werde noch eine vollständige Aussage von Ihnen brauchen«, sagte er. »Die Fakten dürften klar sein, aber ein paar Punkte sind noch offen. Sie arbeiten also hier in der Versandabteilung?«

Sie nickte bestätigend. »Ja. Ich mache alle Abteilungen durch. Mein Vater ist hier der Geschäftsführer.«

»Aha. Und Sie haben gemerkt, daß jemand sich an den Paketwagen zu schaffen gemacht hatte?«

Sie nickte wieder. »Ich hätte es sofort dem Vorarbeiter melden sollen, aber – ich dachte, er würde mich nicht ernst nehmen. Ich fürchtete, er könnte kratzbürstig werden. Jedenfalls habe ich beschlossen, der Sache selbst nachzugehen. Das war nicht sehr klug von mir, wie sich gezeigt hat.«

Fisher lächelte. »Vielleicht nicht, wenn man es mit Kunden dieser Art zu tun hat. Dann sind Sie also heute abend nach Geschäftsschluß allein in den Tunnel gegangen?«

»Ja. Ich hatte eine Taschenlampe bei mir, und leider glaubte ich, mich höchstens vor Ratten fürchten zu müssen. Ich hatte das Gefühl, meilenweit zu laufen. Ich kam an einer ausgedienten Station vorbei, dann ein gutes Stück weiter noch an einer zweiten. Diese zweite war viel sauberer als die erste und sah – nun ja, sie sah benutzt aus. Da bin ich auf die Plattform gestiegen, um mir das näher anzusehen. Zuerst kam ich durch einen Bogengang, dann hatte ich plötzlich eine steinerne Treppe vor mir. Ich bin die Treppe hinaufgegangen, ohne mir eines Unrechts bewußt zu sein, denn meines Wissens gehörte die ganze Anlage dem Kaufhaus. Dann kam ich an eine Tür, unter der Licht war.«

Sie verstummte und holte tief Luft.

»Also, ich habe die Tür aufgedrückt und bin hindurchgegangen. Als nächstes weiß ich nur noch, daß mir eine Decke über den Kopf geworfen wurde und jemand mich zu Boden stieß. Dann wurde ich, immer noch mit der Decke über dem Kopf, an Händen und Füßen gefesselt, und jemand hob mich auf und trug mich ein ziemlich weites Stück. Ich habe mich loszustrampeln versucht, aber es war nicht möglich. Zuletzt haben sie mich auf einen Steinboden gelegt, und ich hörte sie tuscheln.«

»›Sie‹, das heißt, es waren mehrere. Wie viele denn?«

»Das weiß ich nicht. Drei, schätze ich, vielleicht vier.«

»Männer?«

»Ja. Eine Frauenstimme habe ich nicht gehört.«

»Können Sie sich an die Stimmen erinnern, an etwas, was sie gesagt haben?«

»Sie haben geflüstert. Ich habe kein Wort verstanden. Dann wurde ich in ein Auto geladen und durch ein paar Straßen gefahren. In dem Wagen war es so stickig, daß ich kaum Luft bekam. Dann muß ich wohl ohnmächtig geworden sein, denn ich erinnere mich an nichts mehr, bis plötzlich Sie über mir standen.«

»Aha«, sagte Fisher. »Das sollten wir alles zu Protokoll nehmen. Sie können gleich mit mir kommen.«

»Wie Sie meinen. Aber ich muß zuerst meine Eltern anrufen, sonst machen sie sich Sorgen.«

Bob Fisher sah ihr nach, wie sie über den Balkon fortging, aber was er dabei dachte, wurde durch das Erscheinen eines Sergeanten verdrängt.

»Jetzt ist alles ruhig, Sir. Sie sind ab durch den Tunnel. Soweit wir feststellen konnten, wurde nichts angerührt, aber genau können wir das natürlich erst sagen, wenn heute früh das Verkaufspersonal hier eintrifft. Dem Wachmann geht es schon wieder ganz gut. Ein bißchen benommen ist er noch. Er sagt, es müssen auf jeden Fall zwei Männer gewesen sein, gesehen hat er allerdings nur einen. Er kann keine sehr gute Beschreibung von ihm geben, aber wenn er erst wieder einen klaren Kopf hat, wird er sich besser erinnern können, meint er. Ich habe ein paar Leute in den Tunnel geschickt, Sir. War das richtig?«

»Nein!« sagte Fisher schnell. »Rufen Sie die schnell wieder zurück. Wir halten besser nur die Tunnelausgänge besetzt, Sergeant. Sie wissen doch, wenn Sie in ein Rattenloch hineingehen, jagen Sie die Biester zum anderen Ende hinaus. Nur wenn man sich still vors Loch setzt, erwischt man die Ratte. Wir brauchen jeden Mann, um die Ausgänge zu verstopfen.«

Der Sergeant eilte fort, um seine Leute zurückzurufen, und Fisher ging zum Haupteingang des Kaufhauses, um dort auf Jean Bellew zu warten. Er fühlte sich von einer freudigen Erregung erfaßt. Endlich tat sich etwas.

Casson ging im Zimmer auf und ab, die Hände tief in den Taschen, in den Augen unverhohlene Angst.

»Mir gefällt das nicht, Box«, sagte er. »Es ist zu gefährlich.«

Thurtle war wieder in das vordere Zimmer umquartiert worden, und Box, Casson und Levine waren allein.

Kurz darauf kam auch Jamieson. Er war sehr blaß.

»Wir sitzen in der Falle«, sagte er. »Jetzt ist es passiert. Ich hab's ja schon immer kommen sehen. An beiden Tunnelenden wimmelt es von Polizei. Die Garage wird scharf beobachtet, und ein paar Zivile streunen sogar schon in den Mews herum.« Der Zorn ließ ihn immer lauter werden. »Ist euch das klar? Wir sind erledigt. Jetzt kriegen sie uns.«

Box, der auf der Tischkante saß, grinste den anderen aufreizend an. Nur zwei scharfe Sorgenfalten auf der Stirn verrieten seine eigene Anspannung.

»Werden Sie nicht hysterisch«, meinte er wegwerfend. »Dafür sind Sie nicht gebaut, Jamieson. Sie wirken nur lächerlich. Immer mit der Ruhe. Wir sitzen hier doch schön gemütlich, oder?«

Der andere stierte ihn an.

»Spielen Sie nicht den Affen, Box«, sagte er. »Dafür ist jetzt nicht der richtige Zeitpunkt. In so einer Situation waren wir noch nie. Ich sage Ihnen, wir sitzen in der Falle!«

»Ich sehe noch keinen Grund zur Aufregung darin, daß da ein paar Bullen ums Haus herumlungern.«

Box blieb bei seinem wegwerfenden Ton, aber eine kleine Spur von Besorgnis war auch aus seiner Stimme herauszuhören.

»Immer mit der Ruhe«, wiederholte er. »Wir haben schon Schlimmeres erlebt. Außerdem vergessen Sie bitte nicht, daß unser Gast, der freundliche Mr. Thurtle, uns für seine Errettung recht gut bezahlen wird. Es wäre ein Jammer, gerade jetzt den Kopf zu verlieren, wo doch alles so gut läuft.«

»Dieses Reden ist ja alles gut und schön«, mischte Levine sich in das Gespräch. »Ich habe das dumme Gefühl, Sie wollen uns nur aufmuntern, mein Freund. Ich habe das dumme Gefühl, Sie haben selbst Angst. Immerhin haben Sie zwar den Brief an den jungen Thurtle in der Tasche, aber zustellen konnten Sie ihn bisher auch noch nicht. Sehe ich das richtig?«

Box' rundes Gesicht wurde bei diesen Worten eine Spur dunkler, aber er gab sich weiterhin unbekümmert.

»Mir scheint, daß von unseren Ausgängen der durch die Mews der weitaus praktischste ist«, meinte er. »Und ich denke, den nehme ich. Schließlich sollte ich, wie Sie ganz richtig sagen, Levine, jetzt wirklich dem jungen Mr. Thurtle den Brief seines Vaters zustellen. Doch, am besten durch die Mews.«

»Aber das ist Wahnsinn!« Der Sprecher war wieder Casson. »Wenn Sie geschnappt werden, hetzen Sie uns den ganzen Hornissenschwarm auf den Hals.«

Box lachte. »*Wenn* ich geschnappt werde. Schon erstaunlich, wieviel dieses kleine Wörtchen ausmacht.«

Er ging zu dem Schreibtisch in der Ecke, nahm einen kleinen Schlüssel aus der Tasche und schloß tief drinnen ein Fach auf. Dem Versteck entnahm er drei Glaskugeln, die aussahen wie Golfbälle, nur daß sie mit einem silbrigen Stoff gefüllt waren. Diese steckte er vorsichtig in die Manteltasche. Aus einer anderen Schublade nahm er einen Revolver, prüfte ihn und steckte ihn in die Hüfttasche.

»Was haben Sie vor?« Jamiesons Blick war fragend auf ihn gerichtet.

Es gehörte zu George Box' kleinen Eitelkeiten, daß er so gut wie nie eine Waffe mitführte; wenn aber, dann kehrte er selten zurück, ohne sie benutzt zu haben.

»Seien Sie vorsichtig«, sagte Levine leise. »Denken Sie an

Parker. Ich habe in den Abendzeitungen gelesen, daß man die Leiche gefunden hat.«

»Natürlich hat man die Leiche gefunden«, sagte Box. »Die Polizei findet immerzu Leichen im Epping Forest. Da werden sie nämlich am liebsten deponiert. Ich glaube nicht, daß ich einen von Ihnen, meine Herren, zum Mitgehen auffordern sollte – Sie sind mir zu nervös. Meine Streitmacht werde ich mir in dem anderen Zimmer zusammenstellen. Ihnen empfehle ich, sich hier um den Ofen zu setzen und einander die Karten zu legen. Sie dürfen mich ungefähr in einer Stunde zurückerwarten. Übrigens, wenn Sie von oben einen gewissen Lärm vernehmen, erschrecken Sie nicht. Es besteht kein Grund zur Aufregung.«

Er ging hinaus, und die drei Männer im Zimmer sahen einander an.

»Mut hat er ja«, sagte Levine.

»Ein Dummkopf ist er«, sagte Jamieson.

»Er stellt sich nur dumm«, meinte Casson. »Ich wäre gern mal so dumm wie er.«

Im vorderen Zimmer hatte Box inzwischen Simmons und Tim zu sich gewinkt. Sie standen auf und folgten ihm wortlos. Zusammen verließen sie das Zimmer und traten auf einen düsteren, muffigen Gang.

Der Gang war sehr schmal und so niedrig, daß ein Mann darin kaum aufrecht stehen konnte. Links von ihnen führte eine Treppe in den Posttunnel hinunter, ihnen gegenüber wand sich ein sehr enger Tunnel aufwärts.

Box schlich geduckt durch diesen Tunnel, der dunkel und sehr feucht war, aber offenbar kannten die Männer diesen Weg gut, denn sie eilten sichtlich unbekümmert weiter. Endlich verbreiterte sich der Tunnel zu einem quadratischen Hohlraum mit sehr hoher Decke. Darin stand eine Leiter, die sich nach oben in der Dunkelheit verlor. Box stieg die Leiter hinauf, und die beiden anderen folgten.

Das obere Ende der Leiter lehnte an einer hölzernen Plattform, die wie ein Regal an der Wand befestigt war. Als Box sich darauf stellte, berührte er mit dem Kopf fast die Decke. Er klopfte leise gegen die Bretter über ihm und wartete. Fast unverzüglich wurde sein Signal beantwortet. Von der anderen Seite kamen drei leise Klopfer, dann ein lauter.

Tim stieg neben Box auf die Plattform, und zusammen schoben sie den schweren Eisenriegel zurück, der die Falltür zuhielt, und ließen diese vorsichtig herunter. Als sie sich durch das Loch hochstemmten, hörte man, wie etwas Schweres zur Seite gerückt wurde.

Das Loch, durch das sie gestiegen waren, befand sich genau unter dem Fußende eines großen Betts, das ihnen gerade Platz zum Herauskriechen ließ. In dem Bett lag eine kleine alte Frau in einem Nest von Kissen. Ihr Gesicht war runzlig, aber sie hatte scharfe dunkle Augen. Sie begrüßte die Männer mit einem breiten, zahnlosen Grinsen und brummelte etwas Unverständliches vor sich hin.

Box strahlte sie an. »Vielen Dank, Mrs. Wheeler«, sagte er. »Tut uns leid, daß wir Sie stören mußten.«

»Seien Sie vorsichtig.«

Die Stimme kam aus der Dunkelheit, die in der anderen Zimmerecke herrschte, und gleich darauf trat eine hochgewachsene Gestalt daraus hervor. Es war eine Frau in der Tracht der Barmherzigen Schwestern. Sie sah ganz echt aus, aber ihr Verhalten hätte eine Mutter Oberin doch sehr erstaunt.

»Sie können da nicht raus«, sagte sie. »Zu gefährlich. Ein Glück, daß Sie mich hier als Posten aufgestellt haben. Sie ist so alt, daß man nie wissen kann, was sie denen womöglich alles erzählt. Die Polizei war heute abend schon dreimal hier. Hat alle Leute in den Mews ausgequetscht. Sie verdächtigt uns nicht mehr als alle anderen, aber sie hat die Augen überall. Sehen Sie sich um Himmels willen vor.«

Box befahl ihr mit einem Handzeichen, still zu sein, und schlich auf Zehenspitzen zur Tür. Er öffnete eine Klappe in der Türfüllung und spähte nach draußen. Was er sah, war nicht eben dazu angetan, ihn zu beruhigen. Drei Männer standen mitten auf dem Hof und unterhielten sich, und am einzigen Ausgang glaubte er noch andere herumlungern zu sehen. Am meisten aber mißfiel ihm, daß der größte von den dreien, die nicht einmal ein Dutzend Schritte von ihm entfernt standen, kein anderer war als Fisher. Der Mann schien überall gleichzeitig zu sein.

Box stieß einen leisen Fluch aus. Er hatte die Energie dieses scheinbar so begriffsstutzigen jungen Mannes unterschätzt. Und stur schien er auch zu sein – jedenfalls keiner, der sich so leicht von etwas abbringen ließ.

Plötzlich beschlichen den spähenden Ganoven böse Zweifel. Vielleicht war es doch unklug von ihm gewesen, sich mit der Wohnung in Zusammenhang zu bringen. Vielleicht wußte Fisher jetzt schon zuviel. Box zog seinen Revolver.

Dann winkte er seine beiden Kumpane zu sich und gab ihnen ein paar leise, aber ausführliche Anweisungen.

»Hören Sie, Grace«, sagte er dann, an die Frau gewandt. »Sie halten die Ohren steif. Die werden herkommen, aber lassen Sie sich nicht beirren. Heizen Sie ihnen meinetwegen ein, weil sie die alte Frau belästigen, aber vergessen Sie darüber Ihre Rolle nicht. Es wird kitzlig, aber wie wir das machen, sehe ich eine Gefahr von höchstens eins zu tausend, daß man Sie mit uns in Verbindung bringt, solange Sie richtig reagieren. Fertig, Tim? Rübe einziehen, klar?«

Der Hüne grunzte, und Jack lachte leise.

»Der da draußen, das ist Fisher persönlich, wie?« flüsterte er. »Legen Sie ihn um?«

Box schloß die Hand fest um den Revolvergriff.

»Vielleicht«, flüsterte er zurück. »Eigentlich sollte ich es wohl tun, Jack. So, fertig?«

Er öffnete die Klappe in der Tür ein Stück weiter. Seine Bewegungen waren so leise, daß man selbst im Zimmer nicht das mindeste Geräusch vernahm. Jetzt war die Öffnung frei, und ein Strom kalter Luft wehte ihm ins Gesicht. Box faßte in seine Manteltasche.

Er nahm eine der silbernen Kugeln heraus und hielt sie einen Moment vorsichtig zwischen Daumen und Zeigefinger. Dann holte er aus, und auf der anderen Hofseite war ein leises Klicken zu hören, als die Kugel an die Mauer prallte.

Einer der drei Kriminalbeamten fuhr herum und schaute in die Richtung, aber als er nichts sah, wandte er sich wieder seinen Kollegen zu. Was er in der Dunkelheit nicht bemerkt hatte, war eine Wolke von grauem Nebel, der von dem zerborstenen Wurfgeschoß aufstieg.

Box schleuderte die zweite Rauchbombe, dann die dritte; eine in Richtung Toreinfahrt, die andere weiter nach hinten in den Hof. Die Wirkung war genau wie gewünscht. Binnen einer Minute quollen dicke Rauchwolken über den Hof, und die Polizisten taumelten hustend darin herum. Eine Polizeipfeife schrillte.

Box nutzte die Gelegenheit. Sowie der Rauch dicht genug war, um ihm Deckung zu geben, riß er die Tür auf und schlüpfte mit seinen Kumpanen nach draußen. Sofort machte die Frau die Tür wieder hinter ihnen zu und verriegelte sie.

Der Nachteil an dem Rauchvorhang war, daß sie selbst nichts mehr sahen, sobald sie darin waren, aber Box ließ sich nicht abschrecken. Zielbewußt strebte er dem Ausgang am anderen Ende der Mews zu.

Vor ihnen tauchte eine Gestalt auf, und Box sah mit Genugtuung, wie Tim sich auf den Polizisten stürzte und ihn zu Boden schlug. Er eilte weiter, gefolgt von Jack. Als er an den Durchgang kam, der von den Mews zur Straße führte, erspähte er durch die quellenden Wolken eine ihm bekannte Gestalt. Fisher stand dort bereit, um jeden abzufangen, der den Hof verlassen wollte.

Box hob den Revolver.

Im selben Moment rutschte der junge Inspektor vom Randstein ab und strauchelte, und das rettete ihm das Leben.

Die Kugel pfiff an seinem Kopf vorbei und drückte sich hinter ihm an der Hausmauer platt. Der Ganove hatte freie Bahn und rannte ohne Zögern durch die Gasse auf die Straße.

Jack wäre ihm gefolgt, aber er hatte die Rechnung ohne Fisher gemacht. Aus relativer Sicherheit sah Box mit einem Blick über die Schulter, wie die beiden Männer miteinander kämpften. Er schoß noch einmal und hörte den Aufschrei, als Fisher sich taumelnd an die Brust griff. Box wartete nicht länger. Schnell rannte er in Richtung Oxford Circus davon.

Die Schüsse hatten ein paar uniformierte Polizisten auf die Szene gerufen. Als Box um eine Ecke bog, wurde er von einem von ihnen fast umgerannt.

»Polizei! Da hinten ist was ganz Gefährliches im Gange«, sagte er mit vor Aufregung quäkender Stimme. »Sieht aus, wie wenn da in den Winton Mews ein Haus brennt. Ich wollte gerade mal hin und nachsehen, da hab ich die Schüsse gehört und gedacht, ich mache mich besser aus dem Staub.«

»Das war richtig gedacht, Sir«, antwortete der Polizist, der für alberne junge Männer keine Zeit hatte. »Gehen Sie nur weiter.« Indem er das sagte, rannte er selbst schon weiter. Box sah ihm nicht länger als nötig nach. Sehr mit sich zufrieden, setzte er seinen Weg fort.

Am Oxford Circus trat er in eine Telefonzelle und rief im Amerikanischen Hotel in der Cornwall Street an, wo Mr. Rupert Thurtle unter dem angenommenen Namen Crayle abgestiegen war. Er bekam ihn sofort an den Apparat, woraus Box den Schluß zog, daß Thurtle junior wohl keinen Schlaf fand.

»Hallo, Mr. Thurtle«, sagte Box leise.

Keine Antwort. Wahrscheinlich überlegte der Amerikaner, ob er sich zu dem Namen bekennen sollte oder nicht.

Box sprach weiter. »Ich kann mich Ihnen am Telefon leider nicht näher vorstellen, aber ich bin allein und überbringe Ihnen eine Botschaft vom ›Alten Hexer‹. Haben Sie verstanden? Vom ›Alten Hexer‹. Kann ich Sie besuchen, jetzt sofort?«

Ein unterdrückter Aufschrei am anderen Ende sagte ihm, daß er mit dem Spitznamen voll ins Schwarze getroffen hatte.

»Ja. Gut. Wann können Sie kommen?«

Box antwortete vorsichtig.

»Ich kann in knapp zehn Minuten bei Ihnen sein. Übrigens würde ich Ihnen raten, Mr. Thurtle, mir keinen Streich zu spielen. Jede Kontaktaufnahme mit der Polizei hätte zur Folge, daß ihr unverzüglich gewisse Informationen hinsichtlich Ihres Gepäcks zugespielt würden. Haben Sie mich verstanden?«

»Ich weiß nicht, wer Sie sind«, sagte Rupert Thurtle, »aber wenn Sie sofort zu mir ins Hotel kommen, werden Sie mich allein antreffen. Ich würde nicht so dumm sein, mit der Polizei zu sprechen.«

Box hängte ein.

Zwanzig Minuten später saß ein bleicher, aufgelöster junger Mann in seinem Hotelzimmer und las wieder und wieder den Brief, den Box ihm überbracht hatte. Box saß äußerst gelassen auf der Bettkante.

»Nun?« fragte er schließlich. »Es handelt sich um ein Geschäft, Mr. Thurtle. Ich hoffe doch, Sie werden keine Einwände gegen eine Abmachung erheben, der Ihr Vater bereits zugestimmt hat.«

Rupert Thurtle fuhr sich mit der Hand über die Stirn. Dann sah er seinem Gegenüber ins Gesicht.

»Es ist die Handschrift meines Vaters«, sagte er. »Und es sind die Worte, die er gebrauchen würde. Und trotzdem sieht der ganze Brief nicht nach ihm aus.«

Box hüllte sich in Schweigen, und der andere fuhr fort:

»Ich kenne Ihren Namen nicht«, sagte er, »und es würde mir wohl auch nicht weiterhelfen, wenn ich ihn wüßte, aber ich glaube, ich sollte Sie auf etwas hinweisen. Es ist nämlich so, daß dieses Geld, das Sie von mir verlangen, die einzige Waffe ist, mit der ich meinen Vater vor Gericht verteidigen kann. Wenn ich es aus der Hand gebe und er trotzdem der Polizei in die Finger fällt, ist alles verloren.«

»Mit anderen Worten, Sie möchten sichergehen, daß Sie die Ware bekommen«, sagte Box ruhig.

»Ja. Ich möchte sichergehen, daß mein Vater, wenn ich zahle, ein freier Mann sein wird – zumindest was Ihre Seite betrifft.«

Box überlegte. »Wie schnell kommen Sie an das Geld heran?« fragte er.

»Morgen früh.«

»Es befindet sich in einem Schließfach, nehme ich an?«

»Natürlich.«

Box beugte sich vor. »In Lantern Bay, das ist ein kleines Nest an der Küste, gleich hinter Southampton, liegt eine Motorjacht«, sagte er. »Ihr Kapitän ist ein diskreter Mann namens Tomlinson. Ich sorge dafür, daß er sich morgen mittag in der Bar des Ship Hotel mit Ihnen trifft. Nehmen Sie das Geld mit, und warten Sie auf der Jacht. Ich bringe Ihren Vater mit dem Auto hin. Übergeben Sie mir dort das Geld. Und wenn ich Ihnen raten darf, dann schmuggeln Sie Ihren Vater anschließend nach Südirland.

Und noch eine Warnung. Sollten Sie versuchen, mich oder meine Freunde in irgendeiner Weise hereinzulegen – nun, wir sind Ihrem Herrn Vater nicht sonderlich zugetan. Es würde keinem von uns das Herz brechen, wenn die Polizei entdecken sollte, daß er bei einem Fluchtversuch versehentlich ertrunken ist.«

Box hatte dies ganz ruhig gesagt, aber für Rupert Thurtle blieb kein Zweifel an der wahren Bedeutung seiner Worte.

»Ja, ja«, sagte er. »Ich habe – vollkommen verstanden. Morgen mittag; und dann – mein Vater.«

»Morgen«, bestätigte Box. »Eine viertel Million Pfund.« Damit nickte er dem jungen Thurtle zu und ging.

Es war fast Morgen, als Box einsam und allein die Perry Street entlangging. Da er allein war, hatte er die gutmütig-

233

freundliche Maske abgelegt, die er für gewöhnlich trug. Er beging nicht den Fehler, sich über den Ernst der Lage zu täuschen.

Seit geraumer Zeit versuchte er jetzt schon in seine unterirdische Festung zurückzukehren, wo seine Komplizen und der Gefangene auf ihn warteten. Nur war das nicht so einfach. Beide Kaufhauszugänge zum Tunnel wurden von Polizei bewacht. Die Garage stand unter Beobachtung, und in den Winton Mews hielten immer noch uniformierte Polizisten Wache. Alle Eingänge waren blockiert.

Er war fürs erste kaltgestellt.

Langsam ging er weiter, während sein flinkes Gehirn die Situation überdachte. Er konnte nicht wissen, welchen Erfolg sein Schuß auf Fisher gehabt hatte oder ob Simmons entkommen war. Letzteres nahm Box aber eher an. Der junge Mann kämpfte wie ein Teufel und war schlüpfrig wie der sprichwörtliche Aal.

Ja – im Moment standen die Aussichten schlecht. Am Mittag würde Thurtle junior mit dem Lösegeld warten. Auf die eine oder andere Art mußte also sein Vater unter den Augen der Polizei von hier weggezaubert werden. Und genau in diesem Moment warf Box im Vorübergehen zufällig einen Blick an der phantasielosen Fassade der Southwold Mansions hinauf. Alle Fenster seiner Wohnung waren strahlend hell erleuchtet.

Er blieb stehen und sah nach oben, und mit der für ihn typischen Verwegenheit, die ihn zu dem gemacht hatte, was er war, trat er in den dunklen Hauseingang und ging hinauf.

Er steckte den Schlüssel ins Schloß, drehte ihn um und trat ein. Dann schlug er laut die Tür zu, warf Hut und Mantel von sich und ging ins Wohnzimmer.

Er hatte sich innerlich für jeden denkbaren Notstand gewappnet, und so huschte nur der zarteste Anflug von Überraschung über sein Gesicht, als er die Gestalt erblickte, die sich vor dem Kamin im Sessel lümmelte. Es war Fisher.

Fisher sah sehr blaß aus und hatte die Schulter verbunden. Und er hatte Box' Morgenmantel an.

»Hallo, Box«, sagte er. »Sag mal, es macht dir doch hoffentlich nichts aus, daß ich hierher zurückgekommen bin, aber ich muß heute nacht in dieser Gegend bleiben und bin ein bißchen angekratzt. Da habe ich es für das bequemste und praktischste gehalten, hier zu warten. Als ich sah, daß du nicht hier warst, ist mir ein bißchen mulmig geworden, aber da die Tür nicht abgeschlossen war, bin ich kurzerhand hereingekommen und hab's mir bequem gemacht.«

Box unterdrückte einen Lachanfall. Die Situation hatte etwas ausgesprochen Komisches. Seine Kugel war also fehlgegangen. Darüber ärgerte er sich. Nun aber schlüpfte er wieder in die Rolle, die er in Fishers Gegenwart immer spielte.

»Aber ich bitte dich – gute Idee«, sagte er. »Nun sag aber mal, was ist denn los? Wo hast du die ganze Zeit gesteckt? Ich bin überall herumgerannt und habe dich und das Mädchen gesucht. Als ich dann einsah, daß ich dich nicht mehr einholen würde, hatte ich keine Lust, wieder hierherzukommen. Da bin ich in Piccadilly in ein Nachtcafé gegangen.«

Er ging zum Kamin und blickte mit scheinbar freundschaftlicher Besorgnis auf den Mann hinunter, den er vor so kurzer Zeit erst zu töten versucht hatte.

»Wozu ist diese Dekoration gut?« fragte er, wobei er auf den Verband zeigte.

Fisher verzog das Gesicht.

»Nichts weiter. Es gab einen kleinen Krawall in den Winton Mews, und jemand hat mir eine Kugel durch die Schulter gejagt. Ist aber nur eine Fleischwunde – im Grunde nur lästig.«

Box riß erstaunt die blauen Augen auf.

»Was!« rief er. »In den Winton Mews? Das ist doch ganz hier in der Nähe, oder? Mein Gott, diese Wohnung ist wirklich nicht das Wahre für meine Tante. Also, was ist? Hast du das Mädchen noch erwischt?«

»Ja«, antwortete Fisher. »Aber das kommt mir vor, als wär's schon Stunden her. Sie hatte eine tolle Geschichte zu erzählen. Weißt du eigentlich, Box, daß diese Wohnung Verbrechern gehört?«

»Nein!«

»Leider doch«, sagte Fisher langsam. »Ich will dich nicht mit Einzelheiten langweilen, aber es gibt hier einen Tunnel, den zwei Kaufhäuser für ihren Versand benutzen, und die Frau wollte irgendeiner Unstimmigkeit nachgehen, die sie beim Versand hatten, und ist dabei geschnappt und hierher entführt worden.«

»Nein!« rief Box wieder. Mit einer Mischung aus Aufregung und Angst im Gesicht setzte er sich auf die Sessellehne. »Ich sage dir, ich ziehe hier aus. Mit so was will ich nichts zu tun haben. Hör mal, und was macht ihr jetzt? Verzeihung! Ich hab vergessen, daß ihr Bobbys es ja wie die Ärzte haltet – ihr sagt einem nie was.«

Der Inspektor grinste. »Normalerweise nicht«, meinte er. »Aber heute nacht ist mir so richtig zum Erzählen zumute; muß von dem Zeug kommen, das sie im Krankenhaus in mich reingepumpt haben. Du kannst doch den Mund halten, Box?«

»Ich? Ich bin verschwiegen wie ein Grab, und ungefähr genauso tief.«

»Ich glaube, ich stehe kurz vor einem Durchbruch. Ich weiß nicht, ob du Radio hörst, aber du mußt doch vom Verschwinden des Finanzmannes Joseph Thurtle gehört haben.«

Box machte ein nichtssagendes Gesicht.

»Ach ja!« sagte er plötzlich, wobei seine Augen aufleuchteten, als hätte sein Verstand die Sache endlich erfaßt. »Ich erinnere mich jetzt. Habt ihr Brüder nicht seine Festnahme so gründlich verpfuscht? In einer Zeitung stand irgend so was – nicht sehr schmeichelhaft. Bist du dem Mann auf der Spur?«

Die blauen Augen verrieten nichts als gewöhnliches Interesse, und die Hand mit der Zigarette war ganz ruhig.

»Wenn ich heute früh nur meinen Plan durchziehen kann, habe ich Thurtle spätestens um ein Uhr mittags in Gewahrsam.«

Box bückte sich und schnippte seine Asche in den Kamin.

»Klingt aufregend«, meinte er. »Darf ich es hören?«

»Wir vermuten, daß irgendein Halunke Thurtle entführt hat und als Geisel festhält, um Lösegeld zu erpressen. Er ist ein regelrechtes Phantom. Seit Monaten suchen wir nach seinem Versteck, aber ich glaube, jetzt habe ich es gefunden. Als dieser Kerl auf mich schoß, hatte ich gerade seinen Komplizen am Wickel. Der hat ganz schön gezappelt, aber ich hatte ihn am Jackett gepackt. Dann wurde auf einmal meine Schulter taub. Ich konnte zwar noch mit der einen Hand festhalten, aber die andere war völlig nutzlos. Bevor der Sergeant bei uns war, hatte der Kerl sich losgerissen und war abgehauen. Ich hatte nur noch sein Jackett, das uns wohl nicht viel nützen wird.«

Er senkte die Stimme.

»Das Versteck befindet sich in einer der alten Poststationen entlang der ausgedienten Tunnelstrecke, und der Ausgang liegt in den Winton Mews.«

Box sah den anderen mit sanften blauen Augen an.

»Ich kann's kaum glauben«, meinte er bedächtig.

Fisher fuhr fort. »Ich habe die Stelle eingekreist«, sagte er selbstgefällig, »und sobald es hell wird, führe ich meinen Plan aus. Es ist ganz einfach. Die Burschen haben nur drei mögliche Ausgänge: zwei in den beiden Kaufhäusern und einen in den Winton Mews. An beiden Tunnelenden habe ich starke Polizeikräfte postiert.

Die Winton Mews lasse ich völlig umstellen. Sowie ich dann das Zeichen gebe, kommen meine Trupps von beiden Seiten durch den Tunnel und jagen die Halunken in die Winton Mews.«

Box, der dieser Schilderung mit schiefgelegtem Kopf gelauscht hatte, sah sein Gegenüber an. »Ich muß zugeben, das hätte ich dir nicht zugetraut«, sagte er. »Ich dachte immer, so ein Polizeischädel besteht durchgehend aus Knochen. Ich will dich nicht kränken. Das ist nur so die gängige Vorstellung.«

Fisher fuhr hochzufrieden fort. »Kein schlechter Plan«, meinte er, »und ich habe so ein Gefühl, daß er klappen wird. Ich warte nur noch, bis es hell wird, damit mir keiner aus den Winton Mews entkommen kann. Klingt das nicht ziemlich narrensicher?«

»Doch«, sagte Box langsam. »Es sei denn – hör mal, ich verstehe ja nichts von solchen Sachen, aber bist du ganz sicher, daß wirklich alle Ausgänge besetzt sind? Ich meine, weißt du genau, daß die nicht noch woanders rauskönnen?«

»Absolut«, tönte Fisher selbstzufrieden wie ein Kind. »Zuerst habe ich ja auch gedacht, es gäbe noch einen Ausgang durch eine Garage in der Grafton Street, und die habe ich bis vor einer halben Stunde von meinen Leuten bewachen lassen. Dann dämmerte mir langsam, daß wir da nur unsere Zeit vertun, und das fand mein Chef auch, der sich schon die ganze Zeit beschwerte, daß ich so viele Leute band. Ich habe mir einen Durchsuchungsbefehl besorgt, das Ding gründlich durchgekämmt und mich davon überzeugt, daß da nichts ist. Daraufhin habe ich die Wachen dort abgezogen.« Er verschnaufte kurz. »Hast du was dagegen, wenn ich hier warte, bis es hell wird?«

»Aber nein! Ist das ein Abenteuer! Ich wollte schon immer mal gern bei einer Polizeirazzia dabeisein. Soll ich mit euch durch die Kanalisation kriechen?« fragte Box.

Fisher lachte. »Nein danke. Wir spannen für unsere Schmutzarbeit nie Zivilisten ein. Leg du dich lieber ein bißchen schlafen.«

»Aber bestimmt nicht hier!« sagte Box mit plötzlicher Entschiedenheit. »Hier ist es mir verflixt noch mal zu unheimlich. Der Makler kann die Wohnung wiederhaben. Ich schlafe in meinem eigenen Bett. So was ist nichts für mich. Eine Wohnung voll netter Spielereien ist eine Sache, aber Revolverschüsse und Entführer haben für mein junges Leben nicht denselben Reiz. Ich rufe dich später mal an und erkundige mich, ob du noch am Leben bist.«

Fisher machte ein verlegenes Gesicht. »Aber hör mal, ich kann dich doch hier nicht so einfach hinausdrängen.«

»Unsinn! Was tut man nicht alles für einen Freund? Bleib du nur, wo du bist. Wenn dann in dieser ulkigen Wohnung wieder was passiert, bist wenigstens du dran und nicht ich.«

Unentwegt redend ging Box auf den Flur. Vor der Tür zog er seinen Revolver, dann zögerte er. Schließlich zuckte er die Achseln und begann lautlos vor sich hin zu lachen. Aus seiner Sicht hatte die Situation auch ihre komische Seite.

Mr. Knapp, dessen blasses, unsympathisches Gesicht vor Aufregung glänzte, lehnte sich im »Büro«, wo die Bande sich versammelt hatte, weit über den Tisch.

»Stimmt, Boss. Die Posten wurden ungefähr vor einer dreiviertel Stunde abgezogen.«

Die Gesichter der anderen waren nach der Nacht, die sie in ihrer eigenen Festung gefangen gesessen hatten, ganz eingefallen, aber in ihren Augen schimmerte neue Hoffnung.

»Natürlich sind sie weg«, sagte Box unwirsch. »Ich bin doch eben erst auf diesem Weg hereingekommen. Und ich sage euch, unser junger Freund Fisher übertrifft sich selbst. Zur Zeit sitzt er in der Wohnung und wartet, bis es hell wird, und ich habe so das Gefühl, daß es für ihn mit einem Blitzschlag hell werden wird.«

Er setzte sich auf die Tischkante und faßte das Wesentliche aus den Ausführungen des Inspektors zusammen. Levine begann zu lachen. Bald schloß sich Jamieson an, und nach einer Weile dröhnte das ganze Zimmer von ihrer aller Heiterkeit. Box sah auf die Uhr.

»Knapp«, fragte er, »stehen die Wagen bereit?«

Der kleine Mann nickte.

»Alles klar, Boss. Der Cadillac und der Jensen. Die ziehen

jeder Polizeikarre davon.« Er grinste. »Und ich hab so viele neue Nummernschilder, daß wir sie notfalls alle dreißig Kilometer wechseln können.«

»Also gut.« Er begutachtete seine Streitmacht. »Tim, Sie fahren den Cadillac, Jack den Jensen. Zieht eure Chauffeursuniformen an und geht zu den Wagen, ihr anderen räumt solange hier auf. Jamieson, Sie und Levine und Bill fahren mit dem Jensen, Casson und ich werden in dem anderen Wagen Mr. Thurtle Gesellschaft leisten. Unser Ziel ist Lantern Bay, verstanden? Tomlinson hat Befehl, abzulegen, sobald er den jungen Rupert an Bord hat. Wenn er dann doch noch auf die Idee kommen sollte, uns reinzulegen, wären unsere Spuren verwischt. Wir warten auf sie in Lantern Bay, übergeben den Gefangenen und teilen das Geld, und dann folgt jeder, wie geplant, seiner eigenen Fluchtroute.«

Während er redete, trat er an den Schreibtisch und nahm methodisch jedes Stückchen Papier heraus. Nachdem er sich vergewissert hatte, daß in diesem Zimmer nichts mehr war, was einen von ihnen belasten konnte, winkte er Knapp, der sofort mit einem Staubwedel ankam.

Die anderen hatten inzwischen Waschlederhandschuhe angezogen, und Minuten später waren alle Flächen im Zimmer von Fingerabdrücken gesäubert. Sie gingen so methodisch und gründlich vor, daß jeder Polizist ihnen dafür nur seine Hochachtung hätte aussprechen können. Nachdem alles fertig war, sah Box wieder auf die Uhr. Fünf Minuten vor fünf.

»Nach meiner Schätzung haben wir noch eine halbe Stunde«, meinte er, »falls nicht – hal-looo!«

Alle hielten inne und lauschten. Von der Treppe her, die in den Tunnel führte, kamen ungewohnte Geräusche. Die Razzia begann. Box blieb die Ruhe selbst, aber seine blauen Augen funkelten. Er schien die Situation so recht zu genießen.

»Los!« sagte er. »Wir schaffen es gerade, aber das im großen Stil.«

Er ging ihnen voran die Treppe zum Tunnel hinunter. Casson und Levine führten Thurtle zwischen sich, der völlig apathisch wirkte.

Von den beiden fernen Tunnelenden nahten hohle Stimmen. Die Polizei machte aus ihrer Attacke kein Geheimnis, und Box hätte sich totlachen können, wenn er daran zurückdachte, daß Fisher sich seines Erfolges so sicher gewesen war, so überzeugt, er habe alle Ausgänge verstopft.

Nach etwa dreißig Schritten führte Box sie durch eine Tür in der Wand zu einer zweiten Treppe. Hier war die Luft drückend und stickig. Er ging weiter, bis von einem Treppenabsatz eine weitere Tür wegführte.

Er drückte sie vorsichtig auf und gelangte in einen winzigen Raum, etwa von der Größe und Form eines Kleiderschranks, aber die Luft war hier erstaunlich frisch. Den Grund dafür ergab ein Blick nach oben, denn es handelte sich um die Abschmiergrube in Mr. Knapps Garage, die ein früherer Pächter hier angelegt hatte, indem er einfach die Kellertreppe zubaute.

Box stemmte sich mit Leichtigkeit nach oben, dann bückte er sich und half Levine, den Gefangenen herauszuwuchten. Es war noch nicht ganz Tag, und in der Garage war es noch dunkel. Aber das Tor war schon geöffnet, und vor dem hellgrauen Rechteck, das es einrahmte, sah man die dunklen, eleganten Silhouetten der beiden Wagen.

Die Gauner handelten flink. Kaum war Box mit dem Kopf aus der Abschmiergrube aufgetaucht, ließen die livrierten Gestalten in den Autos die Motoren an, und Mr. Knapp, der als letzter heraufkam, flüsterte seinem Chef leise zu: »Schnell, Boss. Ich höre die Paketwagen. Wahrscheinlich kommen sie mit denen angedampft. Es wird eng.«

Box lachte leise.

»Die werden sich in den Bauch beißen«, sagte er. »Wir entwischen ihnen direkt vor der Nase, kassieren das Geld und verschwinden.«

Er sprang leichtfüßig in den Fond des Wagens, wo Casson

schon neben Thurtle Platz genommen hatte. Mr. Knapp kauerte sich zu ihren Füßen auf den Wagenboden.

»Los geht's, Tim.«

Der Wagen schoß vorwärts, und Box ließ sich mit einem Lächeln vollkommener Zufriedenheit ins Polster sinken. Sein Blick streifte müßig die Schultern des Mannes, der soeben den Wagen mit Schwung aus der Garage lenkte. Da sah er etwas, was ihm einen kalten Schauer über den Rücken jagte.

Zwischen Chauffeurskragen und Chauffeursmütze ragte ein Stückchen Verband hervor. Der Fahrer des Wagens, in dem er hier so selbstgefällig neben seinem Gefangenen saß, hatte eine verwundete Schulter.

Mit einem leisen Fluch beugte Box sich vor und wollte nach seinem Revolver greifen, aber im selben Moment machte der Wagen eine Vollbremsung. Box verlor das Gleichgewicht, und in dieser Sekunde war seine Chance, doch noch davonzukommen, ein für allemal vertan.

Türen wurden aufgerissen, und bewaffnete Männer erschienen. Bob Fisher wandte auf seinem Logenplatz am Steuer den Kopf und nahm lächelnd die Mütze ab.

Gleichzeitig hatte ein Stückchen weiter vorn auch der Jensen angehalten, und der Kriminalbeamte, der Jack Simmons' Platz eingenommen hatte, stieg grinsend aus.

Die Aktion war ein voller Erfolg, ein in jedem Detail präziser Schlag. Die Polizisten, die sich versteckt gehalten hatten, stürzten sich auf die Wagen, sowie die Fahrer sie zum Stehen gebracht hatten.

Joseph Thurtle, der von dem allgemeinen Handgemenge als einziger unberührt blieb, ließ sich willig in einen Polizeiwagen verfrachten und diesmal ohne Zwischenfälle zu Scotland Yard bringen. Die anderen leisteten Widerstand, aber der Überfall hatte sie so unvorbereitet getroffen, daß sie ihren Angreifern nicht gewachsen waren.

Erst einige Zeit später, als George Box zwischen Fisher und Davidson in dem Wagen saß, der ihn zum Yard brachte, kehrte dieser leicht verwunderte Ausdruck wieder in die blauen Augen zurück.

»Ich bin dir ja nicht böse, Fisher«, sagte er freundlich. »Du hast auf ganzer Linie gesiegt. Hast mir eine Falle gestellt, und ich bin hineingegangen. Ich dachte, du hättest meine Intelligenz unterschätzt, dabei war es umgekehrt. Aber eines wüßte ich gern: Wie bist du mir auf die Schliche gekommen? Wann hast du gemerkt, daß ich nicht ganz der harmlose Freund war, der dich angerufen hatte, um dir eine absonderliche Wohnung zu zeigen?«

»Sie stehen unter Arrest«, sagte Inspektor Davidson. »Wenn Sie meinen Rat hören wollen, halten Sie den Mund.«

Box schüttelte den Kopf.

»Ach was«, sagte er. »Ich bin von Natur aus neugierig. Ich finde, das bist du mir immerhin schuldig.«

Fisher drehte sich zu ihm um, und für einen Moment sahen seine klugen grauen Augen in die des Ganoven.

»Zwei unbedeutende Vorfälle«, sagte er, »und dann eine ziemlich unerwartete Bestätigung des Verdachts, den ich inzwischen geschöpft hatte. Als ich Ihre amüsante Wohnung besichtigte, haben Sie mir erzählt, Sie wären erst fünf bis sechs Stunden darin. Aber alle Aschenbecher waren voller Zigarettenkippen. Meine angeborene Neugier hat mich veranlaßt, einmal näher hinzusehen. Die Kippen waren alle von Ihrer Marke und an den Enden verfärbt. Sie sind ein feuchter Raucher, Box. Vielleicht drücken Sie Ihre Zigaretten deshalb alle halb geraucht aus.

Das war natürlich nur eine winzige Kleinigkeit, aber dann habe ich mich gefragt, ob ein Mensch allein an einem einzigen Nachmittag soviel rauchen kann. Von da an war ich auf der Hut.«

Er holte einmal Luft. »Und als dann so plötzlich und überraschend diese junge Frau auftauchte, habe ich ganz kurz Ihr Gesicht gesehen. Ich hatte gedacht, Sie würden überrascht sein, verblüfft, verwirrt – egal, was. Aber nichts dergleichen. Sie waren wütend. Zuerst habe ich das gar nicht verstanden.«

Box lachte häßlich.

»Sie sind ja doch viel schlauer, als ich mir vorgestellt hatte«, meinte er. »Und was noch? Bisher erscheint mir das alles leider noch nicht sehr schlüssig.«

Fisher grinste.

»Am Ende war es Ihre Freigebigkeit, die Sie verraten hat«, sagte er. »Ich meine, ich hätte Ihnen schon erzählt, daß einer meiner Angreifer bei der Rauferei in den Winton Mews seine Jacke verloren hat. In dieser Jacke war ein Schneideretikett, auf dem hübsch ordentlich der Name des Kunden stand. Schenken Sie Ihrer Bande eigentlich alle Ihre alten Klamotten?«

Box fluchte.

Die Avantgarde

Gina Baring sollte ihren Mann verlassen. Sie hatten diesen Schritt mit all der gegenseitigen Rücksichtnahme, die jedes Stadium ihrer zwölfjährigen Ehe gekennzeichnet hatte, sehr eingehend durchgesprochen.

Bisher hatten sie sich allen Hindernissen auf ihrem gemeinsamen Weg gestellt und sie zusammen entweder umschifft oder überwunden, jetzt aber war der Zeitpunkt gekommen, da sie die Auflösung ihrer Partnerschaft für das klügste hielten.

Gina Baring saß in ihrem weiß-goldenen Wohnzimmer und zitterte. Sie war sich keiner Angst bewußt, aber jene unterbewußte, fast physische Intelligenz, die über die sinnlosen Reaktionen des Körpers gebietet, befand sich in einem Zustand der Panik.

Vordergründig waren ihre Gedanken bei Fergus Cappet, dem Mann, an den ihr Gatte sie so leichten Herzens hingab; das heißt, sie dachte eher an die unbequemen Sessel in seinem düsteren, mit Büchern tapezierten Wohnzimmer und fragte sich, ob er ihr wohl erlauben werde, sie gegen andere, weniger leibfeindliche Möbel auszutauschen.

Über dem florentinischen Kamin hing ihr Porträt, gemalt von Jan Baring, ehe er zu dem gefragten Mitglied der Königlichen Akademie avancierte, das er jetzt war, und lächelte mit großen, wissenden Augen auf sie herab. Mrs. Baring begegnete dem gemalten Blick und erschauerte, ohne zu wissen, warum.

Morgen früh sollten ihre und Jans Wege sich trennen. Ihre simplen Vorbereitungen waren bereits unter Berücksichtigung des Wohlergehens aller Beteiligten getroffen.

Morgen sollte Fergus, der Bohemien im guten alten Sinne jener überaus unmodernen Welt, sie mit der Formlosigkeit in Empfang nehmen, die vorzuziehen er aus seinen beiden vorangegangenen schlimmen Erfahrungen gelernt hatte.

Nach ihrem Auszug sollte Jan seinen Anwalt anrufen und die Mühlen des Gesetzes in Gang bringen. An dem Tag, an dem das Gericht ihn dann zum freien Mann erklärte, würde er Lynne Agnew heiraten.

Die Barings hatten jeden Schritt gemeinsam ausgearbeitet, wie sie alle anderen wichtigen Schritte in ihrem Leben gemeinsam ausgearbeitet hatten, etwa ihren Umzug aus dem Atelier in Soho in die Mietwohnung in St. John's Wood, danach die Umsiedelung nach Kensington und von Kensington in ihr jetziges Haus im Hügelland von Kent.

Es war ein angemessenes Vorgehen, bequem und über die Maßen praktisch. Gina Baring wußte, daß alles wunderbar reibungslos vonstatten gehen würde.

Im Augenblick befand sie sich in einem Zustand erzwungener Ruhe. Sie machte sich weder Gedanken über die Zukunft, noch gestattete sie sich einen allzu eingehenden Blick auf die unmittelbare Vergangenheit.

Als Fergus Cappet sie in die Arme genommen und sein schmaler, häßlicher Mund ihr zitternd sein unerträgliches Verlangen nach ihr erklärt hatte, war sein Werben zu einem Zeitpunkt gekommen, als Lynne Agnew bereits einen festen Platz an Jans Horizont einnahm, und so war Fergus für Gina ein Geschenk Gottes gewesen, bot er ihr doch den Königsweg eines würdigen Abgangs.

Mrs. Baring regte sich unruhig auf ihrer Couch. Lynne Agnew wollte zum Dinner kommen. Sie hatte morgens angerufen und sich selbst eingeladen, und Jan hatte es seiner Frau verlegen beigebracht.

»Ich habe ihr gesagt, daß die Perneys kommen«, hatte er ihr ratlos erklärt. »Ich habe ihr gesagt, daß es alte Freunde von uns sind, die wir schon sieben oder acht Jahre nicht mehr gesehen haben; aber sie hat es sich nun einmal in den Kopf gesetzt. Es macht doch nichts, oder?«

Gina Baring hatte in das düstere Gesicht ihres Mannes gesehen und ihn lächelnd beruhigt. Im stillen fand sie Lynnes Verhalten ordinär, unüberlegt und leider Gottes typisch für sie, aber das sagte sie nicht. Die Barings hatten stets einen Höflichkeitskodex gewahrt, der einerseits ihr tägliches Zusammenleben ausgesprochen angenehm machte, andererseits zur Folge hatte, daß eins des anderen tiefergehende Gefühle kaum kannte.

Während Gina jetzt dasaß und auf die Perneys wartete, die mit dem Abendzug kommen sollten, mußte sie sich erneut fragen, was eigentlich das Anziehende an Lynne Agnew war, und wieder einmal gab sie es als unbegreiflich auf. Wie überhaupt diese ganze Sackgasse, in der ihr und Jans Leben plötzlich zum Stillstand gekommen war, ihr unbegreiflich blieb.

Angefangen hatte es mit diesem Haus. Es war das Haus ihrer Träume. Damals, als sie noch zusammen in diesem staubigen kleinen Atelier gearbeitet hatten, das mit dem Drum und Dran von Jan Barings Gewerbe, dem Krimskrams ihrer unzähligen Freunde und ihren eigenen wenigen Besitztümern übersät war, hatten sie sich eine solche Wohnung immer für sich vorgestellt und in der Phantasie mit all den Schätzen ausgestattet, die sie jetzt tatsächlich enthielt.

Das war jetzt gut zehn Jahre her. Seitdem hatten sie gearbeitet, wie nur der zum Erfolg entschlossene Künstler zu arbeiten versteht, und endlich hatten sie unter Schweiß und gelegentlich bitteren Tränen ihren süßen Traum verwirklicht.

Gina Barings Blick blieb an der Porzellanschale hängen, die sie aus Marseille mitgebracht hatten, dem Kerzenleuchter aus Rom, dem Tisch, der aus einer Burg in Wales stammte, und der Ausdruck der Verwirrung in ihren runden grauen Augen wurde noch stärker.

Mit dem Haus war Lynne Agnew auf der Bildfläche erschienen. Sie gehörte jener ländlichen Gesellschaft an, deren

247

Mitgliedsausweis der Besitz eines wohlbemessenen Anwesens im Umkreis war, und die blonde Witwe hatte Jan auf so unverhohlene und direkte Weise annektiert, daß Mrs. Baring fasziniert dagesessen und ihren Sinnen kaum getraut hatte.

Es war so plötzlich passiert. Jan war in die unbesetzte Nische des wohlhabenden berühmten Nachbarn geschlüpft, und Gina hatte entdecken müssen, daß darin für sie kein Platz war.

Die kleinen Dinnerpartys, auf denen man immer denselben Leuten begegnete, den gleichen Klatsch zu hören bekam und die gleichen halbverdauten Meinungen austauschte, langweilten und irritierten sie. Sie wurde hochmütig und unfreundlich, wogegen Jan sich diese Lebensweise mit unvermuteter Begeisterung zu eigen machte.

Er spielte Bridge, er tanzte und kaufte sich ein teures Auto, in dem er Mrs. Agnew spazierenfuhr und mit sichtlichem Behagen ihren nachgeplapperten Weisheiten lauschte.

Und als Gina Barings Verwunderung sich gerade in Bitterkeit verwandeln und ihr Unbehagen in Beschämung münden wollte, war Fergus Cappet mit seiner so romantischen wie dramatischen Liebeserklärung dahergekommen.

Heute abend kamen die Perneys auf ein mühsam abgezwacktes Wochenende aus der Stadt, und wenn sie morgen wieder abreisten, ging die Ehe der Barings so still und unauffällig zu Ende, wie es sich eben bewerkstelligen ließ.

Gina stand auf. Es war gleich Viertel nach sieben. Jeden Moment konnte Jan jetzt den Wagen durchs Tor lenken, und die Perneys würden aussteigen, um sie zu begrüßen.

Sie wußte nicht recht, wie sie zu den Perneys stand. Victor war in den alten Zeiten ein Freund von Jan gewesen. Er war regelmäßig zu ihren Treffen gekommen und hatte in der letzten Zeit auch immer öfter dieses kleine Ding mitgebracht, das jetzt seine Frau war.

Gina fürchtete, die beiden könnten langweilig sein. Sie hatte diese Anfangsjahre als eine Zeit endloser Plackerei in

Erinnerung, nur möglich gemacht durch einen jugendlichen Überschwang, der ihr jetzt so unerklärlich schien, wie er unwiederbringlich war.

Es war fast acht Jahre her, seit Jan die beiden zum letztenmal gesehen hatte, und Victors Brief mit der Ankündigung seiner Heirat sowie des geplanten Überfalls auf sie war wie eine lästige Stimme aus ferner Vergangenheit gewesen.

Die Barings hatten jedoch beide noch nie eine Anwandlung zu schlechtem Benehmen verspürt, und da es leichter war, sich einen Abend lang mit den alten Freunden abzugeben, als sich in mühseligen Erklärungen zu ergehen, hatten sie ein möglichst baldiges Datum vereinbart und ihre eigenen Arrangements dem angepaßt.

Gina sah den bevorstehenden Abend als ein letztes, ermüdendes Vorspiel zu ihrem neuen Abenteuer und freute sich nicht sonderlich darauf. Sie hörte den Wagen vorfahren, und nachdem sie sich noch kurz in dem runden Spiegel begutachtet hatte, ging sie hinaus, um zum letztenmal ihre Gäste in Jans Haus zu begrüßen.

Beim ersten Anblick der Gäste erwachte ihr Interesse. Der Mann sah noch ungefähr so aus, wie sie sich an ihn erinnerte, vielleicht ein wenig dicker geworden und nicht mehr so unordentlich, aber er hatte noch dasselbe, typisch wurstige Künstlergesicht und dasselbe jugendliche Gehabe.

Die Frau war erwachsen geworden. Sie war selbstsicherer, aber immer noch verletzlich, und in Gina erwachten für beide fast mütterliche Gefühle.

Sie sah, daß Jan nervös war. Er trug geschäftig das Gepäck herein und redete mit lauter Stimme über Nichtigkeiten. Gina beschlich zum erstenmal die Befürchtung, daß der Abend ein paar peinliche Augenblicke bringen könnte.

Im selben Moment erspähte Victor Perney sie, und ihr steifes Begrüßungslächeln schwand vor seinem Freudenschrei.

»Gina!« rief er. »Schätzchen! Mein Gott, das ist ja ein *sagenhaftes* Haus!«

Schon fühlte sie sich in seine Arme gerissen und geherzt und geküßt wie eine lange nicht gesehene Mutter, bevor sie auch nur Luft holen konnte.

»Gina!« rief jetzt hinter ihm das Mädchen. »Gina, du hast dich ja toll gemacht! Ich hab's doch immer gewußt, wir haben es auch immer gesagt, und es stimmt. Kinder, ist das nicht herrlich!«

Gina Baring wurde wieder geküßt, dann fühlte sie sich von ihren übermütigen Gästen rechts und links untergehakt und wurde, gefolgt von Jan, verwirrt und atemlos zuerst ins Frühstückszimmer, dann in den Garten und schließlich durch die Terrassentür zurück ins Haus gezerrt.

Auf der Schwelle blieb Sally Perney, die in ihrem modischen Kostüm samt farbenfrohem Pullover wie ein aufgeplustertes, vergnügtes Rotkehlchen aussah, zögernd stehen. Auch wie sie jetzt flink den Kopf zu ihrem Gatten umwandte, erinnerte an einen Vogel.

»Vic«, rief sie vergnügt, »guck doch mal, Vic, sie haben es tatsächlich geschafft!«

Gina Baring folgte ihrem verzückten Blick und hatte das sonderbare Gefühl, ihr eigenes Wohnzimmer zum erstenmal zu sehen. Die Entdeckung, daß es wirklich wunderschön war, so schön, wie sie und Jan sich ein Zimmer nur hätten erträumen können, erfüllte sie plötzlich mit großer Zufriedenheit, die aber von ihrem nächsten Gedanken, der dem Morgen galt, brutal wieder zerschlagen wurde.

Jan versuchte die Situation in den Griff zu bekommen. Sein intelligentes Gesicht verriet nichts, während er sich um die Getränke kümmerte. Er redete an einem Stück, stellte Fragen, wartete die Antworten nicht ab und sprang wahllos von einem Thema zum anderen, sowie sich auch nur die kleinste Flaute in der Unterhaltung anzubahnen drohte.

Die Perneys ließen sich von ihm nicht im mindesten beirren. Sie waren unbefangen wie zwei Wilde und so fröhlich wie Kinder, die soeben von der Schule nach Hause gekommen waren. Ihr großes Entzücken, das dem Haus ebenso wie den Barings selbst galt, stürzte Gina anfangs in Verwirrung und wirkte später, nachdem sie sich daran gewöhnt hatte, trotz der unsäglich bitteren Ironie der Situation sonderbar anregend auf sie.

Die Perneys begutachteten die Möbel, äußerten ehrliche Anerkennung und wollten von jedem Stück wissen, woher es stammte, bis endlich auch Jan auftaute und sich ihnen zu Ehren zu einer seiner berühmten Imitationen des alten Antiquitätenhändlers Cordigliani aus der Hampstead Road herabließ.

Gina mußte unwillkürlich lachen, und Victor Perney legte ihr begeistert den Arm um die Schulter.

»Kinder, ist das schön, euch beide wiederzusehen«, erklärte er im Brustton der Zufriedenheit. »Als wir Jan auf dem Bahnhof sahen, haben wir uns zuerst schon gesorgt, ihr könntet euch verändert haben, aber das habt ihr überhaupt nicht. Ihr seid noch immer dieselben, dieselben wie vor zehn Jahren.«

Gina Baring warf ihrem Mann einen schuldbewußten Blick zu, aber er sah nicht zu ihr her. Er durchforschte gerade mit Sally Perney die Tiefen des Geschirrschranks und stand mit dem Rücken zum Zimmer. Etwas später drehte er sich um und sagte mit eingeübter Zwanglosigkeit: »Übrigens, ihr beiden. Ihr habt doch hoffentlich nichts dagegen, daß wir zum Dinner noch einen Gast haben. Mrs. Lynne Agnew. Wir haben alles versucht, es ihr auszureden, aber sie hat ihren eigenen Kopf.«

Die Perneys machten enttäuschte Gesichter, wollten aber nicht ungefällig sein.

»Eine Frau von hier?« fragte Victor, während er sich auf einer Sessellehne niederließ. »Um seine Nachbarn kommt man hier wohl nicht herum, was? Wie ist sie denn?«

Jan füllte betulich sein Glas, bevor er antwortete.

»Charmant«, antwortete er endlich. »Ich habe in der

diesjährigen Akademieausstellung ein Porträt von ihr hängen.«

Sally sah auf.

»So ein großes Ding mit blauem Hintergrund?« fragte sie. »Das habe ich gesehen. Du doch auch, Vic. Ich hab's dir noch gezeigt.«

»Stimmt. Nettes Bild. Ein bißchen konventioneller, als man dich sonst kennt, aber recht hübsch. So eine verbiesterte Landpomeranze mit Blumen im Haar.«

Jans dunkles Gesicht wurde noch eine Spur dunkler.

»Ja, das ist es.«

Perney hob sein Glas.

»Gott segne sie, wenn sie eine Kundin ist!« erklärte er weihevoll. »Gott segne alle gepflegten, verbiesterten Blondinen, die sich porträtieren lassen.«

Er stellte sein Glas hin, warf sich auf das Leopardenfell vor dem Kamin und grub wie ein Kind das Gesicht hinein.

»Ich war auf eurer Hochzeit.« Seine gedämpfte Stimme nahm leutselig den Faden der Unterhaltung wieder auf. »Chianti und Kuchen in Jans Atelier. Ich war damals fünfzehn und hinterher blau wie ein Veilchen. Jetzt bist du erfolgreich, ich bin verheiratet und auch schon fast erfolgreich. Ist das nicht toll? Sag mal, Jan, hast du das auch schon mal gemacht? So ein Leopardenkopf hat das weichste Fell der Welt. Probier's mal aus.«

Am Ende probierten sie es alle nacheinander aus, sogar Gina. Das Fell war wirklich herrlich weich. Die kurzen Haare streichelten ihre Wangen.

»Ein preiswertes Vergnügen«, meinte Sally Perney, indem sie sich lachend in die Hocke setzte. »Allerdings möchte ich das nicht auf unserem schmutzigen alten Kaminvorleger machen. Wir haben aber dafür einen richtig echten Sheraton-Tisch und einen Napoleon-Spiegel mit Adlern. Wenn alles gutgeht, kaufen wir uns nächste Woche einen Eckschrank.«

Gina mußte blinzeln. Sallys Begeisterung klang so echt. Sie

hallte wie ein leises Echo durch die Jahre, so vertraut und wunderbar wie der erste Kuckucksruf im Frühling. Durch all das Geschwätz hindurch, das papageienhafte, zweitklassige und abgedroschene Gerede in ihrer neueroberten Welt, schmetterte sie hell und klar wie eine Fanfare.

Sie sah zu Jan, und er erwiderte ihren Blick mit einem Lächeln amüsierter Toleranz, die nur ein ganz klein wenig unaufrichtig war.

Gina Baring sah wieder weg und versuchte an Fergus zu denken, Fergus, der sie immerhin haben wollte, Fergus, dessen hungrig-trauriger Blick unablässig jenen Schlüssel zum Frieden suchte, der für immer unauffindlich unter seiner eigenen Unzulänglichkeit versteckt liegen mußte. Aber ihre Lippen zitterten.

Es war gut, daß Lynne Agnew genau diesen Moment für ihre Ankunft erwählte. Ihr Auftritt sorgte gerade rechtzeitig für Ablenkung. Sie wehte auf einer dezenten Parfümwolke ins Zimmer und brachte mit ihrem pastellfarbenen Seidenkostüm sofort eine konventionelle Note ins Haus.

Lynne war charmant, liebenswürdig und von schamloser Unaufrichtigkeit. Neben Sally Perneys funkelnder Natürlichkeit wirkte sogar ihre Haut synthetisch. Sie nickte allen Anwesenden korrekt und höflich zu, streifte kurz Jans Hand und war gegenüber Gina von lächelnder Biestigkeit.

Ihr Kommen brachte Zucht und Ordnung in die Gesellschaft. Daß man sich zum Essen nicht umziehen konnte, entwickelte sich zum Problem. Lynne gab sich liebenswürdig und belustigt, vermochte aber dennoch die Botschaft anzubringen, daß nur Ginas Unfähigkeit als Gastgeberin an dem Versäumnis schuld sei, was man ihr jedoch nachsehen müsse, denn Gina sei dafür ja bekannt.

Jan bedachte seine Frau mit einem vorwurfsvollen Blick, und Gina fühlte sich einen wirren Augenblick lang wirklich inkompetent. Perney grinste.

»Ich könnte mich sowieso nicht umziehen«, meinte er,

»weil ich nichts bei mir habe. Außerdem bin ich gleich verhungert.«

Mrs. Agnew sah ihn zum erstenmal mit Interesse an. Ihr höfliches Erstaunen war vernichtend, und er errötete.

Fünf Minuten später nahm eine geläuterte Gesellschaft zum Essen Platz.

Mrs. Agnew bemühte sich nach besten Kräften darum, daß alle sich wie zu Hause fühlten, unbekümmert um den kleinen, aber entscheidenden Fehler, daß sie nicht die Gastgeberin war. Jan versuchte tapfer, die Perneys abzuschirmen, aber sie ließ es sich nicht nehmen, die beiden in den boshaften Klatsch über ihren eigenen Bekanntenkreis einzubeziehen, indem sie vorsichtig in ihrer Lebenswelt herumstocherte.

Die Perneys redeten nur zu gern über sich selbst. Nach der Verlegenheit der ersten zehn Minuten waren sie sich offenbar über Mrs. Agnews Platz in ihrem Universum einig und nur noch darauf bedacht, sie kaltzustellen und sich wieder mit Jan und Gina zu befassen. Infolgedessen mußte Mrs. Agnew mehr einstecken, als ihr lieb war.

Sally Perneys häusliche Probleme waren von der eindrucksvollen Art, die mitunter das Leben derer prägt, die von der Hand in den Mund leben. Ihre Zerstreuungen waren schlichter, um nicht zu sagen plebejischer Natur.

Ein wohlgezielter Nasenstüber, gemein in seiner Roheit, trieb Sally die Röte in die Wangen und rief Victor zu ihrer Verteidigung. Er musterte Mrs. Agnew mit trägem, freundlichem Blick und machte sich daran, sie mit scheinbar ernstgemeinten Fragen, der grausamsten Waffe der Welt, bloßzustellen.

Lynne durchschaute die Attacke lange nicht, und Gina, deren Herz für Jan blutete, während sie sich andererseits kaum das Lachen verkneifen konnte, mußte hilflos anhören, wie Mrs. Agnew nacheinander zu den Einlassungen verleitet wurde, daß sie sich für die schönste Frau im ganzen Umkreis halte, daß man sich ihres Erachtens nicht mit Leuten abgeben solle, deren Jahreseinkommen unter fünftausend Pfund liege, und daß guter Geschmack sich im wesentlichen durch das Aufsuchen teurer Boutiquen ausdrücke.

Perney war von seinem Erfolg sehr angetan und sah beifallheischend zu Jan. Gina sah den Blick und wand sich vor peinlichem Mitempfinden.

Nach dem Dinner begab man sich ins Wohnzimmer. Die Perneys spielten nicht Bridge und erklärten dies unbefangen. Sie waren jedoch gewillt, das erzwungene weitere Stündchen mit dem schwierigen Gast so erträglich wie möglich zu gestalten, und bemühten sich, die Runde zu unterhalten.

Und sie waren höchst amüsant. Ihre Erzählungen von ihrer kürzlichen Heirat, ihren Partys, den wunderlichen Figuren, mit denen sie zusammenkamen, das alles ließ in den Barings die altvertraute Fröhlichkeit ihrer ersten Ehejahre wieder so lebendig werden, daß Gina förmlich daran erstickte.

Lynne Agnew bewahrte einen klaren Kopf und hielt sich mit einer Unbeirrbarkeit, die mitunter an Verbissenheit grenzte, an ihre eigenen Verhaltensregeln. Sie war zwar langsam von Begriff, aber nicht ganz unverständig. Wie gnadenlos Perney sie auseinandergenommen hatte, merkte sie bereits eine halbe Stunde, nachdem er von ihr abgelassen hatte, und seitdem nahm sie sich vor ihm in acht. Aber Perney hatte sich inzwischen an ihr nachsichtiges Lächeln gewöhnt und ließ sich nicht mehr davon einschüchtern.

Gina beobachtete ihren Mann mit heimlicher Sorge. Sie dachte nur an ihn. Ihre eigene tragische Rolle in der Komödie war zu bitter, als daß sie ihr etwas hätte abgewinnen können, doch die große Verlegenheit, in die er geraten war, konnte sie lebhaft nachempfinden.

Jan gab sich redliche Mühe, aber die Karten waren gegen ihn. Er mußte wider Willen über die Perneys lachen und ließ sich von ihnen anstecken. Unweigerlich kam das Gespräch auf die alten Zeiten. Victor Perney fläzte sich in einen großen

Sessel und skizzierte mit ein paar groben Pinselstrichen das Atelier der Barings in Soho. Er tat dies ausschließlich Mrs. Agnew zuliebe, im reinen Geiste der Versöhnung. Er wollte erzählen, sie sollte ihren Spaß daran haben, und sein Wortgemälde geriet zum Bühnenbild.

»Sie waren die ersten aus unserer Bande, die sich zur Heirat entschlossen«, sagte er, ohne die strahlenden runden Augen von dem bemalten Gesicht zu wenden. »Wir nagten doch damals alle am Hungertuch. Alle miteinander besaßen wir keinen roten Heller. Den einzigen guten Anzug mußten wir uns unter einem Dutzend teilen, und ein anständiges Essen für alle gab's nur, wenn einer ein Bild verkauft oder einen mitleidigen Verwandten aufgetan hatte. So was kennen Sie ja.«

»Bedaure, nein«, sagte Mrs. Agnew.

»Dann müssen Sie es sich eben vorstellen«, versetzte Perney freundlich. »Jan und Gina waren die ersten, die den Schritt in die Ehe wagten. Es gab ein großes Geheul auf seiten der Verwandtschaft und der Älteren überhaupt, man prophezeite ihnen Tod und Verderben und was sonst noch alles, und sogar wir waren ein bißchen skeptisch.

Mindestens eine Woche lang haben wir sie in Ruhe gelassen, dann kamen wir einer nach dem anderen angeschlichen, um zu sehen, ob die Verwesung schon eingesetzt hatte. Sie kamen uns nicht sehr verändert vor, aber Gina hatte die Bude aufgeräumt, und im Küchenschrank befand sich sogar etwas zu essen. Natürlich sind wir daraufhin praktisch bei ihnen eingezogen.

Gina kümmerte sich um uns alle. Sie brachte Jan auf Trab, sorgte dafür, daß er ein sauberes Eckchen zum Arbeiten hatte und hin und wieder zum Schlafen kam, und fütterte uns mindestens einmal in der Woche alle durch. Es war für uns eine Offenbarung.

Unsere Generation hatte mit der Ehe doch nun gar nichts am Hut. Wir waren alle in der Meinung aufgewachsen, die

Ehe sei für einen denkenden Menschen der Tod. Jan und Gina haben es riskiert und uns bewiesen, daß die Ehe eine tolle Idee ist. Sie haben uns überzeugt. Wir sahen, daß es klappte. Heiraten ist völlig in Ordnung. Heiraten ist gut.«

Lynne Agnew lachte. Die hellen Töne schrillten mißtönend in die atemlose Stille.

»Nein, ist das lustig!« meinte sie, dann wandte sie sich an Jan. »Ich wußte ja gar nicht, daß du es anfangs so schwer hattest, du Armer.«

»Schwer?« brüllte Perney, den plötzlich die Wut packte. »Meine Verehrteste, Sie haben ja keine Ahnung. Das war nicht schwer. Es war wunderbar!«

Mrs. Agnew errötete.

»Sie müssen es mir schon nachsehen«, sagte sie, »aber mir gefallen solch unerquickliche Geschichten nicht. Sie sind mir zu russisch, zu deprimierend.«

Gina sah Perneys rachsüchtige Miene und Jans bleiches, verkniffenes Gesicht und versuchte dem Alptraum ein Ende zu bereiten.

»Das war vor langer Zeit«, sagte sie zaghaft. »Wir haben es schon fast vergessen.«

»Ich aber nicht«, erklärte Perney widerborstig, »und ich werde es auch nie vergessen.« Er setzte sich auf. »Es war für mich die einleuchtendste und mit Abstand erfreulichste Entdeckung, die ich je gemacht habe. Ich könnte euch beiden auf den Knien dafür danken, daß ihr mir die Augen geöffnet habt. Heiraten ist gut. Wenn man die richtigen Zutaten nimmt, ist es der Schlüssel zum Glück überhaupt. Es existiert. Es ist zu erreichen.«

Mrs. Agnew erhob sich. Auf ihren roten Lippen stand ein starres Lächeln, und ihre Bewegungen waren von bemühter Anmut.

»Ich habe einen weiten Heimweg«, sagte sie. »Sie sind morgen früh wieder fort, Mr. Perney? Es war wirklich interessant, Sie kennenzulernen. Leben Sie wohl. Leben Sie wohl,

Gina. Leben Sie wohl, Mrs. Perney. Jan, wir sehen uns morgen.«

Sie nahm ihre Handtasche und ging ab. Jan stürzte ihr nach.

Perney stand auf.

»Ich sollte wohl auch mal hingehen«, meinte er. »Es war nicht meine Absicht, die dumme Kuh zu beleidigen, aber sie hat mich so auf die Palme gebracht.«

Er ging hinaus, um den Gast zum Abschied noch mit seiner Liebenswürdigkeit zu beehren, und Gina wagte nicht, ihn aufzuhalten. Sie litt tausend Ängste. Irgendwo dämmerte ihr, daß sich hier etwas, was noch vor wenigen Stunden eine reine Privatangelegenheit gewesen war, zu einem allgemeineren Problem ausgeweitet hatte.

Sally Perneys leises Zischeln riß sie aus ihren Gedanken.

»Das Weib hat's in sich, was?« meinte sie. »Die hat ein Auge auf deinen Mann geworfen, Gina. Ich kann dich ja nur bewundern. Du hast nicht mal gemuckt. Ich hätte gekratzt und gebissen.«

Sie ließ sich auf den Kaminvorleger plumpsen, umschlang ihre Knie und hob ihr kluges Gesicht, um Gina anzusehen.

»Bei mir ist das Instinkt. Vic sagt immer, ich führe mich auf wie eine Zwerghenne, aber ich kann nicht anders. Sogar wenn ich *weiß*, daß überhaupt keine Gefahr besteht und die dummen Gänse nicht den Hauch einer Chance haben, gehe ich mit ausgefahrenen Krallen auf sie los. Natürlich ist das bei dir was anderes. Du und Jan, ihr müßt doch nach so langer Zeit schon vollkommen eins sein. Trotzdem hätte ich ihr eines auf den Deckel gegeben. Widerlich, wie sie von ihm regelrecht Besitz ergriffen hat!«

Gina sah das Mädchen an und konnte über die Verfahrenheit der ganzen Lage nur noch lächeln. Mrs. Perney verstand das prompt falsch.

»Ja, ich weiß, wie dumm ich bin«, sagte sie. »Ich muß immer wieder daran denken, wie ihr beide einmal der Nebelkrähe heimgeleuchtet habt. Jedesmal, wenn mich etwas hart ankommt, gibt mir das wieder Mut. Du erinnerst dich doch an die Nebelkrähe, Gina? Irgend so ein Modell. Großes weißes Gesicht und Raubvogelblick. Siehst du sie nicht noch vor dir?«

Gina Baring sah sich augenblicklich in diese Szene im Atelier zurückversetzt, damals in ihrem dritten Ehejahr. Wutbebend und zum Bersten eifersüchtig hatte sie dagestanden, Jan kühl und verlegen neben ihr.

»Meine Liebe, Sie benehmen sich reichlich albern«, hatte sie zu dem ausdruckslosen Gesicht gesagt, das sie vor sich hatte. »Und ziemlich abstoßend dazu. Gehen Sie.«

Die Naivität dieser Worte trieb ihr noch in der Erinnerung die Röte in die Wangen, und sie fragte sich, warum. Lag es daran, daß sie damals alle so jung gewesen waren, so idealistisch überzeugt von der Unantastbarkeit der neuen Liebe, die sie entdeckt hatten?

Laut sagte sie: »Die Nebelkrähe. Die mochten wir wohl alle nicht, die Ärmste.«

»Jan konnte sie nicht ausstehen«, sagte Sally zufrieden. »Vic sagt, daß Jan sie entsetzlich fand.«

Gina sah sie mit aufgerissenen Augen an, und bei der leichten Erklärung ihres frühen Sieges krampfte sich ihr das Herz zusammen. Ehe sie sich jedoch verraten konnte, kamen die Männer zurück, Perney grinsend übers ganze Gesicht.

»Sie ist weg, die alte Ziege«, meinte er, indem er sich die knochigen Hände rieb. »Und jetzt gehen wir ins Atelier und sehen uns Jans Bilder an. Kann ich ein Bier haben? Räum den Brandy weg, Gina, die Gäste sind fort.«

Bei einem Blick zu ihrem Mann sah Mrs. Baring überrascht, daß in seinen Augen die gleiche Hilflosigkeit stand wie in ihren.

Um drei Uhr morgens saßen sie immer noch plaudernd um den Kamin, ringsherum ein wüstes Durcheinander von Ölbildern und Bleistiftstudien. Perney und Gina hatten um Mitternacht noch einmal die Küche geplündert, und auf dem Modellpodest hinter ihnen lagen auf einem Tablett die Überreste eines improvisierten Mahls.

Seit zwei Stunden hatte Mrs. Baring nicht mehr an Fergus Cappet gedacht. Jan saß auf dem Kaminvorleger, das Gesicht von jugendlichem Eifer entflammt. Er und Perney hatten sich zu frühmorgendlicher Stunde lange über den alten Streitpunkt, Inspiration contra Technik, ereifert und ihren Spaß gehabt. Jetzt bereiteten sich alle, erschöpft und zufrieden, auf die schwere Arbeit des Zubettgehens vor.

Perney legte den Arm um seine Frau und präsentierte sie den Gastgebern.

»Seht sie euch an«, sagte er. »Alles mein Werk. Jans Rezept. Weißt du noch, Jan? Du hast einmal zu mir gesagt: ›Schnapp dir eine Junge, richte sie ab, und dann nimm sie fest an die Leine.‹ Ich habe lange dafür gebraucht, aber ich hab's geschafft.«

Sein knochiges, unattraktives Gesicht strahlte vor Zufriedenheit, und was er dann sagte, schreckte sie auf.

»Wir wandeln auf euren Spuren. Wir sind euch dicht auf den Fersen«, erklärte er leutselig. »Ihr habt uns den Weg gewiesen, und wir folgen euch. Was ich zu diesem bodenlos dummen Frauenzimmer gesagt habe, war die reine Wahrheit. Ihr beide habt uns alle auf die richtige Fährte gesetzt, als wir noch Kinder waren. Ihr habt uns bewiesen, daß es möglich ist, frei, egoistisch, aufgeklärt, unkonventionell und zugleich restlos glücklich zu sein. Ihr seid beide Künstler im besten Sinn des Wortes, beide Individualisten, beide seht ihr das Leben als Experiment. Nach allen Regeln müßtet ihr einsam, unerfüllt und unzufrieden sein. Aber ihr habt das ganze Problem gelöst, indem ihr euch früh zusammengetan und zusammengearbeitet habt wie einer. Das wollen Sally und ich euch nachmachen. Ihr habt so eine tolle Schau hingelegt. Ihr wart so glücklich und hattet so großartigen Erfolg, daß sich viele von uns ein Beispiel an euch nehmen.«

Er endete, und es wurde still im Atelier. Gina Baring lachte gekünstelt.

»Ach, ihr Lieben«, sagte sie mit unsicherer Stimme. »Nehmt euch kein Beispiel an uns. Ich meine, es ist – nicht immer so einfach.«

Jan beugte sich zu ihr hinüber und legte ihr warnend eine Hand auf den Arm, und wieder konnte sie ihm nachfühlen, wie gern er der Unerträglichkeit einer Erklärung aus dem Weg gehen wollte. Aber ihr Gewissen ließ ihr keine Ruhe. Sie suchte einen Kompromiß.

»Es kommen Probleme«, sagte sie. »Da man mehr Geld hat und in seinem Alltagsleben konventioneller wird, kommt man auch mit konventionellen Menschen zusammen. Dummerweise bedeutet das Wort ›konventionell‹ dann nicht mehr, was es früher bedeutet hat. Ich meine, daß jemand nicht unbedingt ehrlich und nett und freundlich ist, nur weil er zufällig konventionell ist. Er kommt zu dir ins Haus und tanzt dir auf der Nase herum, weil du unvorbereitet und unbewaffnet bist. Du bist völlig arglos und benimmst dich ganz natürlich. Wer *du* bist, sieht jeder mit einem Blick. Aber *ihn* deckt seine Konventionalität. Sie ist seine Tarnung. Wenn es darauf ankommt, hast du gegen ihn keine Chance.«

Sally Perney grinste. Sie sah sehr jung und zuversichtlich aus, wie sie da am Arm ihres Mannes hing.

»Du kannst ihn doch jederzeit rausschmeißen«, sagte sie. »Ich meine, eigentlich kommt er doch nie ganz an dich heran, oder? Es kann niemand zwischen dich und deinen Mann kommen. Das schafft keiner.«

»Wieso nicht?« fragte Jan langsam und mit echter Wißbegier im Ton.

Mrs. Perney starrte ihn an; ihre Augen waren ganz rund und erschrocken, ihr Gesicht wie mit roter Farbe übergossen.

»Na ja, ich meine – also, ihr liebt euch doch, oder etwa nicht?« fragte sie. »Das ist doch der Witz an der Sache. Man kann nicht einfach vergessen, daß man sich liebt.«

Perney verdrehte stöhnend die Augen.

»Das geht zu weit!« sagte er, indem er sie sanft schüttelte. »Vorlautes Biest! Geh schlafen. Geh schon. Gina bringt dich zu Bett, und wir kommen nach. Hopp hopp.«

Zehn Minuten später stand Gina Baring mit dem Rücken zu ihrer Zimmertür auf dem Flur und sagte zum fünfzehnten Mal gute Nacht zu Sally Perney, die ihr aus dem Gästezimmer wieder nachgerannt war.

»Ist das ein süßes Haus!« erklärte Sally. »Das reinste Schmuckstück. Wie für euch gemacht. Habt ihr noch euren alten Landauer?«

»Unsere italienische Bettcouch, die aus der alten Wohnung?«

Der alte Spitzname des monströsen Schlafmöbels hatte in der gemalten Pracht des neuen Hauses einen sonderbaren Klang. Gina Baring log tapfer.

»Ja, der lebt noch.«

Sally gab ihr einen Kuß.

»Da bin ich aber froh. Vic und ich wollen uns ein richtiges Himmelbett zulegen, sobald wir Platz dafür haben. Kinder, ist das herrlich, euch wiederzusehen und sich mit eigenen Augen überzeugen zu können, daß es tatsächlich stimmt, daß es wirklich klappen kann, mögen die Leute sagen, was sie wollen. Ihr habt es bewiesen. Gute Nacht.«

Sie hüpfte davon wie ein Kind, und Gina Baring wartete, bis die Tür zum Gästezimmer zu war, bevor sie ihre eigene Zimmertür öffnete und das Licht anknipste.

Beim Eintreten blickte ihr Fergus Cappets Foto entgegen. Bleich und bohrend sah es von der Leiste über ihrem schmalen Einzelbett zu ihr herab, und sie blieb einen Augenblick mit hängenden Schultern davor stehen und starrte es an.

»O mein Gott!« flüsterte Mrs. Baring.

Im Morgengrauen weckte vernehmliches Getuschel vor ihrer Zimmertür sie aus ihrer apathischen Benommenheit. Es dauerte eine geraume Weile an. Sie begriff nicht gleich, was das sollte, und erst als die Tür aufging und jemand sehr schnell eintrat und sie rasch wieder zumachte, um dann reglos lauschend stehenzubleiben, wurde ihr klar, was los war.

Vic hatte sich noch schwerer abschütteln lassen als Sally, und nachdem Jan der stillschweigenden Annahme nicht widersprochen hatte, daß Ginas Zimmer auch noch sein Zimmer sei, hatte er sich zu Ausflüchten gezwungen gesehen. Die Farce hatte etwas entsetzlich Komisches, und Gina begann leise zu lachen und merkte nicht, daß sie Tränen in den Augen hatte.

»Sei still, Gina!« flüsterte Jan in höchster Verzweiflung. »Gott, was ist das für ein Mensch! Einfach nicht ins Bett zu kriegen. Er wollte unsern Landauer sehen. Wo steht der eigentlich?«

»Auf dem Dachboden«, flüsterte sie atemlos.

Er kam leise und linkisch durch das ihm nicht vertraute Zimmer und setzte sich aufs Bettende.

»Wir werden ihn herunterholen müssen. Sonst merkt er's garantiert. Ich kenne ihn doch. Stur wie ein Maulesel – wie schon immer.«

Gina Baring deckte ihre Augen mit dem Handrücken zu, als müßte sie fürchten, daß selbst die Dunkelheit sie verraten könne.

»Wir müssen es ihnen sagen, Jan.«

Er schwieg lange. Nach einer ganzen Weile beugte er sich zu ihr hinüber und fand sie zwischen den Kissen.

»Gina.«

»Ja?«

»Wie kommen wir da nur wieder heraus? Was sollen wir ihnen sagen?«

»Wem? Den Perneys?«

»Ach was! Fergus und Lynne. Wie sollen wir es ihnen erklären? Zeitweilige geistige Umnachtung?«

Er redete noch immer im Flüsterton, und Stille und Dunkelheit zusammen gaben dem Gespräch etwas Verschwörerisches.

Gina Baring lag vollkommen reglos da. Sie weinte, und ihr Atem zitterte.

»Ich weiß es nicht«, flüsterte sie. »Ich weiß es wirklich nicht, Jan.«

Er lachte plötzlich. Es war ein fröhliches, spontanes und richtig junges Lachen.

»Wir türmen«, sagte er. »Es ist feige, kindisch und durch und durch widerlich, aber letzten Endes erspart es uns viel Ärger. Wir fahren nach Frankreich und bleiben in Deckung, bis der Sturm sich gelegt hat. Es ist schließlich das einzige, was wir tun können. Wir müssen weitermachen, Gina. Wir sind noch nicht fertig. Wir haben Arbeit vor uns. Wir haben uns beide hysterisch aufgeführt, Liebling. Siehst du das nicht auch so?«

Sie antwortete nicht, und er wiederholte die Frage mit einem Beben in der Stimme, das ihren Widerstand brach.

»Siehst du es nicht auch so?«

Gina Baring streckte ihm die Arme entgegen, und nach einer kleinen Weile lagen sie im Dunkeln beieinander und mußten über sich selbst lachen.

Die Frau des Totengräbers

»Es soll ja Unglück bringen, wenn man aus Liebe heiratet«, sagte die alte Frau und sah über den Kaminvorleger zu mir in den Schatten herüber. »Aber ich weiß nicht. Oft frage ich mich, wie es gewesen wäre.«

»Wenn Sie nicht aus Liebe geheiratet hätten?« fragte ich.

Die alte Mrs. Hartleby schüttelte den Kopf, und der Feuerschein spielte auf den Runzeln ihres braunen Gesichts.

»Nein«, sagte sie. »Wenn ich es getan hätte.«

Wir saßen im unteren Zimmer ihrer Kate, die auf halbem Weg zwischen der Kirche und der Straßenbiegung steht, die durch die Street über das Uferland des Hard zum Meer führt.

Draußen goß es, und ich hatte auf dem Heimweg vom Landungssteg, wohin ich gegangen war, um frischgefangenen Fisch von den Booten zu kaufen, kurz bei ihr hineingeschaut.

Wir saßen schon geraume Zeit so zusammen und redeten, während es im Zimmer immer finsterer geworden war. Jetzt war es schon so dunkel, daß ich die goldgefleckten Spaniels auf dem Kaminsims hoch über meinem Kopf nur noch ganz kurz sah, wenn eine besonders hohe Flamme von den Holzscheiten emporloderte und das warme Zimmer für einen Augenblick erhellte.

Aber es regnete noch immer, und ich mochte nicht gehen. Zum Heimgehen war immer noch Zeit, wenn es aufhörte, und ich fand es hier in der Wärme so schön dösig und gemütlich.

Mrs. Hartleby hatte nichts gegen meine Gesellschaft. Sie redete und seufzte in einem fort, schien kaum noch zu wissen, daß ich da war und auf der anderen Kaminseite auf einem Kniekissen aus der Kirche saß, den Rücken an dem Holzstoß, der diese Zimmerecke füllte.

Auf ihre letzte Bemerkung folgte eine längere Pause. Ich sagte nichts. Wenn sie reden wollte, war ich bereit, ihr zuzuhören; wenn nicht, gingen ihre Geschichten mich eben nichts an. Wir waren beide an der Küste von Essex aufgewachsen und verstanden einander.

Nach einer Weile hörte ich, wie sie sich in ihrem Sessel bewegte, und sah ganz kurz ihre Augen, die den Feuerschein spiegelten, als sie den Kopf drehte.

»Haben Sie schon von Hartleby gehört, wie er gestorben ist, oder auch sonst?« fragte sie plötzlich.

»Nein«, antwortete ich nicht ganz wahrheitsgemäß.

Natürlich hatte ich etwas gehört, aber man hört ja soviel darüber reden, wie dieser oder jener gestorben sei, und ich wußte nicht, was an dem Klatsch dran war.

»Er ist gestorben, wie er es verdient hatte«, sagte sie, und obwohl ich ihr Gesicht nicht sah, wußte ich, daß es unnachsichtig hart war.

Ich murmelte etwas Unverbindliches und döste weiter.

»Als junges Mädchen war ich bildhübsch«, fuhr sie nach einer kleinen Weile fort.

Das glaubte ich ihr gern, denn sie ist eine sehr schöne alte Frau, und dabei ist sie schon zweiundachtzig.

»Ganz schwarze Haare hatte ich«, erklärte sie stolz, »und eine Haut, die sehen Sie heutzutage nicht mehr, wo die Mädchen soviel zu essen bekommen wie ihre Väter und Brüder. Damals gab's ja überhaupt nicht viel zu essen, und Männer können nun mal nicht hungrig zum Fischen ausfahren, darum kriegten die Mädchen bestimmt nicht zuviel, und ich denke, es hat ihnen gutgetan. Ich hatte schon einen Schatz, da war ich noch keine sechzehn«, fuhr sie in so zufriedenem Ton fort, als dächte sie noch immer gern daran zurück.

»Er war ein hübscher Bursche«, erzählte sie weiter. »Siebzehn oder achtzehn, goldblondes Haar und so ein sanftes Lächeln im Gesicht, wenn er mich zum Hard herunterkommen sah, um ihn abzuholen.«

Sie machte wieder eine Pause, und ich sah, wie sie sich bückte, um ein neues Scheit ins Feuer zu legen. Dabei erschreckte sie mich für einen Moment. Die Schatten waren in die Höhlungen ihres Gesichts gekrochen und füllten sie aus, so daß ich sie so zu sehen glaubte, wie sie damals ausgesehen haben mußte, wenn sie vor so langer Zeit am Hard auf ihren Liebsten wartete.

Als die Flamme sich beruhigt hatte, sprach sie weiter.

»Wir gingen miteinander, Will und ich. Habe ich Ihnen schon gesagt, wie er hieß? Will Lintle. Sein Vater Joe hatte eine Schmacke, mit der fuhren die beiden fast jeden Tag hinaus. Heiraten konnten wir nicht. Wir hatten beide nicht genug zum Leben. Und so sind wir nur miteinander gegangen, jahrelang, bis ich neunzehn war. Er war mir treu«, sagte sie. »Die ganze Zeit war er mir treu. Ich war ja nicht sehr alt, und manchmal habe ich ihn geärgert und häßliche Sachen zu ihm gesagt, um ihm weh zu tun, wie junge Mädchen das so an sich haben. Aber er ist nie mit einer anderen gegangen und hat mich nur immer ganz verwundert angesehen, wie wenn er fragen wollte, warum ich ihn denn kränkte, so daß ich mir dann lieber die Zunge ausgerissen hätte, als je wieder so mit ihm zu reden.«

Sie machte eine Verschnaufpause, und ich muß wohl geseufzt haben, denn sie lachte, und ich ahnte, wie sie mich durch die Dunkelheit angrinste.

»Ach ja, Sie sind noch jung«, sagte sie. »Ich bin alt, und wenn ich's auch noch nicht vergessen habe, anders bin ich doch.«

Ich sagte nichts darauf, und wenig später fuhr sie mit einer Singsangstimme fort, die mehr an sie selbst als an mich gerichtet war.

»Ich glaube, ich habe Will genauso geliebt wie er mich, und wenn es nun mal so ist, kann man ja eigentlich nur glücklich sein. Wir dachten, daß wir eines Tages heiraten könnten, und waren es zufrieden.«

Sie war jetzt eine Weile still, und als sie dann weitersprach, klang ihre Stimme härter.

»Aber als ich neunzehn war, kam eines Tages Hartleby, um meinen Vater zu sprechen, und sagte zu ihm und meiner Mutter, daß er ein Auge auf mich geworfen habe.«

Sie brach nun ihre Erzählung ab und murmelte nur noch vor sich hin, eine ärgerliche Gewohnheit alter Leute, und ich bedauerte, daß ich sie nicht besser sehen konnte, denn sie saß so zusammengesunken in ihrem Sessel.

Aber bald, als ich schon fast nicht mehr wußte, wovon sie gesprochen hatte, fuhr sie dann doch mit der Geschichte fort.

»James Hartleby war Fuhrunternehmer, und Leichenbestatter obendrein, deshalb wohnte er gleich neben der Kirche, wo jetzt der Lesesaal ist. Ein hübsches Häuschen hatte er, mit einem langen Gartenweg zur Haustür, links und rechts mit Rosmarin bepflanzt. Bis zum heutigen Tag kann ich keinen Rosmarin mehr ertragen«, warf sie plötzlich ein, »obwohl ich mir als junges Mädchen so manches Mal das Haar damit gewaschen habe. Rosmarin ist gut für schwarzes Haar, o ja.«

Sie verstummte, und ich trat gegen die Scheite, damit das Feuer aufloderte. Draußen prasselte der Regen ans Haus, und ich war froh, im Trockenen zu sitzen.

Es war wieder lange still, und ich dachte schon, sie sei vielleicht eingeschlafen, weshalb ich mich nicht rührte, um sie nicht zu wecken. Aber sie dachte wohl nur nach, denn plötzlich redete sie weiter, als hätte es nie eine Unterbrechung gegeben.

»Niemand wußte viel über James«, sagte sie. »Ein paar nannten ihn Jim, aber nicht viele. Ich habe nie Jim zu ihm gesagt, nicht einmal als seine Frau. Es wäre irgendwie nicht recht gewesen. Er war ein Sonderling. Niemand wußte viel über ihn. Er blieb für sich, aber dabei war er nicht mürrisch oder überheblich. Er trank im Wirtshaus sein Bier mit jedem. Sonntags ging er zweimal zur Kirche, und die Leute hielten ihn für reich. Aber er war nicht beliebt. Keiner sprach ihn auf der Straße an, als gehörte er zu den feinen Leuten. Mein Vater war hocherfreut, als er damals zu uns kam. Er mochte ihn zwar auch nicht besonders, aber er dachte wie alle anderen, daß mir nichts Besseres passieren könnte, als einen Mann zu bekommen, der Fuhrunternehmer und obendrein Leichenbestatter war.«

Schon wieder hielt sie inne, aber dann redete sie um so rascher weiter, als käme sie jetzt zu einem Teil der Geschichte, an den sie sich nicht gern erinnerte.

»Ich habe ihn also geheiratet«, sagte sie. »Ich weiß nicht, warum, höchstens daß ich fand, es wäre wohl an der Zeit für mich zu heiraten, und ich sah keine Hoffnung, daß Will uns je ernähren könnte. Außerdem...« Sie stockte. »Außerdem war ich von James auch ziemlich eingenommen.«

Sie redete rasch weiter; sicher glaubte sie sich entschuldigen zu müssen.

»Er hatte vorher noch nie einem Mädchen den Hof gemacht. Irgend etwas Geheimnisvolles umgab ihn. Sein Geld war es nicht – mochten die Leute reden, was sie wollten, es war nicht sein Geld. Es war die Ehre. Ich war das einzige Mädchen, um das er je angehalten hatte. Und dabei ging er auf die Vierzig zu, wohlgemerkt. Er war kein junger Bursche mehr, und das schmeichelte mir.

Außerdem«, fuhr sie halb lachend fort, als wäre ihr nach langer Zeit wieder etwas eingefallen, »hatte er so etwas Stilles, Trauriges an sich, als hätte er irgendein Geheimnis. Er tat mir leid, so allein in diesem kleinen Haus.«

Es war gespenstisch, so im Dunkeln zu sitzen und sie mit leiernder Stimme von Dingen erzählen zu hören, die vor langer Zeit passiert waren. Ich machte es mir an meinem Holzstoß etwas bequemer.

»Wenn man jung ist, denkt man, das Leben geht immer und ewig weiter, und dann erscheint einem fast jede Veränderung gut«, stellte sie fest. »Ich hatte eine schöne Hochzeit. Da James als Leichenbestatter mit der Kirche zu tun hatte, wußte er, wie eine Hochzeit auszusehen hatte. – Ich hatte eine schöne Hochzeit«, wiederholte sie leise. »Es waren viele Leute vor der Kirche, wie bei einer Feineleutehochzeit. Alle kannten doch James, und keiner mochte ihn; außerdem dachten sie, der Junge würde auch kommen, und das wollten sie unbedingt sehen.«

Ich nickte. Anscheinend hatten die Menschen sich nicht sehr geändert.

»James war immer gut zu mir«, bemerkte sie plötzlich. »An diesem Tag in der Kirche und vorher hätte ich ihn mir nicht besser wünschen können. Aber ich hatte Angst vor ihm. Nein«, verbesserte sie sich rasch, »Angst hatte ich da noch nicht vor ihm, das kam erst später. Bei der Hochzeit war ich nur scheu ihm gegenüber, scheu und ein bißchen stolz.«

»Das ist doch klar«, sagte ich, weil ich es an der Zeit fand, auch einmal etwas zu sagen.

Sie schniefte. »Ach ja«, meinte sie, »es war nur verständlich. Will kam wirklich zur Kirche«, fuhr sie dann fort, »und ich habe mich zuerst nicht getraut, zu ihm hinzusehen. Aber als wir dann herauskamen und alle jubelten und lachten und uns beglückwünschten, habe ich seine Stimme lauter gehört als alle anderen und mich nach ihm umgedreht, und er sah geradewegs zu mir her und winkte und lachte wie die anderen. Ich wußte, daß er mich eigentlich auslachen wollte, und da habe ich ihm in die Augen gesehen, und er hat noch lauter gelacht und gejubelt. Aber ich hatte es gesehen, und er wußte, daß ich es gesehen hatte.«

Sie hielt inne.

»Ich denke, ich habe ihn wohl geliebt«, sagte sie und seufzte, aber danach lachte sie, und mir fiel wieder ein, wie schrecklich alt sie war.

»James führte mich zwischen dem Rosmarin zu seinem Haus«, fuhr sie fort, »und von da an wohnte ich dort. Will habe ich nicht mehr gesehen, denn ich war ja keine schlechte

Frau, aber gedacht habe ich an ihn. Und zum Denken hatte ich viel Zeit«, fügte sie trocken an. »James ließ mich nie aus dem Haus, und meine Mutter habe ich den ganzen Winter höchstens ein halbes dutzendmal gesehen.«

Ihre Stimme verklang, und als sie dann weitersprach, lag etwas in ihrem Ton, was mir zum erstenmal ein gewisses Unbehagen bereitete. Nicht daß sie mir hätte angst machen wollen, bestimmt nicht, aber etwas von dem Grauen der Vergangenheit schlich sich in ihren Ton und war kaum zu überhören.

»Damals«, sagte sie, »fing ich an, auf James zu achten. Er war so still. Ganze Abende saß er über Zahlen gebeugt und schrieb Briefe, ohne je ein Wort zu reden. Und manchmal stand er mitten in der Nacht auf und ging fort, ohne mich zu wecken. Wie er sich gegen alle im Dorf verhielt, so verhielt er sich auch gegen mich, seine Frau; ruhig und verschwiegen. Ich war doch jung«, sagte sie, wobei sie mir zunickte, »ich war Menschen um mich gewöhnt, aber er ließ mich keine Minute aus den Augen, wenn er es eben vermeiden konnte. Und wenn er dienstags und samstags mit seinem Fuhrwerk unterwegs war, gab er mir soviel zu tun, daß ich nicht aus dem Haus konnte. Und wenn er wiederkam, mußte ich ihm über alles berichten, was ich getan hatte. Wenn ich Leute getroffen hatte, mußte ich ihm genau erzählen, was sie zu mir gesagt hatten und ich zu ihnen. Und nachdem ich es ihm erzählt hatte, legte er mir die Hände auf die Schultern, sah mich mit seinen toten Augen an und fragte: ›Ist das auch wahr?‹ Und ich sagte: ›Natürlich. Warum sollte ich dich anlügen?‹ Dann küßte er mich wieder und wieder, aber erzählt hat er mir nie etwas.«

Ein heftiger Windstoß rüttelte an den Fensterläden, und ein paar Regentropfen fielen durch den Kamin und verzischten im Feuer.

»Ich merkte bald, daß ich ihn nicht liebte«, fuhr sie mit einem Seitenblick zu mir fort. »Aber darüber hatte ich mich schon hinweggesetzt. Ich war ja nicht dumm. Wie aber der Winter ins Land ging und ich mich im Haus beschäftigte und von einem Sonntag zum nächsten nie einen Menschen zu sehen bekam, begann ich ihn zu beobachten, und je länger ich ihn beobachtete, desto mehr bekam ich es mit der Angst. Er war so merkwürdig«, sagte sie, »besonders nach Beerdigungen. Es war ein schrecklich kalter Winter, und die Leute hatten nicht viel zu essen. Da sind so einige gestorben.«

Sie ließ die Stimme sinken, und obwohl ich nicht mit Phantasie gesegnet bin, wurde mir immer mulmiger.

»Wenn James ein Grab zu machen hatte, redete er mehr und war auch nicht so traurig«, fuhr sie fort. »Und wenn alles erledigt war, fing er wieder an, nachts fortzugehen. Dann lag ich wach im Bett und grübelte, was ihn nach draußen zog, und ich dachte mir manches und dachte richtig, wollte es aber nicht glauben.«

Ich rückte etwas näher zu der alten Frau und fühlte ihre kleine, harte braune Hand auf meiner Schulter.

»Zu solchen Zeiten ließ er mich auch nicht sein Fuhrwerk beladen wie sonst«, flüsterte sie, »sondern tat es selbst und sorgte dafür, daß ich solange im Haus blieb. Ich bekam es immer mehr mit der Angst, denn so alt war ich ja noch nicht.«

Mir schauderte. In ihrer Andeutung lag so ein Grauen, daß ich froh um das prasselnde Feuer war.

»Etwas später«, erzählte sie, »kam meine Mutter mich besuchen, und er ließ uns die ganze Zeit, die sie bei mir war, keine Sekunde allein. Sie war sehr redselig und erzählte mir, was im Dorf so gesprochen wurde: daß die Playles – die wohnten unten am Hard und waren ein wilder Haufen – wieder mit dem Schmuggel angefangen hätten, obwohl es noch keine zwei Jahre her war, daß einer von ihnen dabei erschossen wurde.

Dann sagte sie mir, die alte Mrs. Finch, die hinter der Kirche wohnte, erzähle überall herum, daß sie in der Nacht, nachdem der junge Nell Wooton beerdigt worden war, ein geisterhaftes Licht auf dem Friedhof habe herumspuken sehen.

Ich wußte, daß James in dieser Nacht draußen gewesen war, und während meine Mutter redete, sah ich ihn an, und sein Gesicht werde ich nie vergessen.«

Mrs. Hartleby verstummte, und ich merkte plötzlich, daß sie hinter sich blickte. Ich fachte das Feuer an und rückte noch näher zu ihr, und sie fuhr fort.

»Nachdem meine Mutter gegangen war, blieb James im Haus sitzen und tat überhaupt nichts, sah nur zum Fenster hinaus, und den ganzen folgenden Monat ging er nachts nicht ein einziges Mal fort.

Ich begann damals wieder an Will zu denken. Ich wußte, daß es nicht recht war, aber als der Frühling kam und ich in den Garten gehen konnte, geschah es immer wieder, daß ich am Gartentörchen stand und die Straße hinunterblickte, weil ich hoffte, ihn vielleicht einmal zu sehen.

Ich hatte gar nicht vor, mit ihm zu reden, ich wollte ihn nur wiedersehen. Ich glaube, James wußte das, denn er rief mich dann immer ins Haus und gab mir dort zu tun. Manchmal schlief er auch mit mir, auf seine Art, und brachte mir Geschenke aus der Stadt mit. Aber ich wußte, wie er an sein Geld kam, obwohl ich nicht daran denken mochte. Ich wußte, was er war, und lebte in Todesängsten.«

Auch ich dachte mir inzwischen, was er war, und sprach das häßliche Wort vor der alten Frau aus.

»Ja«, sagte sie, »das war er. ›Auferwecker‹ nannte man sie damals, die Leichenräuber. Eine schlimme Entdeckung für eine junge Frau. Er verkaufte die Leichen in der Stadt an Leute, die sie an die Ärzte weiterverkauften. Aber damals, wohlgemerkt, wußte ich das nicht so gewiß, wie ich es heute weiß. Wenn ich es gewußt hätte, wäre ich nach Hause gerannt und hätte die Leute im Dorf reden lassen, was sie wollten. So aber lebte ich nur in Angst, obwohl ich kaum erst ahnte, was er trieb. Doch ich blieb bei ihm.«

Sie nickte. »Ja, ich bin bei ihm geblieben. Und eines Tages«, fuhr sie mit völlig anderer Stimme fort, »als ich gerade Rosmarin schnitt, um es zwischen meine wenige Bettwäsche zu legen, hörte ich jemanden auf der Straße vorbeigehen und hob den Kopf und sah Will, wie ich immer gewußt hatte, daß ich ihn sehen würde, mit einem Aalhaken und einem Paar Wasserstiefel über der Schulter. Er sah nicht zu mir herüber, aber ich konnte nicht anders und rief seinen Namen, und er drehte sich um, lächelte mich an und fragte: ›Na, was gibt's denn, Sis?‹ – so nannten sie mich damals.

Ich ging ans Gartentor, und wir blieben dort stehen und redeten. Er sah mir lange ins Gesicht, und ich sah natürlich nicht mehr so aus wie früher, denn wie hätte das angehen können, nachdem ich einen ganzen Winter in einem kleinen Haus eingesperrt gewesen war?

Auf einmal fragte er: ›Geht's dir denn gut, Sis?‹

Ich weiß nicht, was ich geantwortet habe. Vielleicht gar nichts. Jedenfalls lehnte er sich übers Gartentor und sagte: ›Hör mal, Mädchen, ich mache dir keinen Vorwurf, wirklich nicht.‹ Einfach so, und ganz freundlich.

Nachdem er weitergegangen war – und lange war er nicht geblieben –, drehte ich mich um und sah am Fenster James, der mich beobachtete, und als ich ins Haus ging, glotzte er mich ganz wütend an. Gesagt hat er nichts, aber von diesem Tag an hat er mich nie mehr allein gelassen, wenn er es eben vermeiden konnte, und Will ist nie mehr wiedergekommen.«

Draußen hatte der Regen aufgehört, und das Feuer war niedergebrannt, weshalb ich es wieder anfachte, ganz leise, um die alte Frau nicht aus ihren Gedanken zu reißen, und sie fuhr dann auch bald mit ihrer Geschichte fort.

»Dann ist lange Zeit niemand gestorben, also gab es keine Beerdigungen, und James war immer schlecht gelaunt, wenn er aus der Stadt kam, manchmal auch betrunken. Er fing an, im Schlaf zu reden, und sagte entsetzliche Dinge, während ich zitternd neben ihm lag und ins Dachstroh starrte, nicht zuzuhören versuchte und hin und her überlegte, was ich nur tun könnte. Und eines Abends« – ihre Stimme wurde so leise, daß ich die Ohren spitzen mußte, um sie zu verstehen – »kam er völlig verändert nach Hause. Er küßte mich und fing an, von der Stadt zu erzählen, von den Leuten, die er getroffen hatte, und brachte mich so zum Lachen, daß ich kaum noch Luft bekam.

Am nächsten Morgen war er noch immer dieser ganz neue Mensch. Irgend etwas schien ihn zu freuen, denn ich sah ihn dauernd vor sich hin lächeln, wenn er mich nicht in der Nähe glaubte.

Ich wollte schon annehmen, daß ich mich in ihm getäuscht hätte, aber dann wachte ich in der darauffolgenden Woche nachts auf und hörte Pferde am Haus vorbeigaloppieren, auf der Straße zum Hard.

Ich wollte James wecken, aber er war schon wach.

›Was kann das sein?‹ fragte ich.

›Nichts‹, sagte er. ›Schlaf nur weiter, Mädchen.‹ Aber ich dachte noch eine Zeitlang nach, und auf einmal wußte ich, was es war.

›Allmächtiger, die Zöllner!‹ rief ich. ›Sollte sich denn heute nacht was tun am Hard?‹

James antwortete zuerst nicht, dann meinte er: ›Woher soll ich das wissen?‹

Aber ich hörte ihn im Dunkeln leise lachen, und ich lag neben ihm, zitterte am ganzen Leib und fragte mich, was er wohl wirklich wußte. Von da an hatte ich noch mehr Angst vor ihm als vorher.«

Wieder erstarb ihre Stimme, und ich rutschte langsam wieder zu meinem Holzstoß und lehnte mich an.

»Am nächsten Morgen habe ich dann alles erfahren«, sagte sie. »Meine Schwester kam in aller Frühe und erzählte es mir. Es war ein schöner Morgen, das weiß ich noch; klar und kühl, das Meer ganz dunkelgrün und nicht sehr rauh. Alles roch so frisch und sauber. Ich werde nie den Rosmarin vergessen. Der betörende Duft hing im ganzen Haus. Und es war so still wie an einem Sonntag.

Cuddy kam den Gartenweg herauf, als ich James gerade das Frühstück auftischte. Sie setzte sich zu uns, aß aber nichts, denn sie hatte soviel zu reden.

Schon bevor sie es uns erzählt hatte, wußte ich, wie alles zugegangen war: Die Zöllner hatten die Playles überrascht und gestellt, und die Playles – sie waren wirklich ein wilder Haufen – hatten gemeint, sie sollten doch schießen, wenn sie sich trauten, aber die Reiter hatten zunächst nicht geschossen, erst als die Burschen im Dunkeln auf ihre Pferde sprangen, gaben sie Feuer und jagten ihnen nach, die ganze Winstree Road hinunter.

Cuddy erzählte gut, und James lauschte jedem Wort, denn sie sprach mehr zu ihm als zu mir. Die Frauen hatten einen Narren an James gefressen, weil er so still war und sich überhaupt nie um sie kümmerte.

Lange bevor sie alles erzählt hatte, fragte er so gleichgültig, daß ich ihm die Falschheit anhörte: ›Hat es Tote gegeben?‹

›Ja, einen‹, sagte sie, und dabei sah sie mich an, als ob sie auf etwas wartete.

›Die anderen sind entkommen?‹ fragte James.

›Ja‹, sagte sie, ›aber sie glauben, daß sie erkannt worden sind, und jetzt sind sie für eine Weile zum Fischen ausgefahren, bis wir sehen, was weiter passiert.‹

›Haben die Zöller denn die Ware?‹ fragte James.

›Das ja‹, antwortete sie.

›Dann werdet ihr nichts mehr davon hören‹, meinte er nur und lachte.

Sie lächelte ihn an, dann sagte sie: ›Den Playles wird's eine Lehre sein, aber es ist schlimm für den Erschossenen.‹ Und dabei sah sie mich wieder so neugierig an.

›Wer ist es denn?‹ fragte James, und auch er sah dabei mich an, nicht sie, wie es doch normal gewesen wäre.

›Hab ich euch das noch nicht gesagt?‹ fragte Cuddy,

obwohl sie genausogut wußte wie wir, daß sie den Namen noch nicht genannt hatte. ›Will Lintle war's. Er war mit den Playles draußen gewesen, und sie haben ihn mit dem ersten Schuß erwischt.‹

Mehr sagte sie nicht, und dann saßen die beiden da und belauerten mich, ganz heimlich, taten so, als guckten sie gar nicht. Aber ich wußte, daß sie mich beobachteten, darum habe ich kein Wort gesagt und auch nicht irgendein Gesicht gemacht, denn inzwischen war ich das Theaterspielen gewöhnt, nachdem ich schon so lange mit James zusammen war.

Nach einer Weile stand Cuddy auf und sagte, sie müsse nach Hause, und ich fand, daß sie mich ganz wütend anguckte, als hätte ich sie um etwas betrogen. Das hatte ich wohl.

Nachdem sie fort war, beobachtete ich James genauso heimlich, wie die beiden vorher mich beobachtet hatten, und sah, wie er still vor sich hin lachte.«

Sie hatte sich beim Sprechen weit nach vorn gebeugt, und ich sah, daß sie deswegen jetzt noch wütend auf ihn war.

»Ich hätte ihn umbringen können«, sagte sie. »Ich hätte ihn umbringen können, aber ich habe kein Wort gesagt. Ich habe das Frühstück abgeräumt und das Geschirr gespült, während er unter der Tür saß und still vor sich hin lachte. Saß nur da, flickte an einem Zaumzeug herum und lachte vor sich hin.

Nach einer Weile dachte ich wieder an Will und konnte nicht glauben, daß er tot war. Ein paarmal war ich drauf und dran, einfach nach Hause zu rennen und mich zu erkundigen, ob es stimmte, aber jedesmal, wenn ich mich zur Tür wandte, saß dort James und lachte vor sich hin.

Da bin ich nach oben gegangen, um das Bett zu machen, und zum erstenmal im Leben habe ich dort angefangen, klar nachzudenken.«

Die Stimme der alten Mrs. Hartleby wurde härter, und ihr Sessel knarrte, als sie sich noch weiter nach vorn beugte.

»Ich wußte, daß er die Playles verraten hatte«, sagte sie. »Ich stand am Fenster und grübelte, und dann stürzte alles auf einmal über mich herein, daß Will tot war und James unten saß und lachte. Ich haßte ihn, aber ich wagte nichts zu tun.

Nach einiger Zeit sah ich Joe Lintle den Gartenweg heraufkommen und hörte ihn mit James durchs Küchenfenster reden. Ich habe nicht gelauscht, aber ich wußte, was er wollte, und so wußte ich dann auch, daß es stimmte. Das war vor langer Zeit, und ich war noch eine junge Frau«, sagte sie bedächtig. »Und als ich mich vom Fenster wieder wegdrehte, habe ich mich aufs Bett geworfen und geweint, als ob immer noch Will mein Liebster und ich nicht mit James verheiratet gewesen wäre.«

Sie schwieg, und ich fragte mich, ob sie wirklich noch wußte, wie ihr zumute gewesen war, oder ob es nach all der langen Zeit nur noch der Schatten einer Empfindung war.

»Dann kam er nach oben – James – und fand mich so«, sagte sie plötzlich. »Ich rührte mich nicht. Ich lag nur auf dem alten Bett und schluchzte und heulte wie ein Kind. Er sagte nichts. Er stand nur in der Tür und sah mich an und lachte, und ich haßte ihn.

Nach einer Weile war er das Herumstehen und Glotzen leid und ging polternd wieder die Treppe hinunter und aus dem Haus, immer noch lachend. Ich mußte es die ganze Zeit mit anhören.

Zur Beerdigung bin ich nicht gegangen«, fuhr sie fort. »Ich habe mich oben ans Fenster gesetzt. Hinter den Vorhängen versteckt, sah ich die Leute vorbeigehen. Sie schauten alle zum Haus herauf und stießen einander im Vorbeigehen an. Ich wußte, daß sie darüber redeten, ob ich wohl zur Kirche kommen würde oder nicht.«

Sie lachte.

»Wie ich sie alle haßte! Ich hätte mich aus dem Fenster recken und ihnen nachschreien mögen, daß ich Will geliebt hatte und es mir egal war, wer es alles wußte, aber ich tat nichts. Ich saß nur da und behielt das Kirchhoftor im Auge. Ich konnte es vom Fenster aus sehen, nur das Tor und sonst nichts. Ich wartete, bis sie den Sarg die Straße heraufbrachten und in die Kirche trugen, vier Sargträger, dahinter die anderen. Ich weiß noch, wie entsetzlich es damals für mich war, daß er tot sein sollte.«

Sie ließ sich tiefer in den Sessel sinken, und der Feuerschein fiel auf ihre krummen, tüchtigen Hände, die sie überkreuz im Schoß liegen hatte und ganz still hielt.

»Ich möchte nicht sterben, selbst jetzt noch nicht«, sagte sie. »Aber der Gedanke daran ist mir nicht mehr so schrecklich, wie er damals war. Wenn man jung ist, findet man ihn ganz entsetzlich. – Als ich sah, daß sie alle in der Kirche waren und die Straße leer war, verließ ich das Fenster und ging nach unten, um für James das Essen zu machen, denn er war nach einem Begräbnis immer unvorstellbar hungrig. Und während ich den Tisch deckte und ihm ein Bier zapfte, haßte ich ihn mehr als je zuvor, o ja!

Nach einiger Zeit kam er dann, und es war das zweite und letzte Mal, daß ich ihn so richtig fröhlich und mit sich zufrieden erlebte. Er setzte sich zu Tisch, und ich bediente ihn. Beim Essen lächelte er immerzu, und als er fertig war, schob er seinen Stuhl zurück, zog mich auf seinen Schoß und hielt mich fest, um mir in allen Einzelheiten von dem Begräbnis zu erzählen. Und beim Erzählen beobachtete er mich die ganze Zeit.

Ich konnte es nicht anhören«, sagte sie, »aber ich hatte zuviel Angst, mich loszureißen. Und er hielt und hielt mich fest und lachte mir ins Gesicht, forschte darin, ob ihm nicht irgend etwas verriet, wie mir zumute war. Ich ließ mir eine ganze Zeitlang nichts anmerken, aber er redete und redete. ›Ein tiefes Grab‹, sagte er, ›und gut ausgehoben. Würmer die Menge.‹

Ich wurde fast ohnmächtig, wenn ich mir das vorstellte,

und wäre fast von seinem Schoß gefallen. Er sah, daß ich allmählich zerbrach, und hielt mich ganz fest.

›Er wird schnell verfaulen‹, sagte er, ›und wohl bekomm's ihm. Er war ein Dieb und ist wie ein Dieb gestorben.‹«

Die alte Mrs. Hartleby regte sich.

»Da habe ich es nicht mehr ausgehalten«, sagte sie. »Mir war übel, und ich konnte nicht mehr an mich halten. ›Du bist ein Teufel‹, rief ich, ›und wirst wie ein Teufel sterben.‹ Ich weiß nicht, warum ich das rief, ich wußte nur, daß es die Wahrheit war, sowie ich es mich sagen hörte. James würde nicht auf eine normale Weise sterben. Ich riß mich von ihm los und begann das schmutzige Geschirr abzuräumen. Die ganze Zeit wagte ich ihn nicht anzusehen. Ich wußte, daß er mich unverwandt anstarrte, aber ich wagte nicht, mich umzusehen.

Plötzlich schlug er so hart mit der Faust auf den Tisch, daß der Bierkrug umkippte und auslief. Ich stand wie festgenagelt und starrte den Teller an, den ich gerade vom Tisch genommen hatte, konnte mich vor Schreck nicht rühren.

Dann hörte ich ihn langsam aufstehen und auf mich zukommen. Ich wußte, daß er wütend war, aber ich rührte mich noch immer nicht. Er faßte mich an der Schulter, mit bebender Hand und so kräftig, daß er mir die Schulter fast zerquetschte.

Er riß mich zu sich herum, so daß ich ihm ins Gesicht sehen mußte. Es war furchtbar. Seine großen, stumpfen Augen waren wie tot. Fischaugen. Er hatte die Oberlippe hochgezogen, und ich sah das rote Zahnfleisch über seinen gelben Zähnen. Dann schüttelte er mich, beschimpfte mich auf das übelste und redete derart über Will, daß alles, was ich mir schon gedacht hatte, zur Gewißheit wurde.«

Mrs. Hartleby lachte bitter, und mir gruselte. Sie war eine sonderbare Alte.

»Ich habe nichts getan«, sagte sie. »Ich hatte solche Angst vor ihm, daß ich nicht einmal sprechen konnte. Und dann hat er mich geschlagen. Ich hatte noch nie Prügel bekommen und war es nicht gewöhnt. Er schlug mich halb tot.

Als er genug hatte, ging er hinaus und ließ mich einfach auf dem Boden liegen. Eine Zeitlang konnte ich mich nicht rühren. Ich lag nur weinend da und schrie nach Will, wie eine Irrsinnige. Aber das half ja nichts, er lag doch tot auf dem Friedhof.

Endlich wurde es dunkel und kalt, und es roch überall so stark nach Rosmarin, daß mir schlecht wurde. Ich stand auf und machte das Abendessen, so gut es ging. Dann deckte ich den Tisch, setzte mich zitternd hin und wartete auf James. Ich haßte ihn, während ich so dasaß, aber als er dann kam, tat ich, wie er mir befahl, und tischte ihm das Essen auf.

Er sah, daß ich Angst hatte, und das freute ihn, aber er war noch immer wütend, und wir sprachen den ganzen Abend kein Wort.

Nach dem Essen räumte ich den Tisch ab und setzte mich mit meiner Näharbeit hin, und er setzte sich in seinen Sessel und sah unverwandt zur Uhr.

Als es zehn Uhr wurde, richtete er zum erstenmal, seit er wieder da war, das Wort an mich.

›Geh zu Bett, und schlaf gut, Sis‹, sagte er.

Ich starrte ihn an, denn das waren die Worte, die er immer sagte, bevor er nachts fortging, und ich wußte, was sie zu bedeuten hatten. Ich öffnete schon den Mund, um etwas zu antworten, aber dann sah ich sein stumpfes Gesicht und wagte nichts zu sagen, also ging ich wortlos nach oben und legte mich zu Bett, aber ich schlief nicht.

Draußen vor dem Fenster lag die Welt ganz still und kalt im Mondlicht, und drüben beim Friedhof standen die Bäume schwarz wie Scherenschnitte vor dem Himmel. Ich dachte an Will, der tot dort lag, und hätte laut schreien mögen vor Qual. – Ich war jung, und James hatte mich so geprügelt, daß ich vor Schmerzen halb von Sinnen war«, sagte sie wie zur Entschuldigung, als könnte ich sie sonst vielleicht nicht verstehen. »Und wenn ich an den Mann da unten dachte, und wie er sich in der Nacht fortschleichen würde, um die Leiche des Jungen zu stehlen und aus dem Leichentuch zu wickeln und an die Ärzte zu verkaufen, die sie zerstückeln würden, verlor ich völlig den Verstand. Stöhnend und weinend lag ich im Bett und betete abwechselnd zu Gott oder schrie stumm in mein Kissen hinein.

Es war so dunkel und still, und der Rosmarinduft nahm mir noch immer den Atem.

Nach einer Weile wurde ich dann ruhiger und lauschte mit angehaltenem Atem, während ich da allein unter dem Dachstroh lag. Von unten kam kein Laut, und ich wollte schon hoffen, James werde vielleicht doch nicht fortgehen. Ich versuchte mir ja immer noch einzureden, daß er nicht war, was er war.

Es wurde immer später, und langsam stieg der Vollmond über dem Garten auf und schien auf mein Bett. Es war ganz still, und ich war müde und hatte Schmerzen am ganzen Leib, denn James hatte mich gehörig durchgeprügelt.

Ganz still lag ich, die Augen geschlossen, und dachte fast gar nichts mehr. – Doch dann«, sagte sie, wobei sie sich unvermittelt wieder weit zu mir herüberbeugte, »hörte ich das Türschloß gehen. Es klang so laut, daß ich dachte, das ganze Dorf müsse davon aufgewacht sein. Schon saß ich im Bett und spitzte die Ohren, um alles mitzubekommen.

Ich hörte ihn die Tür öffnen, Hacke und Schaufel aus der Ecke auf der Veranda nehmen, wo er sie immer liegen hatte, und den Gartenweg hinuntergehen.

Leise kroch ich aus dem Bett und versteckte mich hinter dem Fenstervorhang, um hinauszusehen. Bisher hatte ich so etwas noch nie gewagt, aber in dieser Nacht, als er ging, um Will zu holen, war alles anders.

Ich sah ihn heimlich die Straße hinuntergehen und stand am Fenster und betete, hoffte noch immer, er würde es doch nicht tun. Ich hatte vom Fenster aus, wie gesagt, gerade das

Kirchhoftor im Blick, und nun sah ich ihn immer näher darauf zugehen und wußte, daß er hineingehen würde.«

Mrs. Hartleby schauderte, als sähe sie es immer noch.

»Er ging hinein«, sagte sie leise. »Er ging hinein, und ich sah es vom Fenster aus. Dann war wieder alles leer und verlassen. Ich überlegte, was ich tun sollte. Einmal war ich nahe daran, hinauszurennen und das ganze Dorf zu wecken, damit sie ihn alle bei seinem Tun ertappten, aber wir wohnten ziemlich weit weg vom nächsten Haus, und um zur Straße zu kommen, hätte ich am Kirchhoftor vorbeigemußt, und das wagte ich nicht. – Ich hatte solche Angst«, flüsterte sie. »Oh, welche Angst ich hatte! Nach einer Weile ging ich hinunter und fand die alte Sattelpistole, die James gegen Straßenräuber immer mit sich führte. Sie hing an einem Nagel neben dem Kamin, und ich nahm sie herunter und lud sie, dann ging ich wieder nach oben, legte mich ins Bett und wartete, den einen Arm auf der Decke und die Pistole in der Hand.

Ich dachte an nichts. Denken konnte ich nicht mehr. Ich wußte, daß ich ihn erschießen würde, wenn er wiederkäme, und so lag ich nur da und wartete auf ihn.«

Die alte Stimme erstarb wieder, und in dem kleinen Zimmer war kein Laut zu hören. Es schien kälter geworden zu sein, aber ich rührte mich nicht. Ich versuchte in der Finsternis ihr Gesicht zu erkennen.

Sie erzählte noch immer nicht weiter.

»Aber ich dachte…«, begann ich endlich.

»Ach ja«, sagte sie rasch, »es ist viel geredet worden, aber das ist jetzt die Wahrheit. In dieser Nacht habe ich fast zwei Stunden lang mit der Pistole in der Hand gewartet. Und endlich«, fuhr sie mit immer leiserer Stimme fort, »endlich, Stunden um Stunden später nach meinem Gefühl, hörte ich Schritte auf dem Gartenweg. Mich überkam eine schreckliche Angst vor ihm. Ich hielt die Pistole umklammert, als wäre sie meine letzte und einzige Hoffnung.

Ich hörte ihn die Hacke und die Schaufel wieder an ihren

Platz auf der Veranda legen, dann wartete ich auf das Klicken des Türschlosses. Aber ich hörte es nicht. Alles war still, still wie in einer leeren Kirche.

Dann hörte ich die Schritte wieder den Gartenweg hinuntergehen. Ich sprang aus dem Bett, rannte zum Fenster und stieß es hoch. Diesmal war es mir egal, ob er mich sah. Der Mond schien so hell, daß ich fast so gut sah wie am Tag.

Jemand ging den Gartenweg hinunter, und als ich mich aus dem Fenster lehnte, sah ich, daß es nicht James war. Er kehrte mir den Rücken zu, aber ich sah, daß es nicht James war. Er war zu groß und trug einen Pullover wie ein Fischer, und er hatte keinen Hut auf.

Da stand ich nun mit aufgerissenen Augen. Ich wußte, wer er war. Die Pistole fiel mir zu Boden, aber ich merkte es nicht. Ich konnte nur an ihn denken, ihn, der da den Gartenweg hinunterging. Jetzt glaubte ich endgültig verrückt zu sein. Er ging sehr langsam, als wollte er nur ungern fort, und als er ans Kirchhoftor kam, das ganz weit offen stand, drehte er sich um und sah zu mir herauf. Ich konnte sein Gesicht im Mondlicht ganz deutlich sehen. Und da wußte ich es mit Bestimmtheit. Es war Will.«

Bei den letzten Worten war Mrs. Hartlebys Stimme ganz leise geworden, bis sie nur noch ein Flüstern war. Jetzt verstummte sie ganz. Draußen regnete es nicht mehr, und über den Bäumen erschien der Mond. Ich fachte das Feuer an, damit es aufloderte und ich mich umsehen konnte.

Die alte Frau saß ganz zusammengesunken in ihrem Sessel, das Kinn auf der Brust und die Hände im Schoß gefaltet. Das dicke Haarnetz, das sie um den Kopf hatte, wirkte auf ihrem weißen Haar wie aus lauter Eisenbändern, und ihr dünnes, runzliges Gesicht schimmerte wie vergilbtes Elfenbein.

»Und dann?« fragte ich.

Sie sah mich von oben an.

»Er stand lange dort, und wenn ich noch Luft gehabt hätte,

um etwas zu sagen, hätte er mir womöglich geantwortet. Aber es ging nicht. Ich konnte nicht sprechen.

An die weitere Nacht kann ich mich nicht mehr erinnern. Ich muß wohl danach in Ohnmacht gefallen sein.

Am Morgen brachten sie mir James tot ins Haus und erzählten eine schreckliche Geschichte, wie sie ihn neben Wills Grab gefunden hätten, die Leiche des Jungen halb über ihm, die toten Arme um seinen Hals.«

Wieder verstummte sie für eine Weile.

»Das ist alles«, sagte sie dann.

»Aber«, rief ich, »ist denn der Fall danach nicht untersucht worden? Ich meine, auch damals schon...«

Mrs. Hartleby unterbrach mich. Sie lächelte verächtlich und verzog den breiten, zahnlosen Mund an den Winkeln.

»O doch, es gab eine gerichtliche Untersuchung«, sagte sie. »Ich war da. Aber ich habe nicht mehr gesagt, als sie von mir wissen wollten. Nach langem Hin und Her sind sie zu dem Schluß gekommen, daß die Auferwecker James überfallen und umgebracht hätten, als er das Grab des Jungen verteidigen wollte. Sie sahen es als erwiesen an, daß nicht James selbst die Leiche stehlen wollte, denn seine Hacke und seine Schaufel lagen zu Hause, nicht auf dem Friedhof.«

»Und Sie haben nichts gesagt?« fragte ich verwundert.

Die alte Mrs. Hartleby sah mich merkwürdig an.

»Nein«, sagte sie. »Wer hätte mir denn geglaubt?«

Das stimmte, und ich wußte nichts darauf zu antworten.

»Trotzdem«, sagte ich im Aufstehen, »ich glaube, ich hätte doch etwas gesagt.«

Die alte Frau schüttelte den Kopf.

»Man soll entweder alles oder gar nichts sagen«, meinte sie. »Und was hätte ich denn hinterher auch für ein Leben gehabt, als Witwe eines Leichenräubers? Nein, so wollte Will es haben. Es sollte nicht mehr daran gerührt werden. Ich denke, darum hat er die Hacke und die Schaufel zurückgebracht.«

Ich sah sie an. Sie saß ganz still am Kamin, ein feines Lächeln auf den Lippen.

»Ist das... wahr?« fragte ich sie plötzlich.

Mrs. Hartleby zuckte die Achseln.

»Sie müssen es nicht glauben, wenn Sie nicht wollen«, sagte sie so gelassen, wie es die Art der Leute von Essex ist. »Ich weiß, daß ich ihn gesehen habe, und ich weiß, daß James so gestorben ist. Jeder wird Ihnen sagen, daß James neben einem offenen Grab gestorben ist, während seine Hacke und seine Schaufel zu Hause lagen, und jeder wird auch sagen, daß er erstickt ist.«

Ich nickte. Das wußte ich.

»Aber eines wird man Ihnen nicht sagen, was ich Ihnen jetzt sage«, fuhr sie fort. »Seine Hacke und seine Schaufel waren am Morgen nämlich ganz voll Erde, nachdem sie am Abend vorher noch blitzblank sauber gewesen waren.«

Eine Weile war es still. Schließlich sagte ich gute Nacht und dankte ihr für ihre Geschichte.

»Gute Nacht«, sagte sie. »Glauben Sie's nicht, wenn Sie nicht wollen. Drüben in der Ecke hängt eine Sturmlaterne, falls Sie eine brauchen. Sie müssen doch am Friedhof vorbei, nicht wahr?«

Ich zögerte.

»Gute Nacht«, sagte sie noch einmal. »Und guten Heimweg.«

Es war still. Nur das Feuer knisterte. Dann sah sie sich nach mir um.

»Was gibt's denn noch?« fragte sie.

»Ich gehe gleich«, sagte ich. »Ich muß nur noch rasch die Laterne anzünden.«

Der Zwinkerer

Richter Fordred saß am Kopfende des polierten Tischs, auf dem zwischen den schönen Weingläsern noch die Servietten und Silberbestecke lagen, und nickte kaum merklich. Er saß fast genauso da wie an seinem letzten Tag auf dem Richterstuhl, dachte sein Gast: das kleine Gesicht verschrumpelt wie bei einem trotzigen Baby und die schönen Hände zusammengefaltet, während nur die kleinen blauen Augen, die erstaunlich sanft und treuherzig blickten, mit einem gelegentlichen Zucken verrieten, daß er lebendig war und nicht schlief.

Der Gast bewegte die Hand, und seine Augen blickten blind unter den schweren Lidern hervor auf den Kegel weißer Asche, der sich an seinem Zigarrenende bildete.

Er war ein berühmter Mann.

Als Mark Betterley hatte er im Gerichtssaal Geschichte gemacht. Als Strafverteidiger war er unübertroffen.

Er hatte als Anwalt eine allgemeine Praxis geführt, doch obwohl ihm die saftigen zivilrechtlichen Fälle ohne sein Zutun nur so in den Schoß fielen, hatte er ein paar weniger lukrative, aber in der Öffentlichkeit stärker beachtete Kriminalfälle keineswegs verschmäht. Er war in lächerlich jungen Jahren Kronanwalt geworden und hatte sich schließlich zurückgezogen, um in die Politik zu gehen, mit dem Erfolg, daß er nun im Oberhaus saß, von einer dankbaren Partei mit Ehren überhäuft.

Als jetziger Earl of Coggeshall war er immer noch ein gutaussehender Mann. Das gezähmte Feuer seiner Persönlichkeit, mit dem er so manche Jury hingerissen und später manche Gesetzesvorlage durch gefährliche parlamentarische Klippen manövriert hatte, es brannte noch.

Mark Betterley hatte viele Feinde gehabt, und dem neuen Earl of Coggeshall ging es nicht besser. Zwei berühmte Clubs hatten ihm die Mitgliedschaft verwehrt, das ist wahr, obwohl niemand wußte, warum; und wenn es auch Männer von unerschütterlichem Mut gab, die noch keiner in eine Seitenstraße abbiegen und rasch in irgendeinem Laden hatte verschwinden sehen, wenn seine Hünengestalt auftauchte, so konnte er doch als Mann mit sich zufrieden sein.

Sie saßen eine ganze Weile in behaglichem Schweigen.

Der Richter brach es als erster.

»Wenn man recht alt ist«, bemerkte er mit seiner leisen, ruhigen Stimme, »gibt es wohl nichts Schöneres im Leben, als im Warmen zu sitzen.«

»Warm an Körper und Seele«, entgegnete sein Gast lachend. »Und dann die Erinnerung an große Augenblicke. Ich weiß nicht, was der Mensch sich Besseres wünschen könnte. Uns war ein interessanter Beruf gegeben. Ich nehme an, wir haben vom Leben mehr gesehen als die meisten.«

»Ja«, sagte der alte Richter ohne Selbstgefälligkeit. »Das ist wahr. Wer soviel sieht, bekommt Abstand von den Dingen. Für die Ruhe des Gemütes kann ich wohl den Richterstuhl empfehlen. Bei Ihnen war das natürlich anders, Betterley. Immer wenn Sie Ihre erstaunliche Energie für eine Verteidigung aufboten, hatte ich den Eindruck, daß Sie sich zeitweilig mit Ihrem Mandanten wirklich identifizierten. War es so?«

Lord Coggeshall hatte seine schweren weißen Lider tief über die Augen gesenkt. Wenn er etwas empfand, dann höchstens eine gelinde Langeweile.

»Hm, ja, das war wohl so«, räumte er endlich ein. »Das persönliche Urteil ist in solchen Momenten natürlicherweise einseitig. Unser ganzes Justizwesen ist selbstverständlich absurd; ein unvollkommenes Rezept zur Unterscheidung von Recht und Unrecht.«

»Sehr wahr. Der genau vorausgeplante Kampf zwischen Gott und dem Teufel«, sagte Richter Fordred.

Sein Gast sah auf, und in seinen schweren Augen, so vieler farblicher Veränderungen fähig, blinkte kurzzeitiges Interesse: »Die alten Begriffe befinden sich in Auflösung«, meinte er. »Wer sieht denn Gut und Böse heute noch als gesonderte Wesenheiten?«

»Ich«, sagte sein Gastgeber in unverändertem Ton.

»Glauben an Gott vielleicht, aber nicht an den Teufel«, entgegnete Lord Coggeshall. Er schien weniger belustigt als erstaunt, und seine Worte ließen etwas von der alten Beredsamkeit ahnen.

»Das Böse an sich, rein und unerklärt, gilt doch wohl heute nichts mehr? Menschliches Übermaß, unselig Ererbtes und bodenlose Dummheit, müssen sie nicht für alles herhalten?« fragte der Richter mit sanfter Stimme, und sein altjüngferliches Gehabe wurde durch die Milde seines Gesichtsausdrucks noch überhöht. »Ich selbst bin nicht dieser Meinung, aber vielleicht ist das ja nur mein Pech. Ich habe den Teufel nämlich zweimal gesehen.«

Lord Coggeshall sah ihn fest an. Sie waren beide Männer von Intellekt, von gleichem Rang, und unter diesen Umständen war es selbstverständlich, daß einer dem anderen die Höflichkeit ernsten Gehörs erwies.

»Vor Gericht?«

»Ja.«

Es entstand eine Pause, in der sich die Lippen des alten Richters versonnen bewegten, als probierten sie Wörter aus.

»Natürlich werden Sie fragen«, sagte er endlich, »woher ich wußte, daß es der Teufel war, warum ich mir in einer so außerordentlichen Frage sicher bin.

Beim erstenmal war ich mir ja auch nicht sicher. Ich war beeindruckt, verblüfft, sogar ein wenig erschrocken, und wenn die Erklärung, die ich später finden sollte, mir auch da schon durch den Kopf ging, war ich einfach nicht willens, sie zuzulassen.

Es war kurze Zeit nach meiner Ernennung zum Richter,

mein fünfter Mordprozeß. Ich war zu den Assisen eingeteilt, und als ich nach Wembourne kam, erwartete mich dort eine *cause célèbre*. Schwer zu verstehen, warum gerade dieser Fall die Öffentlichkeit so sehr erregte. Auf den ersten Blick waren die Fakten recht alltäglich.«

Lord Coggeshall sah in die runden blauen Augen.

»Der Verteidiger war ich, nicht wahr?«

»Ja, der Verteidiger waren Sie. Sie kennen den Mann, von dem ich spreche, also können wir auf seinen Namen verzichten. Trotzdem sollte ich noch einmal die Fakten durchgehen. Der Angeklagte und seine Frau besaßen ein kleines Lebensmittelgeschäft in einer blühenden ländlichen Gemeinde. Sie waren wohlhabend, zumindest, was bei solchen Leuten als wohlhabend gilt, und sie waren einigermaßen glücklich.

Eine alte Frau, nach meiner Erinnerung eine alte Jungfer, mietete bei ihnen ein Zimmer. Sie besaß wenig Geld, hatte kaum genug zum Leben, aber durch äußerste Sparsamkeit gelang es ihr so gerade, das achtbare Leben zu führen, das sie liebte.

Doch von der Sekunde an, als sie ins Haus kam, begann der Mann, wie die Beweislage eindeutig zeigte, die Pläne zu schmieden, die ihn hinterher das Leben kosteten. Man überredete die alte Frau, ihre ganzen Ersparnisse in das Geschäft zu investieren. Sie tat es gern, und offenbar hat sie sich zu keinem Zeitpunkt beklagt oder auch nur angedeutet, daß die sehr mageren Erträge, die der Handel für sie abwarf, in irgendeiner Weise unangemessen wären.

Nun aber – und für mich war dies das Abscheuliche an dem Fall – ermordete der Lebensmittelhändler die alte Frau, kaum daß er ihr Geld bekommen hatte. Ihr Geld hatte er also schon. Vermutlich konnte sie ihn nicht mehr viel kosten, nur noch ihr Essen, und sie machte ja auch keinerlei Umstände. Sie war im Gegenteil sehr nützlich. Und doch hat er sie vorsätzlich getötet, nach einer sorgfältig und mit einem gewissen

Maß an Intelligenz geplanten Methode. Die Geschworenen befanden ihn für schuldig, und ich habe das Urteil gesprochen.

Weiter ist zu der Tat nichts zu sagen.«

Er schwieg und betrachtete nachdenklich seinen Gast.

»Sie erinnern sich an ihn, im Gerichtssaal?« fragte der Richter.

»Ja. War er nicht unglaublich? Zuerst war er sogar richtig stolz auf sich. In allen Gesprächen, die ich vor und während des Prozesses mit ihm führte, war er mir unbegreiflich. Manchmal wird solchen Burschen ja erst klar, was sie getan haben, wenn sie dafür endlich vor Gericht stehen, aber er wußte es.«

»Ja, er wußte es«, sagte der Richter. »Ich weiß noch, wie der Fall mich empörte und daß ich das Urteil mit weniger Widerwillen sprach als jemals vorher. Ich sehe noch jetzt sein Gesicht, bleich, aber völlig beherrscht und ein bißchen dumm, wie ich fand; etwas roh und habgierig vielleicht, aber nicht stärker ausgeprägt als in einem runden Dutzend anderer Gesichter, die ich ringsum im Gerichtssaal sah. Rätselhaft war für mich das Warum. Warum hatte er es getan? Erst nachdem ich das Urteil zu Ende gesprochen hatte und mit der schwarzen Mütze auf dem Kopf wieder Platz nahm, vor mir die Blumen auf dem Tisch, da wußte ich es auf einmal.

Ich hatte nämlich gerade die letzten Worte des Urteils gesprochen, als er mich ansah und mir zuzwinkerte.«

»Zwinkerte?«

»Ja«, sagte Richter Fordred ernst. »Er zwinkerte mir zu. Es hilft nichts, Betterley, ich kann es Ihnen nicht erklären, aber so etwas hatte ich noch nie im Gesicht eines Menschen gesehen. Zuerst so ein heimliches, hämisches Lächeln, dann dieses Augenzwinkern.

Ich habe bisher noch niemandem davon erzählt. Solch ein ungeheuerliches Geständnis kann man nur vor einem Menschen des eigenen Standes ablegen. Verzeihen Sie mir, wenn ich sage, daß es mein Verlangen nach diesem Geständnis war, weshalb ich Sie heute abend hierher eingeladen habe.

Natürlich habe ich damals die Erklärung in einem Nervenleiden gesucht, etwas Körperlichem, aber ich wußte, daß ich mir da selbst etwas vormachte, denn ich kann Ihnen versichern, Betterley, daß mir die Worte fehlen, um dieses hämische Lächeln, dieses deplazierte und völlig unbegreifliche Zwinkern richtig zu beschreiben. Dies war das erste Mal, daß ich den Teufel gesehen habe. Das zweite Mal«, fuhr der Richter fort, »war ganz anders. Es war viele Jahre später. Ich erinnere mich, daß Sie da wieder im Gerichtssaal waren.

Und dieses zweite Mal, sage ich, war sonderbarer, weil der Fall noch viel unbegreiflicher war als der erste.«

Lord Coggeshall sah auf.

»Sie meinen den Gattenmord Stanton?«

»Ja. Woher wissen Sie das?«

Der andere zuckte die Achseln: »Intuition. Erzählen Sie weiter.«

»Ihre so gekonnt geführte Verteidigung lief, wenn ich mich recht erinnere, auf Irrsinn hinaus«, sagte Richter Fordred. »Stanton war ein Gentleman. Er besaß ein großes Landhaus und hatte eine Frau, die ihn anbetete. Sie hatten zwei kleine Kinder, und es war nicht bekannt, daß sie sich je gestritten hätten.

Trotzdem hat er seine Frau ermordet. Erwürgt, wenn Sie sich noch erinnern. Langsam und systematisch.

Sie hatten damals eine erlesene Riege von Sachverständigen aufgeboten, die Anklage aber auch, und das Gericht mußte sich tagelang den Streit der Ärzte anhören.

Am Ende aber zogen sich die Geschworenen zur Beratung zurück, und trotz Ihrer Beredsamkeit und, mit Verlaub, der brillantesten Verteidigung, die einem Angeklagten je zuteil geworden ist, wurde Stanton nach ganzen zwanzig Minuten wieder vor den Richtertisch geführt, um sein Todesurteil zu vernehmen.«

Richter Fordred faltete seine schönen Hände auseinander und beugte sich auf seinem Stuhl ein wenig nach vorn.

»Mir selbst bereitete dieses Urteil großes Unbehagen. Die reinen Tatsachen und der Mann, der vor mir stand, wollten mir nicht zueinander passen. Die Fakten sprachen für die Tat eines Irren. Der Mann war normal.

Ich habe stets versucht, mich gegen die gefährlichste aller Emotionen zu wappnen, jenes blind machende, unbedachte Mitleid, das der Arbeit des Gehirns im Wege steht wie eine Droge, und dennoch tat der Mann mir leid. Er sah so jung aus, so sichtlich zerrüttet von dem Martyrium, das er durchmachte. Aber an meiner Pflicht gab es nichts zu deuten, und ich begann die furchtbaren Worte zu sprechen, an die zu denken mir heute noch körperliche Übelkeit bereitet.

Erst als ich zum letzten Satz kam, dieser brutalen und abscheulichen Wahrheit, ausgedrückt in so kargen Worten, daß selbst der unbedarfteste Verstand sie fassen kann, da geschah dies wieder, womit ich niemals mehr gerechnet hatte.

In dem Gesicht des Jungen – denn er war gute dreißig Jahre jünger als ich, und ich habe ihn im stillen immer als einen Jungen gesehen – ging eine unglaubliche Veränderung vor. Ich glaubte zuerst an eine Täuschung meiner Augen, einen Streich, den mir das Alter spielte. Doch über das weiße, gepeinigte Gesicht ging dieses heimliche, hämische Lächeln, das ich bis dahin erst einmal gesehen hatte, und dann zwinkerte er mir zu.

Ich kann mich kaum noch erinnern, was in den nächsten Minuten geschah. Die Zeitungen haben damals geschrieben, der Richter habe zutiefst betroffen gewirkt. Es war ein furchtbares Erlebnis – furchtbar, aber erhellend.

Dies war das zweite Mal, daß ich den Teufel gesehen habe.«

Die leise Stimme brach ab, und die Stille in dem kleinen Zimmer war nicht mehr behaglich zu nennen. Der Kerzenschein war nicht mehr so gemütlich, nicht mehr so freundlich, das Silber hatte seinen Schimmer eingebüßt, und die

Zigarre auf dem Teller des Richters war restlos abgebrannt und verbreitete einen beißenden, unangenehmen Geruch.

Es war auch ein wenig kalt geworden.

Lord Coggeshall hob den Kopf, und sein großes, eindrucksvolles Gesicht mit den tiefen Furchen und den schweren Lidern richtete sich voll auf den Älteren.

»Ja«, sagte er, »sehr interessant. Sie sind ihm also auf die Schliche gekommen.«

Und in seinem eindrucksvollen Gesicht, allen Menschen im stolzesten Land der Welt so gut bekannt, begann sich ein feines, geheimnisvolles Lächeln zu formen.

Es nahm zu und schwand. Dann senkte sich eines der schweren weißen Lider langsam über ein dunkles Auge.

Der kleine Richter saß ganz still. In seiner Schlichtheit schien er gewachsen zu sein an Größe und Bedeutung. Seine schönen Hände zitterten, aber sie verkrampften sich nicht. Er seufzte einmal, laut und endgültig.

»Ja«, sagte er. »Ja, Betterley, das wollte ich nur wissen.«

Margery Allingham
im Diogenes Verlag

»Margery Allingham sticht ins Auge wie strahlend helles Licht. Alles, was sie schreibt, ist von vollendeter Form.« *Agatha Christie*

Joan Aiken
im Diogenes Verlag

Die Kristallkrähe
Roman. Aus dem Englischen von Helmut Degner

»Als ihr Krimi *Die Kristallkrähe* erschien, verglichen die Kritiker sie mit Patricia Highsmith, Celia Fremlin und Margaret Millar.« *Titel, München*

Das Mädchen aus Paris
Roman. Deutsch von Nikolaus Stingl

Wohin sie geht, zieht Ellen Paget Liebhaber an: den ambivalenten Professor Bosschère in Brüssel, den unberechenbar-eigenwilligen Comte de la Ferté in Paris, ihren Stiefbruder Bénédict. Ihre gebieterische Patin, Lady Morningquest, bereitet einer zarten Romanze ein rasches Ende und schickt Ellen nach Paris…

»Wieder einer der bestrickenden, aufregenden Romane, die Joan Aiken seit zwanzig Jahren zu einem Publikumsliebling machen.«
Publishers Weekly, New York

Tote reden nicht vom Wetter
Roman. Deutsch von Nikolaus Stingl

Jane, Graham und die beiden Kinder sind eine ganz normale Familie. Graham ist Architekt, Jane hat ihre Arbeit bei einer Londoner Filmfirma aufgegeben, seit sie in das neue, teure Haus auf dem Land gezogen sind. Geldprobleme zwingen Jane bald dazu, ihren alten Job wieder anzunehmen und dem finsteren Ehepaar McGregor tagsüber Haus und Kinder anzuvertrauen…

»Joan Aiken präsentiert uns rabenschwarze, schaurigschöne Geschichten.« *Die Welt, Bonn*

Der eingerahmte Sonnenuntergang
Roman. Deutsch von Karin Polz

Lucy reist nach England, um herauszufinden, was mit ihrer alten Tante Fennel und deren Freundin geschehen ist. Was wie ein ganz normaler Verwandtenbesuch beginnt, entwickelt sich rasch zu einem gefährlichen Abenteuer für Lucy...

»Das Beiwort ›unterhaltsam‹ ist für diesen Psycho-Thriller von Joan Aiken schlichte Tiefstapelei. Die Lektüre dieses Buches ist ein hochgradiges Vergnügen.« *Frankfurter Rundschau*

Ärger mit Produkt X
Roman. Deutsch von Karin Polz

Als Martha Gilroy den Auftrag bekam, eine Werbekampagne für ein aufregendes neues Parfüm zu starten, hatte sie keine Ahnung, worauf sie sich einließ.

»*Ärger mit Produkt X* ist der Titel eines herrlich spannenden Krimis, dessen Autorin einen Hang zur Satire hat. Dies macht die Lektüre so amüsant.« *Frankfurter Rundschau*

Haß beginnt daheim
Roman. Deutsch von Nikolaus Stingl

Nach einem Nervenzusammenbruch ist Caroline zur Erholung bei ihrer Familie: der Mutter Lad, Trevis, der älteren Schwester Hilda und einer alten Tante. Doch statt zu genesen, wird sie immer verwirrter...

»Das Quartett der vier bösen Damen – Patricia Highmith, Margaret Millar, Ruth Rendell [d.i. Barbara Vine] und Joan Aiken – ist auf dem Gebiet des Psycho-Krimis nicht zu schlagen. Die Damen verbreiten jenen sanften Schrecken, dem Thriller-Fans nicht widerstehen können.« *FrankfurterRundschau*

Der letzte Satz

Roman. Deutsch von Edith Walter

Willkommen in Helikon, dem eleganten Insel-Sanatorium, das seine Gäste vor allen Bedrohungen schützen kann. Außer vor sich selber…

»Dieses Buch ist eine Wonne!« *The Times, London*

Du bist Ich

Die Geschichte einer Täuschung
Deutsch von Renate Orth-Guttmann

Man schreibt das Jahr 1815. In einem feinen Mädchenpensionat in England stellen Alvey Clement und Louisa Winship fest, daß ein einzigartiges Band sie eint. Zwar stammen sie aus sehr unterschiedlichen Gesellschaftsschichten und sind vom Temperament her ganz verschieden, aber vom Aussehen her *sind sie sich völlig gleich*. Dieser überraschende Zufall paßt der verwöhnten Louisa sehr gut ins Konzept.

»Wie Patricia Highsmith versteht es Joan Aiken, eine Geschichte langsam anlaufen zu lassen und sie mit unerbittlicher Hand zum dramatischen Knoten und dessen Auflösung zu führen.« *Die Presse, Wien*

Fanny und Scylla
oder Die zweite Frau

Roman. Deutsch von Brigitte Mentz

»In ein englisches Spukhaus des 18. Jahrhunderts und das bunt-grausame Indien der Maharadschas führt Publikumsliebling Joan Aiken in ihrem neuen aufregenden Roman *Fanny und Scylla*…
»Joan Aiken besitzt ein seltenes Erzähltalent, in dem sich psychologischer Scharfblick mit der Gabe vereinigt, den heutigen Leser in Spannung zu halten, obwohl die Handlung in eine ferne Vergangenheit führt.« *Die Furche, Wien*

Schattengäste
Roman. Deutsch von Irene Holicki

»Eine Meisterin der Schauerromantik? Mehr noch, eine begnadete Erzählerin, die das Un-Begreifliche, das Un-Faßbare aus vergangenen und modernen Zeiten in mitreißende Geschichten packt, die ohne große Sentimentalität und falsches Spektakel auskommen. Joan Aikens *Schattengäste* ist ein wunderbares Buch über die unheimlichen Dinge des Lebens und wie man über einen Verlust zurück ins Leben findet.«
science fiction media, München

Wie es mir einfällt
Geschichten. Deutsch von Irene Holicki

Ein Reihe gruseliger, romantischer und phantastischer Erzählungen sind mit der gewohnt sicheren Hand und dem makabren Sinn für Humor geschrieben, die man an Joan Aiken so schätzt.

»Joan Aiken erweist sich als Meisterin im Darreichen süßer Pralinen, die mit Arsen gefüllt sind.«
Frankfurter Rundschau

Angst und Bangen
Roman. Deutsch von Renate Orth-Guttmann

Bei Außenaufnahmen auf einem Landsitz in Dorset lernt die Schauspielerin Cat den Besitzer kennen. Die beiden verlieben sich, heiraten und machen eine Hochzeitsreise nach Venedig. Die Idylle scheint perfekt. Doch als Cat ihrem Mann sagt, daß sie sich erinnert, ihn vor vielen Jahren als liebevollen Begleiter eines dahinsiechenden Greises gesehen zu haben, ändert er plötzlich sein Verhalten ihr gegenüber.

»Joan Aikens *Angst und Bangen* handelt von geheimen Untaten, von Habsucht, Verrat und Mord. Es kombiniert geschickt das Genre Liebesgeschichte und Thriller.« *London Review of Books*

Die Fünf-Minuten-Ehe
Roman. Deutsch von Helga Herborth

London, 1815. Als ihre Mutter ernstlich erkrankt, sieht Philadelphia Carteret keine andere Möglichkeit, als ihren wohlhabenden Großonkel Lord Bollington um Hilfe zu bitten. Doch schon kurz nach ihrer Ankunft auf Chase, dem Familiensitz, wird sie in ein gefährliches Ränkespiel verwickelt. Eine Doppelgängerin und andere zwielichtige Gestalten trachten ihr nach dem Leben...

»*Die Fünf-Minuten-Ehe* ist eine Räuberpistole, die mit allen Formen des Kitsch-, Grusel- und Romantic-Romans spielt. Sie hat einen Sog, in dem meine literarischen Bedenken untergehen: Ich muß zu Ende lesen, bis Friede, Freude, Liebe den erwarteten Sieg antreten über Erbschleicher, Komplotte und Duelle.«
Brigitte, Hamburg

Jane Fairfax
Roman. Deutsch von Renate Orth-Guttmann

Jane Fairfax war musikalisch, vielseitig begabt und elegant. Soviel wissen wir aus Jane Austens *Emma*. Aber wie verliefen ihre Jugendjahre als Waise, was war mit ihrer Kinderfreundschaft zu Emma Woodhouse, und – was noch wichtiger ist – was passierte bei ihrem Sommeraufenthalt in Weymouth? Janes Rückkehr als wohlerzogene Gouvernante nach Highbury nährt Emmas müßige Neugier. Ist die Trennung von ihrer Freundin der wahre Grund für Janes Niedergeschlagenheit, als Rachel heiratet und nach Irland zieht?

»Ein sehr unterhaltender Roman im Stil Jane Austens, den auch der versteht, der *Emma* nie gelesen hat.«
Kieler Nachrichten

»Ein Lehrstück, eine Ermunterung für deutschsprachige Schriftsteller!« *Der Standard, Wien*

Anderland

Roman. Deutsch von Ilse Bezzenberger

Ein junges Mädchen, deren Mutter früh an einem
Herzanfall stirbt, findet in der Musikerfamilie Morningquest ein neues Zuhause. Sie wächst in diese
Wahlfamilie hinein, bekommt durch sie die Kraft, ihr
künstlerisches Talent zu entfalten – und verläßt sie
schließlich als reife Persönlichkeit.

»Ein episches Ritual des Übergangs: ein großer Wurf,
was die Beschreibung der Charaktere angeht, und die
Handlung schwenkt von einem kleinen englischen
Dorf über das London der 60er Jahre bis schließlich
nach Prag.« *Time out, London*

»Im Zentrum jedes der wundervollen ›Unterhal-
tungs‹-Romane von Joan Aiken steht eine abenteuer-
liche Liebesgeschichte, die jene unausweichliche
Spannung des Wartens, des Verfolgtwerdens erzeugt,
die wir aus den Momenten beginnender Liebestaumel
kennen… Und am Ende dann, darauf können Sie sich
immer freuen, klappt's.« *vogue, München*

Barbara Vine
im Diogenes Verlag

Die im Dunkeln sieht man doch

Roman. Aus dem Englischen von
Renate Orth-Guttmann

Der Fall der Vera Hillyard, die kurz nach dem Krieg wegen Mordes zum Tod durch den Strang verurteilt und hingerichtet wurde, wird wieder aufgerollt. Briefe, Interviews, Erinnerungen, alte Photographien fügen sich zu einem Psychogramm, einer Familiensaga des Wahnsinns. Schicht um Schicht entblättert Barbara Vine die Scheinidylle eines englischen Dorfes, löst zähe Knoten familiärer Verflechtungen und entblößt schließlich ein Moralkorsett, dessen psychischer Druck nur noch mit Mord gesprengt werden konnte.

»Barbara Vine ist die beste Thriller-Autorin, die das an Krimi-Schriftstellern nicht eben arme England aufzuweisen hat. Ein Psycho-Thriller der Super-Klasse.« *Frankfurter Rundschau*

Es scheint die Sonne noch so schön

Roman. Deutsch von Renate Orth-Guttmann

Ein langer, heißer Sommer im Jahr 1976. Eine Gruppe junger Leute sammelt sich um Adam, der ein altes Haus in Suffolk geerbt hat. Sorglos leben sie in den Tag hinein, lieben, stehlen, existieren. Zehn Jahre später werden auf dem bizzaren Tierfriedhof des Ortes zwei Skelette gefunden – das einer jungen Frau und das eines Säuglings...

»Der Leser glaubt auf jeder zweiten Seite, den Schlüssel zur Lösung des scheinbar kriminellen Mysteriums in Händen zu halten, doch – der Schlüssel paßt nicht, sperrt nicht, klemmt... Keine Frage, dieser Roman ist ein geglückter Thriller, ein famos geglückter, wofür diese Autorin auch bürgt.« *Wiener Zeitung*

Das Haus der Stufen

Roman. Deutsch von
Renate Orth-Guttmann

Eine der großen Lügnerinnen der Welt, nennt Elisabeth die junge Bell. Und trotzdem, oder vielleicht deswegen: noch nie zuvor war Elisabeth von einer Frau dermaßen fasziniert. Selbst als Bells kriminelle Vergangenheit offenkundig wird, kann sich Elisabeth nicht aus ihrer Liebe zu Bell lösen. Immer wieder findet sie Erklärungen und Entschuldigungen für das unglaubliche Verhalten dieser mysteriösen Frau.

»Barbara Vine alias Ruth Rendell ist in der englischsprachigen Welt längst zum Synonym für anspruchvollste Kriminalliteratur geworden.«
Österreichischer Rundfunk, Wien

Liebesbeweise

Roman. Deutsch von
Renate Orth-Guttmann

»*Liebesbeweise* ist Barbara Vines bisher eindringlichster Exkurs in die dunklen Geheimnisse der Obsessionen des Herzens. Dieser Roman betrachtet und prüft mancherlei Arten von Liebe: die romantische Liebe, die elterliche Liebe, die abgöttische Liebe, die besitzergreifende Liebe, die selbstlose Liebe, die erotische Liebe, die platonische Liebe und die kranke Liebe.«
The New York Times Book Review

»Wer die englische Autorin kennt, weiß, daß es in *Liebesbeweise* wieder um ein veritables Verbrechen geht, daß dieser Kriminalroman aber in Wirklichkeit wieder ein Reisebericht über eine zerklüftete Landschaft emotionaler Verstrickungen ist. Die Landschaften wechseln bei Barbara Vine, gleich bleibt die suggestive Verführungskraft, mit der sie ihre Leser in immer neue Abgründe zieht. Man wird süchtig...«
profil, Wien

König Salomons Teppich

Roman. Deutsch von Renate Orth-Guttmann

Welcher fliegende Teppich trägt uns – wie ehedem Salomon – heute überallhin? Die Londoner U-Bahn! Von ihr aber gibt es Geschichten zu erzählen, die alles andere als märchenhaft sind. Hart und verwegen geht es zu in den Tunneln der Tube, wo die Gesetze der Unterwelt gelten. Eine Geschichte der U-Bahn schreibt der exzentrische Jarvis. Und gleichzeitig steht er einem Haus vor, in dem die unterschiedlichsten Außenseiter Unterschlupf finden, wenn sie nicht gerade in der U-Bahn unterwegs sind.

»Zum geheimnisvollen, bedrohlichen Labyrinth werden die Stationen, Tunnels, Lift- und Luftschächte der Londoner U-Bahn in *König Salomons Teppich*. Barbara Vine, die Superfrau der Crime- und Thrillerwelt, ist in absoluter Hochform. Ergebnis: hochkarätige , bei aller mordsmäßigen Spannung vergnügliche Literatur.« *Cosmopolitan, München*

Astas Tagebuch

Roman. Deutsch von Renate Orth-Guttmann

Einsam im fremden England, vertraut Asta, eine junge Dänin, die Freuden und Nöte ihres Familienalltags einem Tagebuch an: Erziehung der Söhne, Probleme mit dem Mann, ihre Bemühungen um Eigenständigkeit in der anderen Umgebung, das Nahen des Ersten Weltkriegs... Kein leichtes Schicksal, wäre nicht Swanny, ihre Lieblingstochter, die der Mutter treu zur Seite steht. Doch ob Swanny überhaupt Astas Tochter ist? Und könnte es Verbindungen geben zu dem skandalösen Mordprozeß im Fall Roper? Barbara Vine kombiniert meisterhaft ein Familiendrama mit einer Kriminalgeschichte.

»Das bislang Beste aus der Feder von Barbara Vine alias Ruth Rendell.« *Literary Review, London*